基层图书馆实务丛书

中国图书馆学会策划

执行策划：卓连营

基层图书馆自动化网络化建设

甘 琳 编著

国家图书馆出版社

图书在版编目(CIP)数据

基层图书馆自动化网络化建设/甘琳编著. —北京:国家图书馆出版社,2010.11

(基层图书馆实务丛书)

ISBN 978-7-5013-4432-1

Ⅰ.基… Ⅱ.甘… Ⅲ.①基层图书馆—图书馆自动化—建设—研究 ②基层图书馆—图书馆工作—计算机网络—建设—研究 Ⅳ.G258.23

中国版本图书馆 CIP 数据核字(2010)第 198689 号

责任编辑: 高爽

书名 基层图书馆自动化网络化建设

著者 甘琳 编著

出版 国家图书馆出版社(原北京图书馆出版社)

(100034 北京市西城区文津街 7 号)

发行 010-66139745 66151313 66175620 66126153

66174391(传真) 66126156(门市部)

E-mail cbs@nlc.gov.cn(投稿) btsfxb@nlc.gov.cn(邮购)

Website www.nlcpress.com→投稿中心

经销 新华书店

印刷 北京联兴盛业印刷股份有限公司

开本 880×1230(毫米) 1/32

印张 11.375

版次 2010 年 11 月第 1 版 2010 年 11 月第 1 次印刷

字数 250 千字

书号 ISBN 978-7-5013-4432-1

定价 35.00 元

本书出版，

得到中国图书馆学会的经费支持

前 言

2008年年底，中国图书馆学会将本书的编著工作交给我们，我们深感压力。

进入21世纪，图书馆事业蓬勃发展，图书馆的自动化、网络化建设更是日新月异。计算机技术、网络技术、数据库技术、应用软件技术以及各类新技术在图书馆行业的应用，使图书馆从传统图书馆服务走向数字图书馆服务，从馆内服务到服务延伸至读者身边，进入读者空间，实现了多样化、便捷化、人性化的图书馆服务，展现出广阔的前景。说实在的，在今天，用"自动化网络化"已经不能诠释整个图书馆新技术的应用，但"自动化网络化"又确实是图书馆新技术应用最基础也是最关键的组成部分。

基层图书馆是我国公共文化服务体系的主要组成部分，是建设普惠型、优质便捷型图书馆服务的核心。在科学技术高速发展的时代，普及、提高基层公共图书馆工作人员的自动化网络化水平，是保证图书馆自动化网络化建设质量、服务质量和可持续发展的关键，也是保证政府投入有效的关键，因而编写《基层图书馆实务丛书》之《基层图书馆自动化网络化建设》分册有其现实意义。

就我国基层图书馆自动化网络化建设来看，其涉及面广，图书馆众多，发展却极不平衡。有些图书馆与新技术应用保持着同步水平，通过技术创新实现服务创新，为读者提供了高效、便捷且人性化的图书馆服务，大大地改变了办馆模式，提高了办馆效益；但更多的基层图书馆却还停留在自动化、网络化建设的初期阶段，甚至有些仍徘徊在自动化的门槛前，因而在客观上给本书的撰写带来了一些困难。我们经过反复酝酿，决定突破图书馆应用系统的条块分割，按照自动化网络化的建设流程，抽取共性的内容予以展开，强化系统间的相互联系，必要的地方用示例说明，以兼顾处于不同发展阶段的基层图书馆需要。本书分图书馆自动化网络化建设概述、基层图书馆自动化网络化的构成、基层图书馆自动化网络化的规划与引进、基层图书馆自动化网络化的实施与管理、基层图书馆自动化网络化系统的日常管理、基层图书馆自动化网络化的未来发展六个部分。

那么由谁来写呢？为了使内容更贴近实际，表述更充分，我们在统筹规划、确定全书总体思想后，根据内容分别请长期在相关岗位上从事实际工作的人员参与编写相关章节，如由专门从事招标和系统引进工作的工作人员编写“基层图书馆自动化网络化的规划与引进”一章，请系统维护负责人编写“基层图书馆自动化网络化系统的日常管理”一章，力求将其在实际工作中的经验和真实感受与大家分享。

具体分工如下：甘琳统筹规划，确定全书体系；第一章由王林撰写；第二章由郑晓军、刘磊、黄进、秦格辉、蔡晖分别撰写；第三章由李星光撰写；第四章由刘磊撰写；第五章由黄进撰写；第六章由甘琳撰写。

由于时间紧，加之工作经验并不等同于理论水平，在编写中一定存在不少问题，希望得到阅者的批评指正。

2009 年 7 月 31 日

目　录

第一章　图书馆自动化网络化建设概述

第一节　图书馆自动化网络化的基本概念

图书馆自动化网络化就是通过以计算机技术、网络技术为核心的各类新技术在图书馆的应用不断改善图书馆的管理模式、提升图书馆整体业务水平、提高读者服务的效率与质量的过程。数字图书馆概念的提出和数字图书馆技术的涌现，为图书馆自动化网络化描绘出了更广阔的发展前景。一个图书馆的数字图书馆建设可以看作是在图书馆自动化的基础上，通过加强数字资源的建设，引进数字图书馆相关技术，构建基于网络的业务管理体系、资源组织体系和读者服务体系的过程。

简单的图书馆自动化系统是计算机技术在图书馆应用的初级阶段，是图书馆业务管理、读者服务通过计算机及应用软件系统的重组和再现。图书馆自动化系统一般采取集中的管理方式，其核心数据是书目数据，主要通过对馆藏标识（即条码号）和读者证号的识别，实现馆藏管理、读者管理和各类服务等。

图书馆网络化则是图书馆自动化发展的新阶段，是图书馆自动化系统运用网络技术和互联网的升级和扩展。计算机网络的快速发展必然引起图书馆应用系统技术基础的全面变革：图书馆应用系统完全架构在计算机网络上，网络操作系统、网络数据库、网络存储、网络布线、网络出口等构成图书馆应用系统基础平台的关键因素；业务管理可在计算机网络上进行，远程业务管理和资源共建共享得以实现；读者则通过互联网访问图书馆的资源，享受各类服务。其中，网络访问只是图书馆网络化最基本的要求，而在网络上架构广域的业务管理与读者服务体系，实现馆际互访或一站式读者服务才是图书馆网络化的主要目标。

在现代图书馆应用系统中，数字化资源（包括电子图书、电子期刊、多媒体视频资料等）已大量存在，数字资源的建设、引进、组织、发布控制逐渐成为图书馆面临的主要问题之一。数字资源引入了诸如数据采集、知识发现、海量存储、安全管理、存取权限控制、信息定制与推送等数字图书馆相关技术。数字资源提供商为保护知识产权和商业利益，采用独立的运行平台和管理系统发布其数字资源，使得图书馆应用系统必须架筑在多平台、多系统之上，分布式管理、跨库检索、全文检索和原文传递显得更为重要，成为现代图书馆知识发现和知识获取的主要手段。自助服务技术、无线射频识别技术、自动控制技术、智能化仓储技术等在图书馆的应用，使图书馆开始了真正意义上的“自动化”，迈向全方位的智能化建设阶段。

然而，一个图书馆一旦开始了图书馆自动化网络化的建设，无论其发展到什么程度，其全貌必然是一个包括传统图书馆在内的复合型图书馆。公共图书馆，尤其是基层图书馆，不可能放弃场馆服务而只推行网上图书馆，不可能放弃纸制文献服务而只提供数字资源服务，不可能放弃对文献的准确揭示和专业化提供而任由读者海量搜索。

第二节　图书馆自动化网络化建设基本内容

一般说来，图书馆自动化主要是以读者数据、书目数据核心实施图书馆的业务管理与基本的读者服务，而图书馆网络化则更强调基于互联网，以数字化方式提供服务以及提供直接的数字资源服务。

归结起来图书馆自动化网络化主要包括4个方面的内容：硬件部分、应用软件部分、数据库系统部分和数字资源部分。

硬件部分指图书馆自动化网络化必备的基础设施、硬件设备和与之配套的管理系统，包括机房系统、计算机网络系统、计算机与存储系统、备份系统等。数据库部分指在计算机系统上安装的数据库系统，如 Oracle、SQL Server。数字资源部分指在图书馆自动化网络化中的各类数据和数字对象资源，包括目录型数据、管理型数据、引进或自建的各类数字对象资源等。应用软件部分是联系硬件、数据库系统和数字资源三者的纽带，它利用硬件技术、网络技术、数据库技术和各类应用技术，实现图书馆各类资源的收集、存储、组织、利用，包括数字资源网上传输和服务，构成整个图书馆业务管理和读者服务的应用体系。

一、网络系统

计算机网络系统就是通过网络通信设备和线路将位置不同、功能独立的计算机系统相互链接，并按照网络协议相互通信，以实现信息传递和资源共享的系统集合。

计算机网络系统由网络硬件和网络软件组成，硬件对网络起着决定的作用，而网络软件则是支持网络运行、挖掘网络潜力、保证网络安全的工具。图书馆网络化自然也离不开购置网络设备、选择租用网络、科学规划与实施网络布线、保证网络安全等方面。

现代图书馆的网络化建设不再局限于图书馆楼宇内的物理布局，而更加重视图书馆业务与服务的逻辑布局，重视搭建有利于开展图书馆延伸服务和资源共享的各类网络构架。比如如何支持多媒体的服务，既保证其合理的流量，而又不影响其他服务，是否在网络的物理和逻辑分区上重点考虑；再比如总分馆制，系统建立在互联网上总会受到干扰，是否采用 VPN 方式。图书馆应全面并具有前瞻性地规划整个网络系统结构，合理引进网络设备，科学部署计算机应用子系统，选择并实现最合理的访问路径，减少网络瓶颈，在保障安全的前提下最大限度地提高网络性能。

二、计算机系统

图书馆自动化网络化不仅仅依靠计算机，但计算机系统往往决定了其所承载的应用系统的使用效果和未来发展。

365 天 24 小时不间断的服务已经是图书馆不得不面对的问题，只有先进成熟、功能齐全、性能好、具备足够的存贮量、运行可靠稳定、兼容性通用性强、有发展空间、维护维修方便的计算机系统，才能既满足目前的实际工作需要，又能为将来系统升级打下基础。图书馆面临的资源及服务的复杂性，使得图书馆的应用系统必须构建多元化（不同的操作系统、不同的数据库系统、不同的应用软件支撑）的计算机系统，通过网络和应用系统将其集成起来。图书馆购买一两台服务器已经难以解决图书馆的全部问题，共享是唯一的出路，即开展区域性合作，在一定的区域范围内通过共建共享构建多种平台，更好地服务读者。

三、数据库系统

数据库系统（Data Base System，简称 DBS）是实现有组织地、动态地存储大量关联数据，方便多用户访问的计算机软件、硬件和数据资源组成的系统。

数据库系统实现了对图书馆各类数据的存储、管理和访问，保持了数据的完整性、一致性和安全性。数据的独立性和共享性是数据库系统的重要特征。图书馆的书目数据、读者数据、财经数据、事务数据、全文数据、特色数据等都以数据库的形式存在着。

数据库系统的快速发展和专业化，使其在图书馆自动化网络化已成为不可缺少的组成部分，也使得图书馆的软件开发者们可以潜心于图书馆的管理和服务，而将一般数据处理、归并、统计，甚至日常备份、恢复、数据迁移等工作完全交给数据库系统来完成。数据库技术与网络技术的融合也极大地方便了用户利用和信息资源开发，提高了效率。

四、应用软件系统

今天的图书馆自动化网络化应用系统是一个复杂的联合体，任何软件系统都难以独立完成图书馆面临的所有工作，即使暂时能，也将在今后的专业化发展中被逐步淘汰。一般来讲,图书馆的应用系统从业务类别上可分成图书馆自动化系统、门户网站系统、电子资源管理与服务系统、数字资源建设系统、流媒体管理与服务系统、自助服务系统等;从参与馆的范围上可分为分布式图书馆自动化系统(如“一卡通”流通系统)、专门业务馆际协作系统(如联合编目系统)、专类资源联合服务系统(如数字图书馆门户)等。

五、数字资源系统

数字资源是现代文献信息的重要表现形式。数字资源主要包括商业化的数据库、机构或个人建立的数据库、各种网络资源等。广义地讲,图书馆自动化系统中的目录数据、管理型数据等也属于数字资源。

图书馆自动化建设首先面临的是建立机读目录数据库,所有馆藏文献均必须采用一定的格式建立书目数据库,也包括馆藏数据。书目数据采用较为详细的格式有助于利用他人数据,进行资源共享,使系统具备一定的升级潜力。

同印刷型文献相比,数字资源类型更为丰富。图书馆自动化网络化发展到现在,已经不可能通过简单的目录数据、管理型数据和若干链接实现所有功能,达成所有目标。更多、更复杂、更难以集中掌控的数字资源进入图书馆馆藏,成为图书馆读者服务体系的重要组成部分,也为图书馆自动化网络化提出了更高的要求,其关键在于要在处理好版权所有者、销售者、引进者和使用者之间相互关系的基础上,提高图书馆数字资源的利用率。

六、存储与备份系统

随着技术的快速发展,海量存储对图书馆而言已不再是遥不可及的事情。图书馆应及时转变思维,用高端存储保证安全和效率,用足够的容量换回时间,充分提高图书馆各类数字资源的可用性和使用效率。

数字资源的大量涌现，图书馆计算机处理量的迅速攀升，使存储在图书馆业务中的重要性日益突显，对存储的易用性也提出了很高的要求。现代图书馆应保持足够的存储容量，不同档次、不同类型配合引进，既发挥各类型存储系统的优势，又节省经费。

存储同时也是数字资源长期保存的需要，图书馆不能只注意尊重版权，应有针对性地选择保存一些数字资源，保护读者的长期利益，也保证有较好的使用效果。

有些业务可以由存储来承担，不需要采取复杂的技术，备份也可以通过存储来解决，而不限于传统的磁带。

第三节　图书馆自动化网络化建设的方式

图书馆自动化网络化建设存在多种方式，但总体而言仍具有共性。

硬件设备的发展和在图书馆应用的不断深入使图书馆硬件设备建设完全可以通过引进、集成形成合理的应用规模，达到理想的应用效果。

商用数据库已经成为图书馆应用系统的核心，并逐步扩大应用领域和应用深度。购买运行稳定、可靠，易维护、可扩展的商用数据库是图书馆的普遍选择。

应用软件系统的发展形成了一定数量的开发供应商，也使图书馆的应用总体水平大幅度提高。很多图书馆已可以进行小规模的应用探索，各类开源软件也不断进入图书馆应用系统之中。

图书馆自动化发展到今天，局部的引进已经不能满足图书馆的需要，一般至少要将整个自动化管理的核心部分纳入其中，至少应包括采访、编目、流通、典藏等基本业务，涉及中外文图书、期刊等。然后通过接口不断对接和集成相关系统，形成整个图书馆的应用软件体系。

一、硬件建设

硬件部分包括计算机系统（小型机、微机服务器、个人 PC 机、图形工作站、终端机）、网络系统（防火墙、交换机、布线系统）、辅助设备（打印机、各类阅读器）以及不间断电源（UPS）等。

多服务器形成的核心计算机系统已成为图书馆自动化网络化建设的主流，一方面是缘于应用服务要求的提高，另一方面则缘于系统复杂程度的提高。各类系统均需要保持一定的并发访问能力、抗干扰能力。微机服务器性能、速度及各项配置指标不断上升，对各类应用系统适应能力强，维护成本低，组织灵活，是图书馆服务器群中的主体。小型机仍可作为核心应用系统的服务器，但其购置、维护成本较高，软件系统支持有限。

硬件部分一般采取购买方式，但就基层图书馆而言也可以考虑共享或租用方式，在充分沟通与合作的前提下，利用分布式服务器、分布式存储形成分布式基础技术平台。即便是单独购买，也应充分考虑到其他相关图书馆的情况，使宝贵的投资既服务于自己，也能直接或间接地服务于地区或行业。只有共享的、互补的，才是高效的、长久的。

需要强调的是，在现代图书馆建设中，既要有必要的"拥有"，更要善于"利用"。"拥有"是有成本的，需要科学实施，需要定期维护，需要及时更新，需要不断优化，需要进一步扩展，比"利用"的投入要大得多。换个角度讲，公共图书馆是政府承办的公益事业，政府全额拨款，图书馆的投入是需要有一定的产出的，尽管难以准确量化，但在一定程度上也是可以显现出来的。从某种意义上讲，"拥有"所要承受的责任比"利用"要大。

二、应用软件建设

从 20 世纪 80 年代中后期至今，图书馆的应用软件发展很快，已经出现了一大批专门化的图书馆应用软件开发与供应商，图书馆完全可以采取购买的方式。目前，应用软件的获得越来越便利，专业化的免费软件和合作研发使一定规模的应用变得越来越容易。

一般来讲，引进应用软件必须对软件产品的质量进行综合评价，包括软件本身的可靠性（正确执行指定功能）、有效性（合理使用计算机资源）、可维护性（易维护和可修改）、可移植性（在不同环境下运行）、开放性（支持二次开发，提供各类接口）、实用性（符合图书馆目前应用的总体需求）、集成性（相关功能和技术的集成度）；其次要考虑应用软件提供商的信誉，技术后盾经营的机制和长期发展的前景，全国的服务网络建立情况等。

在图书馆自动化网络化不断发展的今天，引进应用软件还需要在准确把握自己需求的基础上，注重地区目前或未来的互访、合作，与同地区、同系统图书馆的应用协调一致。从技术上重点要把握基础技术的选择（如条形码、RFID 标签），系统框架是否开放灵活，系统结构设计是否具有良好的前瞻性和合理性，能不能在互联网上操作，是否采用关系型数据库，能否适时升级和及时维护等。

三、数据库系统建设

数据库系统一般与应用软件密切相关，但随着专业化分工越来越细，数据库系统已经不单纯是应用系统中数据部分的存储系统，而具有独特的业务管理功能，对于资源共享、系统二次开发、系统备份与恢复拥有至关重要的作用。

同时计算机处理能力不断提高，数据库系统相对应用系统的成本不断降低，选择商用数据库作为应用系统的数据库系统已经成为很多图书馆的共识，但要同时考虑数据库年维护费的问题。对建立本地系统的基层图书馆而言，数据库系统也是一笔不小的开支，而且是每年都需要一定数额的维护费。

四、数字资源建设

图书馆自动化网络化处理的主要对象就是数字资源，即以磁盘、光碟、磁带等电子存贮技术为载体的信息体。在图书馆自动化系统中，机读目录成为核心，从广义上讲，机读目录也是图书馆的数字资源。图书馆自动化的发展使早期复杂的书目建库工作变得非常简单，MARC格式、DC格式已在数据库系统中实现了完整的存储和对索引字段的检索，不少数据中心可以提供标准的书目数据，并可以委托加工。图书馆不再为基本的书目数据建设而耗费大量的财力和时间，而将重点转到系统的整体规划和应用的实现。

进入21世纪，数字文献大量涌现，由于其占用空间小、易于管理、易于检索、保存时间长、不易损坏，发展非常迅速。其缺点是必须借助于计算机、IPOD等电子设备方能阅读和查看，专门开发商提供的数字资源更是需要借助专门的阅读器和系统平台才能阅读。

由于电子资源在信息服务中具有显著的优势，图书馆纷纷将电子资源列入信息资源建设的重要内容，于是，传统图书馆逐渐演变成融纸质资源与电子资源于一体的复合型图书馆。在复合型图书馆中，电子服务和传统服务并存，两者共同构成了现代图书馆的服务功能。

对图书馆而言，其数字资源一部分为自建，一部分为引进，而引进又分为使用和拥有。由于数字资源的可复制性，数字资源供应商将资源"特殊"保护起来，导致大部分数字资源的购买为购买服务，或购买使用权，而不是购买资源本身。即使这些数字资源被"镜像"到了本地依然是不能拥有的，使用时必须通过专用平台的认证，需要专用阅读器阅读。

地区或行业的联合采购是数字资源引进的重要方式，地区或行业的联合服务则是数字资源服务的发展趋势。数字资源主要通过互联网传播，互联网是没有界限的，不能因为读者离开了图书馆就不能享受数字资源的服务，对公共图书馆尤其这样。通过联合，可以使一个地区或一个行业内的图书馆拥有更合理、更充分的数字资源，使读者享受到无差别的数字资源服务。

第四节 图书馆自动化网络化建设的关键问题

一、政府支持

公共图书馆是社会公益性文化服务机构，在业务建设和读者服务中全靠财政拨款，没有政府支持是不可能实现图书馆的自动化网络化，必须通过行业参比、专家建议、专业机构参与、媒体评论、读者意见多方面共同呼吁。同时，图书馆也必须做出充分而必要的准备工作，与相关的政府职能部门充分沟通，不仅要让政府和相关部门看到前景，更要让其相信前景是能够实现的。

图书馆自动化网络化建设无疑需要投入一大笔资金，用于购置硬件、软件、数据库系统、数据资源和其他开支，这笔投入一定是额外的，是在图书馆日常运营经费之外的。足够的投入才能推进自动化网络化建设，使图书馆上升到新的层次，不足的经费不仅不能达到目标，还可能导致项目半途而废。

图书馆自动化网络化首先是投入，今后还要不停地投入。一旦实现了图书馆自动化网络化，图书馆就会在一个新的层面上运行，所有设备、软件、数据库系统，也包括使用的数字资源都需要经费维护、升级、更新，一些先期未规划进去或者是新产生的相关业务也要纳入系统建设之中，这就需要获得政府在日常经费中的增量投入。另一方面，政府投资需要考虑绩效回报，而图书馆的效用往往又是潜移默化的，那就必须把图书馆服务效果的“形”以一定的方式表现出来，打动政府、说服专家、吸引媒体、惠及民众。

二、中心馆作用

基层图书馆的建设往往存在资金不足、人才缺失、技术基础薄弱等问题，这就要求所在地区的中心图书馆发挥作用。一个地区的中心图书馆应是基层图书馆建设的技术支撑，担负其图书馆自动化网络化的规划、协调、组织和实施工作。近年来,很多地区的图书馆聚集在一起,形成诸如“图书馆之城”、“图书馆联盟”、“图书馆城乡一体化”等模式,中心图书馆正发挥着越来越重要的作用。

由中心图书馆统筹进行基层图书馆自动化网络化建设无疑是一条发展思路,其建设目标统一、维护管理简单、可持续性强,最关键的一点是读者面对的是图书馆群体,可以享受参与馆无差别的服务。但中心图书馆统筹决不能从本位出发,应从图书馆发展的大局出发,在政府的支持下,敢于承担重任,与其他图书馆共同打造与经营图书馆的网络,共同面对读者,共同担负起图书馆网络发展的使命。

三、人才问题

人才是图书馆事业成败的关键。随着图书馆自动化网络化的发展,对人才的要求越来越高。没有一个结构合理、事业心强、基本稳定的人才队伍,图书馆自动化网络化建设是不可能成功的。图书馆不仅要立足眼前,更要放眼未来,想方设法引进一些高层次、综合性人才,也包括计算机技术、网络技术、软件技术、外语方面的人才,做好人才储备。

现代社会发展充满机遇与挑战,图书馆也面临前所未有的发展机遇,图书馆人必须具有开拓精神、全局观念和效益意识,要对全体图书馆工作人员进行培训,灌输理念,强化意识、提升素质,使图书馆人能够面临挑战,在图书馆自动化网络化建设中发挥重要作用。

基层图书馆往往在人才方面无法得心应手,这就需要人才共享,需要利用社会上、其他图书馆的人才资源,让他们参与到本馆自动化网络化建设中,弥补图书馆人力的不足,同时也借鉴其经验。

四、项目管理

项目管理被证明是一个比较可行和有效的方式,一般由馆长挂帅,并由相关人员组成一个工作组。其中除图书馆专业外,应包括拥有计算机技术、网络技术、软件技术、数据库技术等方面知识结构的人才，特别是具有同类项目实施经验的人才。所有参与人员既携带一定专业技术背景，又兼顾项目实施后运营管理的承接，如读者服务部门的参与者将在项目实施后重点担负起读者服务系统的业务培训和维护对接工作，网络技术部门的参与者则在项目实施后接管并优化、维护相关的网络系统和网络设备，而这些人明显比其他人更了解系统的全貌，应成为联系图书馆自动化网络化建设与日常运营管理的纽带。

五、科学决策

图书馆自动化网络化需要馆领导高度重视，领导重视既要体现在观念上，也要体现在组织保障上，在立项、建设、实施、维护一整套过程中做出科学的决策。图书馆自动化网络化是全馆业务的技术基础，关系到一个馆的全局和未来发展，是一个馆在业务上、管理上的重大变革，涉及人、财、物各个方面。这样一件关系到全馆“命运”的大事，必须馆长亲自挂帅，通过全馆人才的综合调配和项目管理，使这项工作形成一个核心，高效运作。

图书馆自动化网络化是以计算机技术、网络技术为核心的多种技术构成的综合性系统工程，服务器、工作站、终端机、网络交换机、打印机、不间断电源（UPS）、操作系统、网络管理系统等互相匹配、有机结合，形成基于网络的计算机硬件系统；这一系统又要同数据库、应用软件相结合，作用于应用环境之中，而应用环境又是由多种复杂因素结合而成。整个系统还要考虑同外界系统的联网与共享。

面对这样复杂的系统工程，仅靠馆领导和几个专业人员是难以作出决策的。应采取科学的咨询方法，在充分调研的基础上，聘请有关的专家进行专门咨询，到有关的单位走访，进行多方案、多厂商的比较，从中选出合适方案，并确定引进方式和渠道。

科学的决策既不能重硬件轻软件，也不能重系统轻数据，更要防止重建设轻管理。在系统建设规划之初就要制定出整体建设方案、运营管理方案、未来发展目标。

决策的透明性能使图书馆的决策者听到不同的声音，使更多的人关注项目进展，有利于在建设和今后的发展中统一意志，形成良性循环。

六、分工协作

自动化涉及全馆各种资源的使用，关系到各个部门的工作，需调动各方面的人员共同完成。因此，全局观点，集中兵力打歼灭战的战略观点，集中财力、物力用于刀尖上的做法都必须具备。这就要处理好各个部门、各项业务分工之间的关系，尤其重要的是处理好业务部门同行政部门之间的关系。全局思想、和谐的人际环境和融洽的工作气氛会形成实现自动化的一种凝聚力，使建设工作顺利而高效。

七、扬长避短

图书馆行业的工作重点是什么？图书馆的主要目标是服务，是通过资源引进、资源组织、资源发布和资源服务，服务于读者，服务于社会。一个图书馆进行自动化、网络化建设的时机、深度既取决于投入，更取决于图书馆的发展目标。

在数字化时代，结合本身的职能和任务，图书馆可以建立一些有特色的数据库。但建设数据库不是图书馆的工作重点，尤其不是基层图书馆的工作重点。基层图书馆更多地应是参与地区、行业数据库建设，不是主持建设，因为数据库建设是一个复杂、持久的过程，需要技术、技能、人力和财力的投入，很多数据库的选题需要持续建设，需要利用大型技术设备，需要借助社会力量，需要馆际联合。

在数字化时代，众多的新设备、新技术让图书馆看到了未来，但图书馆是一个应用行业，是一个服务于公众的公益事业，并不是研究机构，不能将十分前沿的技术过早地应用到图书馆，特别是基层图书馆。图书馆更多地应是使用成熟技术，利用成熟技术搭建图书馆特有的应用系统环境。

八、运行维护

重建设轻维护是图书馆自动化网络化建设存在的普遍问题，而这一问题在项目立项之初可能就埋下了伏笔。无论是硬件设备、数据库系统，还是应用软件，均存在运营维护问题，包括运营维护的基本意识、经费保障、人力组织、管理机制等。

日常运营维护是需要成本的，有100万的投入一定存在几万甚至更多的年维护成本。在运营维护中，应用软件维护问题最为突出，也不被很多人认可。实际上，应用软件才是整个自动化网络化系统的核心，是各类业务和服务最直接的体现，必须采取必要的维护机制，规划出足够的维护费用，以保证应用软件的正常运行、功能的不断改进、性能的不断提升。应用软件维护不仅包括运行性维护、改正性维护，也包括适应性维护（适应硬件发展、运行环境变化而修改软件）、完善性维护等，而适应性维护、完善性维护的费用则不是简单维护概念上的比例。比如核心计算机拟采用新的操作系统平台或者新的数据库系统平台，软件系统就要移植。

运营维护应尽可能走专业化、外包的道路。一方面是专业化的维护发展迅速，服务领域越来越宽，服务质量越来越好，另一方面是基层图书馆的人员不可能大量增加，知识结构和技能不能满足各类维护的需要。

但是，对运营维护而言图书馆也必须有专门的人员参与，专业化的维护不会从图书馆的整体需要和利益出发，更不会考虑将来的发展。此外，专业化维护在人员和整个团队的构成上具有不确定性，采购管理也越来越倾向于行业竞争，这就需要图书馆有专门的人员进行总体把握，了解硬件设备、数据库系统、应用软件系统的构成和相互关系，组织协调各方的维护工作，协调系统维护工作与图书馆业务工作。

第二章 基层图书馆自动化网络化的构成

第一节 网络系统

一、图书馆网络系统的构成和作用

图书馆计算机网络就是由通信设备、网络设备和通信线路将图书馆内以及图书馆之间地理位置不同的、功能各自独立的计算机系统相互连接而构成的,并按照国际公认或制定的标准网络协议进行相互通信,实现信息的传递、资源的共享和服务的整合。

网络系统在图书馆自动化中的主要作用就是架设信息系统基础平台,并通过该国际标准协议的网络通信系统,运行图书馆业务自动化应用软件,进行信息交换和资源共享,达到图书馆预定目标的业务管理和读者服务。

(一)图书馆计算机网络的发展概况

图书馆计算机网络的应用与发展分为3个阶段:

(1)图书馆网络应用的萌芽阶段

在20世纪80年代,图书馆计算机应用主要是以单机单系统模式进行小规模的业务与管理应用。20世纪90年代初,由于多用户系统的成熟,图书馆计算机应用模式出现了以一台高性能的服务器通过通信线路与多台终端互连,构成了具有通信功能的单机多用户系统。在这种系统结构中,用户通过终端的键盘输入各种命令,这些命令通过通信线路传送给计算机,而计算机根据传送来的命令进行操作,最终将处理结果通过终端返回给用户。

(2)图书馆局域网络建立与应用的阶段

在多用户系统结构中,随着终端数量的不断增加,计算机不仅要负责进行数据处理，而且还要承担与各台终端的通信，主机负荷过重，整体运行效率下降。20 世纪 90 年代中期，由于标准以太网技术的出现和广泛推广应用，为了克服单机多用户系统的缺点，图书馆也开始转入多服务器的局域网互联应用，逐步淘汰了多用户的应用模式，实现了计算机与计算机之间的直接通信，构成了具有通信功能的多机网络系统，在本馆内实现资源共享，使图书馆计算机自动化应用全面进入局域网络时代。

(3)图书馆广域网络互联与馆际服务的阶段

20 世纪 90 年代后期至今，计算机技术、通信技术和网络技术有了飞速发展，通过各种高速通信设备和线路，将本单位乃至世界各地的计算机互接起来，构成了局域网和广域网，广域网应用进入了稳步推广阶段。图书馆也不可或缺地全面建立了与广域网的对接，借助于广域网，从互联网上获取大量信息，按照共同认可的网络协议、管理协议和服务协议，推进图书馆之间的合作，建立区域性的集中服务共同体，以及以共享资源为主要目的的图书馆业务协作网络，使图书馆业务管理和读者服务不受地理位置约束，得以理想地延伸。

(二)建立图书馆网络系统的基本原则

建立一个实用、相对节省、有长久生命力的图书馆网络系统，需要考虑以下几点：

首先，网络系统的性能。图书馆网络系统的建立是为了有效地完成一定的业务应用目标，因此网络系统的功能、效率、质量，是网络系统完成图书馆复杂应用任务的关键参数。

其次，网络系统的稳定性。图书馆网络系统的稳定性评价是全方位的，它是网络系统建设的重要参数，也是保证图书馆应用系统不间断运行的基本要素。

最后，网络系统的安全性。图书馆网络系统的安全性是必须要考虑的重要因素，也可以说是计算机网络技术在图书馆应用的关键点，要保证网络系统全天候安全可靠地运行，满足 365 天 ×24 小时对读者的服务，安全系统的建立也是必要的重点。

（三）图书馆网络系统需求分析

每个图书馆的业务流程和应用需求虽有许多相同之处，但也存在不同的个性，因此在设计网络系统的规划前，必须针对本馆的业务规划和服务需求，对网络系统的硬件部分和软件部分做出详细的具体应用需求分析，这些需求包括读者提出的应用需求、工作人员提出的业务流程处理需求以及软硬件技术实现需求等。

图书馆网络系统的需求可以是分阶段的，针对各个阶段的需求，分析阶段间的逻辑关系，根据这些阶段需求指标，确定网络系统阶段建设的性能目标、稳定性程度、安全级别，模块化结构以及扩展范围等。有了需求分析就可以初步确定一些具体的硬件和软件的产品及技术选型。

图书馆网络系统的设计要考虑完整性和一致性的结合，网络系统需求分析和系统设计的每个步骤不是孤立的，上一个步骤的结果基本上是下一个步骤的需求，因此整个网络系统的设计过程应该是倒序的，而且必须要有一定的前瞻性。

二、网络系统的体系和协议

国际标准化组织 ISO 于 1981 年正式推荐了一个称为“开放系统互连（OSI）”的网络系统结构参考模型，目的是使各计算机系统、终端、网络之间相互交换信息的过程逐步实现标准化，以保证数据传输的准确性和一致性。

（一）ISO/OSI 参考模型

OSI 参考模型将整个网络通信功能划分为七层，分别为物理层、数据链路层、网络层、传输层、会话层、表示层和应用层。其中，第一层至第三层提供了网络访问功能，第四层至第七层则是支持端对端通信的逻辑。

（二）TCP/IP 协议

TCP/IP 协议是 1983 年美国国防部推出的网络标准协议，它是世界上应用最广的异种机互联网络标准协议，已成为事实上的国际标准。TCP/IP 协议是由传输控制协议(TCP)和网间互联协议(IP)组成,TCP 对应于 OSI 七层结构中的传输层,负责数据的可靠传输;IP 则对应于 OSI 七层结构中的网络层,负责路由的正确选择和报文的正确传输。

三、网络的拓扑结构

(一)局域网的拓扑结构

1. 星型网络结构

星型网络是由一个中心点(交换机),辐射连接各节点组成的一种布局结构。节点是指网络中的任何类型的计算机系统。网络中的所有节点独享交换机的可用带宽。交换机的作用主要是对传输信号进行再生和转发。星型网络的特点是:结构简单,灵活性强;但通信效率不高,中心点负荷过重。

星型网络结构已成为当前交换式局域网的主流布局结构,也已在各种规模的图书馆计算机网络系统中被广泛采用。

2. 环型网络结构

网络中的计算机,通过环路接口连接在一个首尾相连的闭合环型通信线路上的布局结构,称为环型网络。在环型网络中,节点向环路发送信息后,数据按照设计单向流动,经过环路的每一个节点,直至源节点为止。环型网络的特点是:实施简单,易于安装,性能极佳,环的规模不受限制;但环路封闭,不易扩充,且若环路中的某一个节点失效,环路则断开,导致数据传输中断,为了避免该现象发生,实际应用中常常使用双环路结构。但是,由于环型网络技术发展停滞不前的缘故,目前新建的计算机网络已基本不采用环型网络结构。

3. 总线型网络结构

以一条同轴电缆为主干,将计算机连接起来的布局结构,称为总线型网络。在总线型网络中,每台计算机都通过具有收发功能的网络接口卡与总线相连,所发送的信息沿着总线向两个方向传播,并且能被总线中的任何一个节点所接收。总线型网络的特点是:结构简单,便于扩充;安装方便;但可靠性较差。总线型网络是15年前早期网络的主流结构,常用于规模较小的局域网,目前也已被淘汰。

(二)广域网的拓扑结构

分布式网络是广域网采用的拓扑结构,整个网络无中心节点,由分布在不同地点的计算机互联组成的。其特点是:可靠性较高;能较好地实现网络资源共享;但网络控制复杂,通信费用较高。

(三)无线局域网络的拓扑结构

无线局域网络(WLAN)是建立快捷、应用方便的数据传输系统,它利用射频(RF)的技术,取代传统的双绞线所构成的局域网络,使得无线局域网络能利用简单的存取架构让读者通过它,达到"畅游天下"的理想境界。

在一个典型的WLAN环境中,数据发送和接受的设备称为接入点(AP)。通常,一个AP能够在约200米的范围内连接约30个无线用户。在同时具有有线和无线网络的情况下,AP可以通过无线控制器与传统的有线局域网络相连,作为无线网络和有线网络的连接点。

无线局域网络绝不是用来取代有线局域网络,而是用来弥补有线局域网络之不足,以达到网络延伸之目的,在图书馆中无线局域网络较为适用于下列情形:

- 无固定使用电脑场所的工作人员和读者;
- 有线局域网络架设受环境限制场地,如大厅、报告厅、展览厅等;
- 作为有线局域网络的备用系统。

四、网络的系统结构

(一)局域网(LAN)

局域网通常是用网络设备和网络线缆连接局部的各类计算机进行组网,属于某个部门或单位组建的小范围网,由于其成本低,应用广泛,组网方便,使用灵活,所以深受广大用户的欢迎。

目前局域网的主流组网技术为以太网(Ethernet),几乎占据了市场份额的百分之百。以太网技术是在20世纪70年代诞生的，电气电子工程师学会（IEEE）于1980年2月制定802标准系列，其中802.3 CSMA/CD正式定义了以太网的标准。

IEEE为标准的以太网制定了5种不同的介质相关接口：10Base2（同轴细缆介质）、10Base5（同轴粗缆介质）、10BaseT（双绞线介质）、10BaseFL（多模光纤介质）、10BaseFOIRL（光纤中继器连接）。

目前，已投入运行的网络中以快速以太网（Fast Ethernet）到桌面和千兆以太网（Gigabit Ethernet）为主干的模式占据了大半江山。而万兆以太网（10 Gigabit Ethernet）则在新建的局域网中正逐步取代千兆以太网被用于核心主干数据传输。

（二）广域网（WAN）

广域网是由远程通讯设备和线路（如电话交换网、公用数字数据网、卫星等）将地理位置不同的多个局域网连接起来的网络。

广域网主要技术有：线路交换、分组交换、信元交换等。

下面简单介绍几种常见的广域网，供图书馆在连接互联网中选择：

（1）租用线路，通常指广域网通过租用通信公司的远程通信设备来构成，其传输速率可达每秒45兆位。这些通信设备被称为“租用线路”，它们是组建广域网整体的构件。租用线路最初是为数字声音传输设备设计的，但现在却被用作为数据网络的数字传输设备，并可以支持将多路数据流聚合到一条公用传输介质上的“多路复用”技术。租用线路为图书馆提供了点对点的专用连接，但这个连接必须通过通信公司的交换中心设施来实现。租用线路是当今广域网中的关键部分，它有自己的物理层技术，数据链路协议和数据帧结构。

（2）综合业务数字网（ISDN），是一种“按需拨号”型的数字线路交换技术，在同一物理连接上可同时传送语音和数据信息。ISDN提供了两种接口，即基本速率接口BRI和主速率接口PRI。基本速率接口BRI以“2B + D”形式提供了144Kbps速率。2B是指两个64Kbps的B信道，这两个信道可连到一起形成128Kbps传输速率的逻辑连接，用来传输数据、语音、传真以及视频信息等。D 信道是速率为 16Kbps 的控制信道,用于实现呼叫建立、取消以及别的控制功能。主速率接口 PRI 一般是以 1.544Mbps 的总速率在网上传输的。这个 1.544Mbps 通常被分为 23 个 64Kbps 的 B 信道和一个 64Kbps 的 D 信道。

(3)ADSL 是非对称数字用户环路的英文缩写,ADSL 技术是运行在原有普通电话线上的一种新的高速宽带技术,它利用现有的一对电话铜线,为图书馆提供上、下行非对称的传输速率(带宽)。非对称主要体现在上行速率(最高 640Kbps)和下行速率(最高 8Mdps)的非对称性上。上行(从用户到网络)为低速的传输,可达 640Kbps;下行(从网络到用户)为高速传输,可达 8Mbps。它最初主要是针对视频点播业务开发的,随着技术的发展,逐步成为了一种较方便的宽带接入技术,为电信部门所重视。小型或社区图书馆上网的设备较少,可以选择 ADSL 在本单位组建局域网,实现通信线路与广域网对接、业务应用系统与中心馆互联、网络信息资源馆际共享。

(4)数字数据网(DDN),是电信部门向图书馆等用户提供的一种高速通信业务,利用数字通道提供半永久性的连接电路,提供中高速、高质量的点对点、点对多点的数字专用电路。DDN 的特点为,将多路复用技术应用于数字传输信道,支持多个用户共享通信资源;DDN 仅是一条支持用户数据点到点高速传输的通道,但网络运行管理简便,没有任何检错、纠错功能;DDN 的基本速率为 64Kbps,用户租用的信道速率应为 64Kbps 的整数倍,最高速率为 150Mbps;DDN 本身并不提供任何通信协议的支持,使用何种通信协议由用户自行决定;DDN 支持图书馆网络中的数据、图像、声音等多种业务应用,适用于传输数据量大的业务,较为合适中小型图书馆建立广域网互联。

(5)光纤 IP 城域网,采用光纤 + IP 的方式构建的城域交换网,主干速率为 1Gbps 或更高,对图书馆等客户只提供以太网端口,采用这种技术最大特点在于技术成熟、服务多样化、带宽可保证、可按照流量计费等。按照网络层次化结构原理,城域网分为城域核心层、汇聚层、用户接入层 3 个层次和城域数据中心、网络管理中心 2 个中心。大型图书馆适合于选择 IP + 光纤方式构建的城域网作为图书馆互联广域网的模式，事实上，大中型图书馆基本选择了光纤城域网模式与互联网对接，实际应用也证明了采用这种光纤城域网结构，具有技术先进、带宽高、易于扩展及投资保护等优势。光纤城域网现在已成为电信部门主推的适用于高质量、高带宽、大数据量交换的互联网接入的主要技术。

(6)X. 25 分组交换网是使用 X. 25 协议的网络，用户需要向通信公司申请注册，以使用其分组交换网 PSN。当一个 X. 25 分组交换网的用户要与另一个用户通信时，用户要先发出呼叫，如果呼叫被系统接受并连接，两个用户就可以开始相互传送数据，传送完成后，两边挂断结束连接。X. 25 协议系列对应于 OSI 参考模型的最低 3 层，即物理层、数据链路层和网络层。X. 25 是一个较早的、面向低速数据通信的网络标准，支持的最快速度为 56Kbps，虽然其速度看起来相当慢，但它具有良好的兼容性，费用极低，所以仍然得到了广泛的使用。通过标准的铜芯电缆，X. 25 可以向世界任何地方提供可靠的数据通信服务。

(7)帧中继(Frame Relay)是一种速度更快的包交换网络设施，通常用于广域网远程节点连接。帧中继的工作方式是用持久虚拟电路 PVC 来模拟电路交换网。帧中继只存在于 OSI 模型的最低两层。链路的各个局域网使用路由器连接到帧中继网络上。帧中继常用于对 X. 25 网进行升级。X. 25 的网络互连是建立在模拟传输系统和铜线连接基础上，因此，需要有大量的差错检测和协议来保证网络的可靠性。帧中继是为新一代网络互连设计的，联网是建立在数字传输和光纤传输介质上的，它不仅在传输速度上有了很大的提高，而且可以在单条链路上实现了多个连接(虚拟电路)。最近几年，帧中继越来越多地被用作多路通信量传输，这种传输方式是将几条租用线路并入一条帧中继电路上，最终趋势将是用帧中继取代租用线路。

(8)异步传输模式(ATM)也称为快包交换。ATM 很适合控制各种容易变化的通信量，如数据、语音和图像等多媒体信息，其运行速度在 1.54Mbps 至 622Mbps 之间。ATM 的主要优点是能够为用户提供高质量的服务,能够适应新技术的发展。ATM 的另一个优点是在突发期间,网络通过利用线路上空隙时间,充分提供更高的带宽。

ATM 不像传统的网络一样进行包交换,而是交换信元。信元是定长的,而包是变长的。ATM 提供了两种类型的连接,持久虚拟连接(PVC)和交换虚拟连接(SVC)。ATM 是一种灵活的、可伸缩的先进网络技术,是千兆以太网出现之前高速宽带网络的主选方案之一。

(三)无线局域网(WLAN)

目前,图书馆行业中采用的无线局域网产品,主要包括了室内无线 AP 接入点、室外无线 Mesh AP 接入点,POE 供电交换机和无线控制器。从无线局域网的安全冗余考虑,无线控制器通常采用双机互备集群模式在中心机房与核心交换机相连接,来组成高可用性的无线局域网,通过无线网安全管理软件平台进行统一策略配置、统一监控和统一管理。

在图书馆中建立的无线局域网系统,必须采用标准的无线局域网技术,符合标准 IEEE802.11a/b/g 传输协议,满足各种 WiFi 设备如笔记本电脑、PDA、WiFi 电话等的连接。同时,图书馆无线局域网宜采用“无线控制器 + 无线接入点”的结构布局,依靠基于 Web 方式的管理软件系统进行集中配置管理、安全管理、性能管理和故障管理,通过管理软件系统平台对入网的用户进行严格的准入控制,包括用户信息的认证、加密和审计,确保入网用户的安全性;通过核心设备和核心部件的冗余设计,确保网络的高可用性;无线局域网还需选择具有强大的自我防护功能,包括支持流氓 AP 探测、入侵检测防护(IDS/IPS)、RF 射频干扰探测以及严重的无线攻击报警等防护措施,提高网络的安全性。

一般说来,图书馆仅是将无线局域网作为对有线局域网的补充,每个图书馆都有自己的具体需求和考量,虽然大多数图书馆都会整体考虑无线局域网的布局,甚至将接收信号覆盖全馆,但是重点范围应在图书馆的会议室、报告厅、展览区、办公区、读者阅览区、书库、办证大厅等。特别要注意的是,实际环境中 AP 的信号覆盖能力会由于遮挡物的不同,而与理论值有差距。因此,必须进行实地移动测试信号,使得 AP 布点无信号漏空区域,跨区域移动无断线现象,且信号接收良好,信号带宽要基本稳定在 54 兆赫兹。

无线局域网在图书馆中的应用,主要有三方面:一是读者服务,实行对读者实名登记开放上网,方便读者;二是业务工作处理,工作人员需采用无线移动设备进行相关业务的查询和管理等工作;三是日常办公,包括演示、测试、会议、展览、技术维护等需要。

五、主要网络设备和传输介质

(一)网络服务器

网络服务器是网络的控制核心,在整个信息高速公路的基础结构中起着举足轻重的作用。在一个网络中,可以有多台服务器分别承担集中控制不同的功能和不同的任务。由于服务器的运行效率直接影响着整个网络的效率,所以服务器通常采用了一些高新技术以增强其性能,如高性能高主频 CPU、多核处理器对称多重处理、多位校正纠错内存、ESATA 总线外设、大容量存储器、磁盘阵列、容错系统以及集群系统等许多先进的技术。以计算机系统结构来看,用户主要是采用微机服务器、专用服务器、小型机等高档计算机作为网络服务器。

图书馆网络服务器的选择标准:

(1)开放性。必须要求选用的网络服务器,采用标准的、开放的产品技术。

(2)先进性。网络服务器应是采用先进技术的、成熟稳定的系统。

(3)安全性。网络服务器的系统硬件和软件的安全性,均应符合国际有关标准。

(4)可靠性。网络服务器必须按照测试检验标准进行严格的质量测试,应具有良好的可靠性。

(5)事务处理能力。网络服务器应具有强大的数据处理能力和联网能力,必须满足当前的业务需求及今后的发展。

(6)操作系统。采用国际流行的、开放的、高效的、可靠的操作系统,保证应用软件的可移植性。

(7)系统扩展能力。系统应采用模块化设计,有利于今后的扩充和升级,保护图书馆的投资。

(二)网络操作系统

网络操作系统是计算机操作系统与网络协议的集合,其目的是对网络进行管理和控制,提供各种手段实现网络中的资源共享。

目前流行的三类网络操作系统是 Unix、Windows Server、Linux。

1. Unix 操作系统

Unix 操作系统诞生于著名的贝尔实验室,经过 AT&T、IBM、DEC、SUN、HP、SCO 等公司的不断改进,已经形成了各自公司的操作系统产品。Unix 操作系统的网络功能十分强大,它支持几乎所有常用的网络通信协议,并且支持各种硬件平台和各种网络结构的链接。虽然它具有良好工业标准的开放性系统,而且在安全性和稳定性方面优势强大,但是 Unix 操作系统由于受到部分服务器厂商的垄断和控制,使得企业参与对 Unix 的开发和应用推广受到限制,使得 Unix 在操作系统市场占有率呈下降趋势。在中大型图书馆,以小型机配原厂 Unix 操作系统平台承担核心应用系统任务的例子较多。

2. Windows Server 操作系统

Windows Server 是美国微软公司发布的系列网络操作系统。Windows Server 支持许多常用的通信协议和用户操作系统,它还可以在几个不同的硬件平台上运行。Windows Server 具有最好的图形用户界面,基于其开发的应用和管理软件丰富多彩,涉及各个应用领域,Windows Server 网络操作系统的市场占有率已永远超过 Unix 的市场占有率,数量庞大的基于 Windows Server 网络操作系统的 PC 服务器在所有图书馆运行着各种重要的业务和管理系统,成为图书馆计算机网络的中坚力量。

3. Linux 操作系统

Linux 是一个诞生于网络、成长于网络且成熟于网络的奇特的操作系统。Linux 操作系统不是商业软件,而是自由软件,它是免费的、公开源代码的,是真正意义上的多任务、多用户操作系统。由于 Linux 操作系统开放源代码,用户可以自己对系统进行改进,而且 Linux 操作系统凭借优秀的设计,不凡的性能,可运行在多种硬件平台上,加上 IBM、INTEL、CA、CORE、ORACLE 等国际知名企业的大力支持,目前市场份额增长迅速,逐渐成为主流操作系统之一。另外 ,Linux 操作系统具有类比于 Unix 的高安全性特点,因此选择其作为图书馆应用系统的操作系统平台的案例正在迅速增加。

(三)网络连接设备

1. 网络接口卡

网络接口卡也称为网卡,它是一块电路板,插在计算机内的扩展槽上,或集成在主板上,通过主板上的总线与计算机控制器连接。网卡后部接口通过连接器与通信电缆相连。网卡的基本功能是保证计算机与网络设备之间准确无误的数据交换。

2. 中继器

由于任何网络传输介质都有一个最大传输距离,当网络段超过最大传输距离时,就需要加装中继器。中继器的功能是对网络段之间的传输信号起增强放大作用,延伸网络段的距离,中继器工作在 OSI 模型的物理层。

3. 网桥

网桥的作用是连接两个运行同种协议的局域网。网桥工作在 OSI 模型的数据链路层,对网络层及其上层操作是完全透明的。

4. 路由器

路由器的作用是互连两个或两个以上具有相同通信体系的网络。路由器依赖通信协议,工作于 OSI 模型的网络层。

5. 网关

网桥和路由器可以用在运行多种通信体系的网络中,但是它们不能互连使用不同通信协议的节点。而网关的作用是可以在不同通信协议网络中进行协议转换，所以网关用于异种网的互联。

用于 Internet 的路由器也是网关，这种网关称为远程网关。用于远程通信的调制解调器则称为远程访问网关。

6. 交换机

交换机也称为交换式集线器，它除了以星型结构连接网络节点外，更主要的是它能在几个网络之间或几个网段之间输导通信量。目前最常用的、最主要的交换器是以太网交换机。以太网交换机的功能是以非常高的速度，在网段之间传送帧，以达到增大网络总带宽的目的，连接在交换器上的设备则能够独享网络带宽。

（四）网络传输介质

1. 同轴电缆

同轴电缆是由两根共享一个公共轴的铜导线组成。同轴电缆的优点是可以在相对较长的距离上支持高带宽通信。在 10Mbps 以太网中，同轴细电缆的最大传输距离可达 185 米，而同轴粗电缆的最大传输距离可达 500 米。同轴电缆是以太网最初指定传输介质，但由于同轴电缆结构复杂、体积大、价格高，如今已完全被双绞线所取代。

2. 双绞线

双绞线是由 8 根导线分为 4 对组成，每对是由两根扭在一起的导线组成。由于导线被扭在一起，两根导线之间提供了平衡的能量辐射，有效地消除了可能的电子干扰，这使得双绞线与没有扭起来的导线相比，信号丢失的情况要少得多。双绞线分为屏蔽双绞线（STP）和非屏蔽双绞线（UTP）。双绞线的传输距离最大为 100 米，广泛应用于楼层竖井至信息点的水平布线、交换机接口的跳线以及主干的备用布线。

根据 TIA/EIA 电信布线标准，双绞线可分为 7 类（Category）。市场上常见的双绞线为第 3 类（Cat-3）、第 5 类（Cat-5）和第 6 类（Cat-6）。第 3 类双绞线可以提供 16MHz 的传送带宽，第 5 类双绞线可以提供 100MHz 的传送带宽，而第 6 类（Cat-6）可以提供 1000MHz

的传送带宽。

3. 光缆

光缆是由光导纤维、反射覆盖层以及同轴塑料保护层组成。由于光缆的中心轴是由高纯度的光介质构成,所以它能够可靠地长距离传输光信号。光缆是成对使用的,一根传送信号,一根接收信号。在图书馆局域网中,光缆通常作为主干通信传输介质,用于服务器与核心交换机之间的连接,以及核心交换机与汇聚层交换机或楼层交换机之间的连接。目前,典型的两种光信号传输形式是:多模传输和单模传输。多模光缆是目前局域网和综合布线系统中的主要光缆介质,传输最大距离为 2 至 4 公里,支持网络主干最大传输率是 1.2Gbps 异步传输模式;单模光缆是一种更为优秀的技术,能够提供比多模光缆高得多的带宽和传输距离,从理论上说,单模光缆的带宽可以达到每秒 25 太位,传输距离可达到 50 至 100 公里,随着单模光缆和转换器的价格下降,单模光缆正逐步取代多模光纤成为今后光缆介质的主流。

六、网络安全系统

当图书馆的局域网连入 Internet 等广域网时,如何建立一个完善的安全保障体系,防止黑客和病毒的入侵,保护我们的信息数据库不被窃取和破坏,这将对我们的网络安全机制和管理控制技术提出高要求。

一般说来,威胁网络安全的因素有如下几点:

- 黑客侵入的恶意攻击;
- 非授权的资料存取;
- 假冒的合法用户;
- 病毒。

我们可以采取以下措施,来增强网络的安全性:

- 设置防火墙;
- 对重要数据的传输采用不对称加密;
- 数字签名;

- 服务器和客户端的双向认证；
- 对操作系统、应用软件、数据库的存取控制；
- 日常的计算机病毒防治工作。

（一）防病毒系统

病毒是当今计算机世界非常令人头疼的一个问题，为了使图书馆计算机和网络免遭病毒破坏，我们必须加强管理，采取有效的措施，防范和杀灭病毒，保证我们的软件系统和数据库不被病毒修改和删除。

1. 计算机病毒定义

计算机病毒，是指编制或者在计算机程序中插入的破坏计算机功能或者毁坏数据，影响计算机使用，并能自我复制的一组计算机指令或者程序代码。也可以说，凡是能够引起计算机故障，破坏计算机数据的程序均为计算机病毒。

2. 计算机病毒特征

（1）传染性

传染性是病毒的基本特征之一。计算机病毒是一段人为编制的计算机程序代码，一旦病毒进入计算机并得已执行，它就会寻找其他符合传染条件的程序或存储介质，然后将自身代码插入其中，达到自我繁殖的目的。

（2）隐蔽性

计算机病毒一般都是短小精悍、编程技巧很高的程序，通常附在正常程序中或磁盘隐蔽处，有的以隐含文件形式出现，其目的是不让用户发现。如果不进行特殊的技术分析，就很难发现自己的计算机是否感染上病毒。也正是病毒的隐蔽性，使得成千上万的计算机在用户毫无察觉的情况下染上病毒。

（3）潜伏性

病毒侵入到计算机后，一般不会立即发作，而是长期潜伏在系统中，只有在满足其特定条件时，才会启动露出本来的面目。

（4）破坏性

任何病毒只要侵入计算机，都会对系统和应用软件产生不同程度的影响。轻者会占用系统资源,降低计算机的工作效率,重者会修改或删除程序和数据,破坏硬件部件,最终导致计算机系统崩溃。

3. 计算机病毒的分类

以传染方式,病毒可分为:引导型病毒、文件型病毒和混合型病毒。

以连接方式,病毒可分为:源码型病毒、入侵型病毒、操作系统型病毒、外壳型病毒。

以破坏性的大小程度,病毒可分为:良性病毒和恶性病毒。

4. 计算机病毒的防治措施:

(1)要加强对读者或计算机操作者宣传教育工作,提高大家对计算机病毒危害性的认识。

(2)图书馆要重视计算机病毒的防治工作,应由单位主管领导和专业技术人员若干人组成防治计算机病毒工作小组,定期进行计算机病毒的检查和杀灭工作。

(3)禁止读者随便上网下载或运行U盘、光盘等拷贝软件和共享软件,因为来自网络的共享软件和来自U盘、光盘等拷贝软件是传播病毒的主要途径。若确有必要运行外来软件,则必须用最新的杀毒软件对外来软件进行检查和清理。

(4)图书馆计算机管理人员要对计算机中的重要数据进行定期备份,以防止因病毒发作而造成的重大损失。

(二)防火墙

防火墙是图书馆不可或缺的网络设备,它可用来加强在两个或多个网络间的访问控制。防火墙的职责就是根据设置规定的安全策略,对网络间的来往信息进行检查,决定哪些信息可以通过,哪些信息不能放行。

防火墙是为了保护计算机和网络系统安全运行而采用的一种技术措施,设立防火墙的主要目的是保护图书馆网络不受其他外部网络的攻击。

防火墙的基本分类:数据包过滤器,线路中继器,应用网关。

1. 数据包过滤器

数据包过滤器技术是在 OSI 第三层网络层上对数据包进行过滤选择,选择的依据是系统中设置的访问控制表内的过滤逻辑。通过检查数据包的收/发地址、协议、端口号及用户定义的位特征码等因素,确定是否允许该数据包通过。数据包过滤器通常安装在路由器上。

2. 线路中继器

线路中继器是在 OSI 第四层传输层上,将所有跨越防火墙的网络通信链路分为两段,作为相关协议的代理,所有的输入链接在此结束,并被重新组成相对应的输出,同时也对过往的数据包进行分析、注册登记、形成报告。

3. 应用网关

应用网关是在 OSI 第七层应用层上建立协议过滤和转发功能。它针对特定的网络应用服务协议使用指定的数据过滤逻辑,在对数据包过滤的同时,还要进行必要的分析、登记、统计,并形成报告。在实际应用中,应用网关通常安装在专用工作站或防御性主机上,但与上述两种防火墙相比,应用网关的速度较慢。

(三)网络安全运维管理

随着数字图书馆系统在图书馆中的全面应用,图书馆的业务工作已完全依赖于网络系统和计算机设备,面对大量全馆电脑,计算机维护人员的压力越来越大。从近年来频繁发生的网络安全事件可以发现,其中相当大的比例是由于电脑遭受黑客、病毒、恶意软件等的攻击,而导致大规模的网络瘫痪。因此,图书馆有必要引进安全运维管理系统,旨在提高对电脑的日常运行维护能力、安全控制能力和高效管理水平,主要体现在以下几个方面。

1. 安全控制

由计算机维护人员通过系统平台的 Web 界面,对所有的电脑定时进行系统内部安全漏洞检测及扫描,系统补丁软件集中升级,及时消除安全漏洞引发的病毒、黑客、恶意软件等安全攻击。通过收集全馆电脑的 IP 地址或 MAC 地址,禁止非授权电脑接入网络,对分布于全馆各楼层、各办公室的电脑进行准确定位，控制电脑的上网行为，一旦发生病毒等安全攻击以及IP地址冲突等问题，能够立即断开问题电脑的网络连接，控制局面。

2. 资产管理

通过该系统定时扫描，自动发现接入网络的所有设备及其网络连接关系，自动收集电脑的软硬件配置信息，跟踪电脑运行的状况。

3. 系统的策略配置

按照系统的策略配置，可以定义软件分发的任务和分发的范围，在适当时间对电脑进行各种软件或系统补丁的分发和安装。

（四）授权认证系统

为了验证无线局域网注册用户的合法性，图书馆必须建立授权认证系统RADIUS。RADIUS系统采用了目前应用最广泛的C/S结构的AAA协议，认证机制灵活，可以采用PAP、CHAP或者Unix登录认证等多种方式，已成为业界事实上的网络接入标准。在无线网信号覆盖区域，任何读者在自己的笔记本电脑中安装和运行RADIUS客户端软件，就成为RADIUS认证系统的客户端。当要入网的读者通过RADIUS协议向RADIUS服务器发送Access-Require数据包后，RADIUS服务器就会验证提交的读者信息是否合法，读者信息包括读者账号、密码等相关信息，其中读者密码是经过MD5加密的，双方使用共享密钥，这个密钥不经过网络传播。RADIUS服务器对读者账号和密码的合法性进行检验后，如果为合法注册的读者，就向读者电脑发送返回Access-Accept数据包，允许读者入网访问，否则返回Access-Reject数据包，拒绝非注册读者的访问。

图书馆作为市民获取各种信息的重要市政公共场所，必须要为读者提供健康文明的良好环境，也包括良好的上网条件和环境。因此，无线局域网在图书馆的应用除了要考虑常规的防病毒、防攻击等安全问题外，还需要实施实名制认证上网、带宽或流量的限定、不良网站的屏蔽、按照应用类型划分VLAN等必要的措施。

七、网络管理系统

计算机网络已越来越深入地普及到我们的日常工作和生活。同样，现代化的图书馆也越来越依赖计算机网络的运行状态，网络的崩溃就可能意味着图书馆日常服务与工作的崩溃。一个图书馆花费大量时间和资金建立起来的复杂计算机网络，需要不断地进行维护，才能使它能够为读者或用户提供快速的、有效的、稳定的信息访问服务。

(一)网络管理的功能

在计算机网络中，我们面对着无数的由多个厂家提供的设备，多种多样的通信协议，复杂的网络拓扑、网络应用软件以及链接在网络中数据库等许多因素，如果不能对每一个对象进行有效的了解，我们就不可能管理好网络，就不能保证网络顺利的、稳定的运行。

为了使网络处于良好的运行状态，确保图书馆对读者或用户提供的优质服务，通常需要一个或多个具备相应水平的网络管理者来负责网络的安装、监控、维护、扩展和优化等工作。

网络管理是控制一个复杂的计算机网络，使得它具有最高效率的过程。这一过程通常是网络管理者通过自动或手工操作，进行数据采集、数据处理、数据分析，最终得到解决方案并应用于网络操作中。

根据国际标准化组织(ISO)的定义，网络管理包括有5个功能域：

1. 失效管理

所谓的失效，是指网络出现了故障，而失效管理的目的就是发现和排除故障。失效管理是对计算机网络中的问题或故障进行定位的过程，使用失效管理技术，网络管理者可以更快地定位和解决问题，使得网络的可靠性得到增强。

2. 配置管理

配置管理是发现和设置网络设备的过程。配置管理的主要作用是它可以让网络管理者对网络配置进行控制。

3. 安全管理

安全管理是控制对计算机网络中信息访问的过程。安全管理可以定期地监视在服务器上的访问点，并对访问的情况进行记录。安全管理也提供了审计跟踪和声音报警方法，以提醒网络管理者预防潜在的破坏。

4. 性能管理

性能管理可以测量网络中硬件、软件和媒体的性能，包括整体吞吐量、利用率、错误率和响应时间等。这些信息将帮助网络管理者采取措施，以减少网络中过分拥挤和不可通行的现象。

5. 计费管理

计费管理提供了测量和报告基于个人或团体用户的计费信息，同时也帮助了网络管理者认识网络资源的使用情况，有助于创建一个更具生命力的网络。

（二）网络的管理模型

在网络管理中，一般都采用管理者—代理的管理模型。

承担管理者的计算机，一般位于网络系统的主干或接近主干的位置，它负责发出管理操作的命令，并接收来自代理的信息。

代理则位于被管理的设备内部，把来自管理者的命令或信息请求转换为本设备特有的指令，完成管理者的指示，并返回结果信息。

一个管理者可以和多个代理进行信息交换，而一个代理也可以接受来自多个管理者的指示。

（三）网络管理协议

1. 简单网络管理协议（SNMP）

SNMP（Simple Network Manager Protocol）是计算机网络中应用最广泛的网络管理协议。SNMP 协议提供了在管理者和代理之间交换管理信息的一个直接的、基本的方法，它的管理信息库定义了可被管理的对象，也包含了从许多网络设备获得的丰富的数据网络管理信息。

SNMP 是基于 TCP/IP 网络的一种标准网络管理协议，由于其易于实现且有广泛的应用基础而受到众多厂商的重视，包括路由器、交换机、调制解调器等越来越多的网络设备，甚至有的数据库系统等应用都对 SNMP 提供了支持。利用 SNMP 协议，我们可以监视网络设备的运行情况,进行设备参数的设置,收集相关的数据,了解网络的使用效率。

2. 公共管理信息服务/公共管理信息协议(CMIS/CMIP)

CMIS/CMIP(Common Management Information Services / Common Management Information Protocol)是国际标准化组织(ISO)开发的网络管理协议,CMIS 定义了每个网络组成部分提供的网络管理服务,而 CMIP 则是实现 CMIS 服务的协议。

OSI 网络协议意在为所有设备在 ISO 参考模型的每一层提供一个公共网络结构。同样,CMIS/CMIP 意在提供一个用于所有网络设备的完整网络管理协议族。

为了提供位于许多各种不同的网络设备和计算机结构上所需的网络管理特征,CMIS/CMIP 的功能和结构远远复杂于 SNMP,它们能够提供支持一个完整的网络管理方案所需的服务。

由于 CMIS/CMIP 的结构庞大,实现应用的难度较大,目前已开发出来的实际可用的产品极少。但是,随着网络结构复杂性的提高,CMIS/CMIP 将会越来越有用武之地。

(四)网络管理系统

网络管理系统是由一组具有网络管理功能的软件组成,是图书馆网络系统不可或缺的管理工具。通过使用网络管理系统,可以帮助各种不同环境中的网络管理者更加有效地完成日常管理任务,使得网络管理者有时间去处理更为复杂的网络问题。

网络管理系统可以位于计算机内,也可以位于网络传输设备(如无线控制器、路由器、交换机等)内,它采用了三种结构:集中式、分布式或综合了集中和分布特点的层次型结构。这三种方式各有其特点,目前大部分网络管理平台都采用了集中式的结构,并结合了一定的分布管理功能。

网络管理系统除了提供国际标准化组织(ISO)定义的五种网络管理功能外,同时也提供了图形化用户界面的管理平台和关系数据库接口以及允许用户客户化等功能,基于 Web 的网络管理系统是网络管理的一个重要发展趋势。

八、综合布线系统

（一）综合布线系统的概念

综合布线系统（PDS）是一种在建筑物或建筑群中综合数据的网络系统，它将建筑物内的语音交换系统、数据通信系统以及智能数据处理系统相互连接起来，进行统一编制和管理。

图书馆的综合布线系统就是为了满足图书馆现在和未来的各种需要和要求，将图书馆所需的各种信息媒体通信系统的线路，按照国际行业标准，进行统一的多功能布线的系统。也可以说，图书馆经过综合布线后，任何一个标准连接点，都可以连接语音、数据、图像等各种信息媒体通信设备，灵活方便地满足不同的通信需要。

（二）综合布线系统的功能

由于综合布线系统是针对计算机和通信的配线系统设计的，因此具有以下功能：

- 传输模拟和数字的话音；
- 传输高速和低速的数据；
- 传输传真、图形和图像资料；
- 传输电视会议和安全监视系统的信息；
- 传输建筑物安全监控系统和空调控制系统的信号。

（三）综合布线系统的组成

综合布线系统采用模块化结构，一般可分解为6个子系统：

1. 工作区子系统（Work Area）

它由终端设备到信息插座之间的设备组成，包括信息插座、面板、连接线等。该子系统必须采用国际标准的材料和器件，以满足包括数据、图像、语音等弱电信号高速传输设备的连接。

2. 水平子系统（Horizontal）

水平子系统由连接各个工作区的信息插座到配线架之间的线缆组成，这些水平线缆通常以采用第5类双绞线为主。该子系统一般布置在同一层楼上，它的主要功能是将干线子系统线路延伸到用户工作区。

3. 设备间子系统（Equipment Room）

该子系统用于安装互连电子设备，如程控交换机、集线器、路由器等，以及线缆、连接器等相关硬件。设备间需有足够的空间放置机柜，应有空调、照明设备，稳定的电源及防火安全设备。

4. 管理子系统（Administration）

它是干线子系统和水平子系统的桥梁，主要负责本层区域内的信息通道的统一管理，该子系统由主配线架和子配线架的电缆、跳线、跳线面板和跳线架等组成。

5. 干线子系统（Backbone）

它由主设备间的电缆、连接跳线架和相关支撑网络环境的硬件组成。其功能主要是把各楼层配线架与主配线架相连，常采用光纤或第6类双绞线作为数据通信的主干通道，大多数第3类或第6类双绞线作为语音的主干通道。

6. 建筑物入口设施子系统（Building Entrance Facilities）

它是进入建筑物的服务入口，包括电缆、光缆、防电涌设备和连接硬件。这些设备用于图书馆与电信部门的各种网络连接，另外还有保护馆内自动化设备免遭外界浪涌电压袭击破坏的作用。

（四）综合布线系统的实施原则

1. 实用性

应用于综合布线系统中的数据通信和语音通信均符合国际标准，并且具有管理功能完善、用户界面友好、使用方便等特点。

2. 开放性

综合布线系统必须支持各种计算机系统、网络设备和通信设备的连接，支持各种国际标准和国际通用的通信协议，支持各种物理传输介质。

3. 灵活性

系统中的任何一部分之连接都是灵活的，即从物理接线，到数据通信、语音通信、自动控制设备连接都不受或极少受物理位置和设备类型的限制。

4. 可靠性

系统中的各个部分均要采用高质量的标准材料和组(部)件设备，并且要谨慎施工，按照国际标准进行完善的、严格的测试，各个环节都要求绝对地可靠。

5. 先进性

综合布线系统必须支持各种结构和各种规模的应用，同时也必须适应未来的新技术发展。

(五)图书馆综合布线系统的应用与实施

综合布线系统是20世纪80年代中期国际上出现的一种新技术，在刚刚进入市场时，由于成本过高而很少得到应用。经过二十几年的发展和应用，综合布线系统的可靠性、灵活性和长期经济性已为大家所认识和接受，被广泛应用于包括图书馆在内的智能大楼。

在图书馆中引入综合布线系统，目的是将图书馆建筑物内的各系统集成在一个布线系统中，统一设计、统一安装，不但可以减少安装空间、改动费用和维护费用，而且可以对各系统的运行进行更加有效的管理。今后，不仅对新建的图书馆要实施综合布线，而且还要逐步对已建的图书馆实施综合布线改造。在图书馆实施综合布线过程中，要注意以下几个方面。

1. 总体设计

图书馆对于自己的综合布线系统必须提出全套功能设计和总要求。对于图书馆的各系统，特别是通信系统和计算机网络系统，在适合本馆的结构布局，应用方式和业务流程，规模大小，各部、科、室的现在应用情况和将来的发展规模等方面以及最终要达到什么功能，任何设计单位都不可能在脱离图书馆协作下做出完美的适合图书馆应用的综合布线系统，只有图书馆最清楚自己的需求。因此，要自己提出综合布线系统的总体设计。

2. 信息点的分布

信息点如何分布是根据图书馆的业务布局来决定的。在商用办公智能大厦的综合布线系统中，为了避免盲目布线造成浪费，一般分两期施工，第一期的水平布线只到达每层的公用走道，第二期根据不同用户的各自需求进行室内局域网的布线。图书馆则不同于商用办公智能大楼，图书馆的总体方案设计者们对自己的业务需求、功能模块以及计算机网络结构布局必须十分清楚，对图书馆的每一功能块的应用规模大小，物理地址分布以及每一个办公室的信息点的具体安装位置都必须统一认识和统一规划，做好前期调研工作，越细越好，尽量做到布线一次全部施工完毕。信息点的数量分布和地点分布一定要考虑全面，要能满足图书馆 5 至 10 年的发展扩充需要，特别要注意计算机房、网控中心、公共检索区、电子阅览室、互联网区、信息开发部门等区域，都是图书馆中需要信息点最多的地方，它们今后的应用将是朝着继续扩大的趋势发展，而一般的办公室平均每 5 平方米有 1 个信息点即可。另外，还要注意考虑一定数量的信息点冗余，解决信息点布局的灵活性问题是图书馆适应信息社会需要的关键。

3. 传输介质的选择

图书馆综合布线系统中，垂直布线视距离而定，既可以使用光缆，也可以使用双绞线电缆。如果网络主干速度较高（例如 1000Mbps 以上），而且网控中心主配线架到各工作区子系统的传输距离超过 100 米，虽然可以使用双绞线电缆加有源集线器转接，但最好使用光缆，因为光缆是实现大容量、高速度和长距离传输的主要手段，这样既可以保证系统当前的性能要求，又可以兼顾系统未来升级的需要。

根据我国的综合布线系统的实际施工情况来看，已建的局域网主干光缆多为标准的多模光缆。但是，随着单模光缆技术的成熟和稳定以及成本较低的原因，最近几年已逐步采用单模光缆作为主干介质，而且使用统一标准规范的单模光缆，不仅与广域网光缆接入一致，便于互连，还可以提高光信号的质量和系统的可靠性。

水平布线的介质虽然也可以采用光缆或第 6 类非屏蔽双绞线，但由于光缆的成本比第6类非屏蔽双绞线要高,光缆接头耦合技术也比较复杂,而电脑等终端设备一般只具备双绞线接口,因此水平布线的传输介质建议使用第6类非屏蔽双绞线,完全能满足1000MHz传输率的桌面应用。

4. 施工中的监督与参与

在综合布线系统施工中,图书馆应指派1至2名工程技术人员跟踪参加。一方面要协调好施工单位、设计单位、电信部门和图书馆的关系;另一方面监督施工要严格按照有关标准和步骤进行,同时对于系统的整体布局、走线、关键位置的处理情况进行详细的跟踪了解,为今后的维护工作打下基础。

5. 测试与验收

为了保证图书馆综合布线系统的质量,在施工的各个过程中,均应进行相应的测试,并提交完整的测试报告。该报告将作为系统工程验收的重要依据。测试工作应采用标准的、合格的网络测试仪,依据国际公认的测试和验收标准对综合布线系统进行测试和验收,内容包括开路、短路、极性、串扰、电磁干扰、信号衰减、近端串扰、连接长度、接地等性能。

在综合布线系统工程竣工验收后,图书馆应保存好施工单位提供的竣工图纸、器材明细表、工程说明、验收测试报告、质量保证书等文件,以便日常维护中查阅。

6. 支持服务

综合布线系统的支持服务,除了正常的竣工后,在一定时间的保修期内要进行免费保修外,设计和施工单位还要对图书馆网络管理员提供综合布线系统的使用和维护的技术培训,并且提供长期的技术咨询和系统升级支持。

第二节 计算机系统

一、计算机系统的作用与构成

纵观计算机发展历史，从第一代电子管计算机出现到今天不过短短半个多世纪，但随着大规模集成电路的应用以及互联网的蓬勃发展，计算机系统的发展可用一日千里来形容。如今计算机应用遍布社会生活的各个角落，成为商业活动、精密制造、政府办公、家庭娱乐等方面所必不可少的重要工具。

计算机是灵活方便的现代化工具，只要稍微加以运用，计算机系统就能够帮助我们将日常繁琐而机械的工作实现自动化，从而节省大量的人力、物力、时间，同时大幅提升工作的质量与效率。

简单来说，计算机系统都是由硬件和软件所组成的，两者是不可分割的。硬件指的是计算机系统中所使用的电子线路和物理设备，是看得见、摸得着的实体，如中央处理器（CPU）、存储设备、外部设备（输入输出设备、I/O 设备）及总线等。软件则指能使计算机硬件系统顺利和有效工作的程序集合，包含系统软件和应用软件两部分。系统软件是负责对整个计算机系统资源的管理、调度、监视和服务。应用软件是指各个不同领域的用户为各自的需要而开发的各种应用程序。对计算机系统来说，人类指派的任何形式的工作都可以理解为对数据的处理，计算机系统将现实世界的一切都理解为二进制的数据，通过程序让计算机系统理解其真正的语意和处理规则，我们可以把硬件系统理解为人体的躯干，而软件系统则是人的精神。

当我们完整地见到计算机系统的全貌，会惊叹于它的复杂精致以及人类智慧的伟大，但在实际工作中所探讨的计算机系统通常并不仅仅限于计算机技术本身，还包含许许多多的相关软件和相关设备以及对各行各业各种不同实际应用需求的解决方案。因此在了解计算机技术的同时，我们必须对需求本身有着深入的认识，要对需求实现的目标与实现目标的流程有清晰而全面的把握,只有将实际的需求与计算机技术相结合,才能真正驾驭它,为我所用。

对图书馆而言,使用计算机系统实现自动化便是以计算机技术为核心,与网络通信技术相结合,对图书馆的各项业务实行自动控制的过程。简单地说就是运用电脑来处理图书馆的业务及其提供的相应服务,如图书采访、编目、期刊管理、流通管理、书目检索及读者管理等工作,使图书馆员得以从细致而琐碎的工作中解放出来,致力于更高层面的工作内容,从而提升读者服务的质量。

我们会将经常使用的计算机系统细分为:服务器系统、存储系统、备份系统、软件系统与客户端设备 4 大部分,而这些系统也都与网络系统不可分割。

服务器系统完成数据处理的核心工作,计算机系统的处理能力主要由这部分决定,服务器与平常所见的桌面式计算机有很大差别,它在数据处理的性能、容错、稳定性,安全性方面均有着特殊的设计,正因为如此,基于服务器的系统被设计成为 7 ×24 小时全天候、面向多用户工作。

存储系统完成数据的保存工作,我们已经了解计算机的核心工作就是数据处理,存储系统的工作就像仓库一样,将重要的数据组织在其中,并提供检索机制,可以连至一台甚至多台主机,供各应用程序使用。存储系统的性能也同样在很大程度上决定了计算机系统的整体性能。

备份系统完成数据的容灾工作,在数据越来越重要的今天,计算机系统没有了数据就等于没有了处理的对象与基础,数据丢失可能是由于设备的物理故障或人为误操作,而备份系统则为我们提供了最后一道保护机制,帮助我们克服这些没法预计的风险。

软件系统与客户端设备,应用软件是计算机系统的灵魂,它提供数据的处理方式,提供人机交互的界面,客户端设备则可视作计算机系统的手脚,是外延,其范围广而功能专业。

二、服务器系统

(一)计算机的发展简史、类型与构成

1. 计算机的发展历史

第一台计算机ENIAC是1946年问世的,最初是服务于军事目的,经过短短50余年,计算机已经历了四代演变:从第一代电子管计算机、第二代晶体管计算机、第三代计算机集成电路计算机,到第四代大规模集成电路计算机。

进入信息化时代,现代计算机发展愈加迅速,在存储容量、运算速度、可靠性和性能价格比等方面都有了非常大突破。特别是近年来网络技术的迅猛发展,在局域网、广域网领域以及在网络标准化等方面取得了很大的进展,使得计算机网络应用在人们的日常工作生活中更加不可或缺了。

图书馆使用计算机与网络,可以追溯到20世纪70年代,1971年,在俄亥俄大学图书馆首次开始使用的OCLC联机编目系统,至今已有38年了,联机编目使得计算机快速检索成为可能。

2. 计算机类型

我们可以将常见的计算机按硬件类型分类,分为:服务器、工作站、台式机、笔记本计算机、手持设备5大类。

(1)服务器

服务器的英文名为Server,指的是某些高性能计算机,能通过网络,对外提供服务。相对于普通电脑来说,稳定性、安全性、性能等方面都要求更高,因此在CPU、芯片组、内存、磁盘系统、网络等硬件和普通电脑有所不同。服务器是网络的节点,存储、处理网络上80%的数据、信息,在网络中起到举足轻重的作用。它们是为客户端计算机提供各种服务的高性能计算机,其高性能主要表现在高速度的运算能力、长时间的可靠运行、强大的外部数据吞吐能力等方面。服务器的构成与普通电脑类似,也有处理器、硬盘、内存、系统总线等,但因为它是针对具体的网络应用特别制定的,因而服务器与微机在处理能力、稳定性、可靠性、安全性、可扩展性、可管理性等方面存在差异很大。

(2)工作站

工作站的英文名为 Workstation,是一种以个人计算机和分布式网络计算为基础,主要面向专业应用领域,具备强大的数据运算与图形、图像处理能力,为满足工程设计、动画制作、科学研究、软件开发、金融管理、信息服务、模拟仿真等专业领域而设计开发的高性能计算机。它属于一种高档的电脑,一般拥有较大屏幕显示器和大容量的内存和硬盘,也拥有较强的信息处理功能和高性能的图形、图像处理功能以及联网功能。

(3)台式机

台式机的英文名为 Desktop,也叫桌面机,为现在非常流行的微型计算机,多数人家里和公司用的机器都是台式机。台式机的性能相对较笔记本电脑要强。

(4)笔记本电脑

笔记本电脑英文名为 Notebook,也称手提电脑或膝上型电脑,是一种小型、可携带的个人电脑。它和台式机架构类似,但是提供了更好的便携性:包括液晶显示器、较轻的重量。

(5)手持设备

种类较多,如 PDA、智能手机、3G 手机、Netbook、EeePC 等,它们的特点是体积小。随着 3G 时代的到来,手持设备将会获得更大的发展,其功能也会越来越强。

(6)计算机的构成

在基层图书馆最为常见的便是台式机(见下页图示),这类计算机结构相对简单且大致相同。

①键盘、鼠标、显示器是基本的输入输出设备,提供人机交互的界面。

②中央处理器是计算机的大脑,决定了计算机的计算能力,计算机程序和操作系统在其上运行。大多数电脑使用 x86 - 架构的处理器,他们由英特尔(Intel),超微(AMD)公司生产。

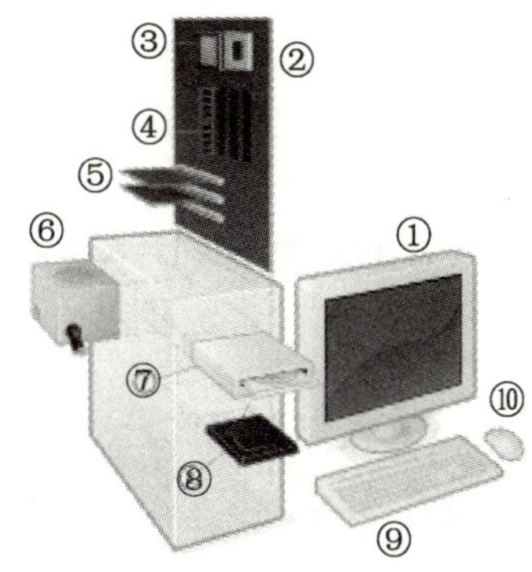

1. 显示器，
2. 主板，
3. CPU（中央处理器），
4. 内存，
5. 扩展卡（声卡、网卡、视频采集卡等），
6. 电源，
7. 软驱 / 光驱，
8. 硬盘，
9. 键盘，
10. 鼠标。

③主板:类似计算机的母体,所有的部件,如 CPU、其他板卡都靠插入到主板中来交换信息。

④内存:计算机的“短期临时存储器”,它的读写速度要远远高于硬盘,所以通常在内存中保留着正在使用的程序及相关的数据,但是当系统关闭或没有电源供应的时候它的存储内容就会丢失。

⑤硬盘:存储数据的核心部件。通常我们把要永久保存的、大量的数据存储在硬盘上。

⑥电源:为计算机提供稳定的电流供应。

服务器系统的硬件构成与普通台式电脑有许多的相似之处,主要包含如下几个主要部分:中央处理器、内存、芯片组、I/O 总线、I/O 设备、电源、机箱和相关软件。

但服务器与普通台式电脑的差异体现在对如下几个方面的严格要求，R：Reliability——可靠性；A：Availability——可用性；S：Scalability——可扩展性;U:Usability——易用性;M:Manageability——可管理性,即服务器的 RASUM 衡量标准。

为了实现 RASUM 标准,服务器对各个部件都有独到的设计。如在 CPU 处引入 SMB(对称多处理器技术),对称多处理(Symmetrical Multi-Processing)又叫 SMP,是指在一个计算机上汇集了多颗 CPU,各 CPU 之间共享内存子系统以及总线结构。在这种架构中,一台电脑不再由单个 CPU 组成,而同时由多个处理器运行操作系统的单一复本,并共享内存和计算机的其他资源。虽然同时使用多个 CPU,但是从管理的角度来看,它们的表现就像一台单机一样。系统将任务队列对称地分布于多个 CPU 之上,从而极大地提高了整个系统的数据处理能力。所有的处理器都可以平等地访问内存、I/O 和外部中断。在对称多处理系统中,系统资源被系统中所有 CPU 共享,工作负载能够均匀地分配到所有可用处理器之上。

供服务器使用的 CPU 通常具有更高的频率,更强的多任务处理能力,更大的高速缓存。同时在内存处加入 ECC 校验,这种技术可对内存中的数据进行自动发现和纠错,从而使服务器运行更加稳定可靠。

对硬盘引入 SCSI 总线,使服务器的扩展能力大大增加,一条 SCSI 通道允许连接 15 个 SCSI 设备(可以是硬盘,也可以是外置存储系统),引入 RAID 磁盘阵列,提高读写性能,提供冗余机制,从而提高了数据的可靠性。

服务器通常具备非常高的冗余特性,如服务器电源、风扇均为冗余配置,关键的部件具备热插拔的特性,这种特性允许损坏的部件可以在不中断服务器应用服务的情况下进行更换,服务器设计的出发点都是为了将其宕机时间降至最低。

(二)服务器的用途与分类

1. 服务器的用途

服务器系统是计算机系统的中心,存储并处理着网络上 80% 的数据。它是网络上一种为客户端计算机提供各种服务的高性能计算机,它在网络操作系统的控制下,将与其相连的硬盘、磁带、打印机、Modem 及各种专用通讯设备提供给网络上的客户站点共享,也能为网络用户提供集中计算、信息发表及数据管理等服务。

服务器具备比普通台式机更高的性能,这主要体现在高速度的运算能力、长时间的可靠运行、强大的数据吞吐能力等方面。

服务器在用途上通常可分为文件服务器,数据库服务器和应用程序服务器。

（1）文件服务器：提供文件访问服务，可将部门甚至单位内部的文件有效的组织并进行共享访问。

（2）数据库服务器：核心服务器，数据库内存放最为重要的核心业务数据，对服务器的处理性能和稳定性有很高要求，通常会采用双机集群结构，保证数据库访问请求不中断。

（3）应用程序服务器一般可提供如下功能：

- World Wide Web 网站服务；
- The Domain Name System 域名管理服务；
- E-mail 邮件服务；
- FTP File Transfer 文件传输服务；
- Chat and Instant Messaging 即时通信服务；
- Voice Communication 语音服务；
- Streaming Audio and Video 流媒体服务。

2. 服务器的分类

基层图书馆选择服务器时应首先了解服务器的类型以及不同类型服务器的特性，作为各种计算机服务的核心设备，选择上必须慎之又慎。

服务器产品按照不同的分类标准，分为许多类型。

（1）根据网络规模大小，我们可以将服务器分类为：工作组级服务器、部门级服务器、企业级服务器。

- 工作组级服务器用于联网计算机在几十台左右或者对处理速度和系统可靠性要求不高的小型网络，其硬件配置相对比较低，可靠性不是很高。

- 部门级服务器用于联网计算机在百台左右、对处理速度和系统可靠性中等的中型网络，其硬件配置相对较高，其可靠性居于中等水平。

- 企业级服务器用于联网计算机在数百台以上、对处理速度和数据安全要求最高的大型网络，硬件配置最高，系统可靠性要求最高。

需要注意的是，这三种服务器之间的界限并不是绝对的，而是比较模糊的，比如工作组级服务器和部门级服务器的区别就不是太明显，有的干脆统称为“工作组/部门级”服务器。

(2)根据服务器的机箱结构，我们又可以将服务器分类为：塔式服务器、机架式服务器、刀片服务器。

• 塔式服务器：外观类似台式电脑，但个头较大，拥有不错的性能、稳定性与可扩展性，是最为常见的服务器。但是存在空间占用率大，数量一旦增多，则难于统一管理的问题。

• 机架式服务器：外观类似网络设备，高度以 U 为单位（1U = 1.75 英寸 =44.45 毫米），通常有 1U，2U，3U，4U，5U，7U 几种标准，这类服务器可直接上至标准 19 英寸宽的机柜中，方便机房统一管理，其结构简单，方便拆卸与维护，如果拥有独立的机房，这类服务器具备空间占用小，方便统一管理，电源与网络布线整洁美观等特点。

• 刀片服务器：刀片服务器也是机架型的，它的原理是在机架式机箱内可插装多个卡式的服务器单元，实现高可用和高密度。每一块“刀片”实际上就是一块系统主板。它们可以通过“板载”硬盘启动自己的操作系统，如 Windows 2008、Linux 等，类似于一个个独立的服务器，在这种模式下，每一块母板运行自己的系统，服务于指定的不同用户群。也可以使用系统软件将这些系统板集合成一个服务器集群，所有的系统板可以连接起来提供高速的网络环境，并同时共享资源，作为一个整体对外服务。在集群中插入新的“刀片”，

就可以提高整体性能。而由于每块“刀片”都是热插拔的,所以,系统可以轻松地进行替换,并且将维护时间减少。具备节约空间、便于集中管理、易于扩展和提供不间断的服务等优势。

(3)按照处理器架构不同,可分类为:CISC 架构服务器、RISC 架构服务器。

- CISC 架构主要指的是采用英特尔架构技术的服务器,即我们常说的“PC 服务器”,CISC 型 CPU 目前主要有 Intel 的服务器 CPU 和 AMD 的服务器 CPU 两类;
- RISC 架构的服务器指采用非英特尔架构技术的服务器,如采用 Power PC、Alpha、PA-RISC、Sparc 等 RISC CPU 的服务器。

RISC 架构服务器的性能和价格比 CISC 架构的服务器高得多。近几年来,随着 PC 技术的迅速发展,IA 架构服务器与 RISC 架构的服务器之间的技术差距已经大大缩小,用户基本上倾向于选择 IA 架构服务器,但是 RISC 架构服务器在大型、关键的应用领域中仍然居于非常重要的地位。

基层图书馆如果有计算机机房条件,则应首选机架式服务器或刀片式服务器,服务器架构要紧密结合应用的具体需求,目前大部分图书馆应用 IA 架构服务器均能满足需要,当然根据经费情况,对于核心服务器(如数据库服务器)可以选择可靠性更高的 RISC 架构小型机。

(三)图书馆常见的网络操作系统

1. 图书馆常见的网络操作系统的功能与分类

网络操作系统(NOS)运行于主机之上,是用户与主机硬件之间的接口。不同的操作系统虽然架构有所不同,但基本功能大致相同,均可提供诸如管理与配置内存、决定系统资源供需的优先次序、控制输入与输出设备、操作网络设备与管理文件系统等基本事务。操作系统也提供一个让用户与系统交互的图形操作界面。操作系统的形态多样,不同机器安装的操作系统可以从简单到复杂,可从手机的嵌入式操作系统到超级计算机的大型操作系统。

下图可以清晰地看出操作系统所处的层次关系,最底层是硬件部分，操作系统和应用软件在中间，用户平时的操作便是应用软件通过操作系统驱动硬件去完成的。

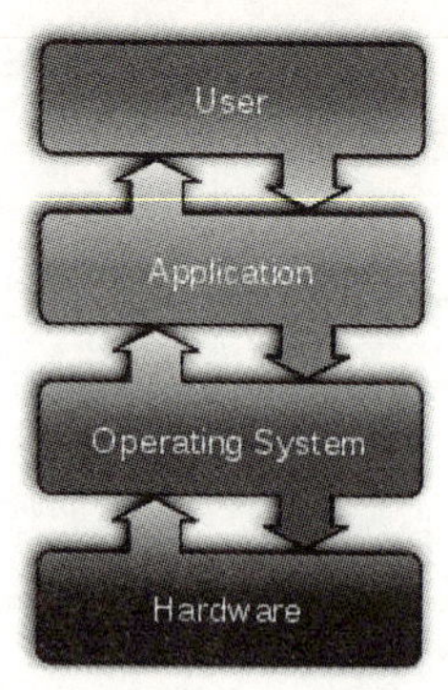

图书馆最常使用的操作系统可分为 Windows 系列、Linux 系列、Unix 系列。可在工作人员以及读者用机的客户端部署广大读者熟悉的 Windows 系列操作系统，如 Windows XP 或者 Windows Vista。而在服务器端则可部署相对廉价的 Linux 系统，可十分方便的用来搭建门户网站、数据库服务器、文件服务器等。如果资金充裕的话，也可以选择功能强大的 Unix 服务器，当然相应的维护费用也会提升，一般需向厂家按年购买。但值得注意的是，图书馆的操作系统平台不宜种类太多，不然会大大增加管理上的投入，令管理员苦不堪言。

(1) Windows 操作系统

该系统恐怕是国内用户最熟悉的操作系统了。众所周知，微软公司推出的 Windows 系列操作系统，是现代商业运作最为成功的操作系

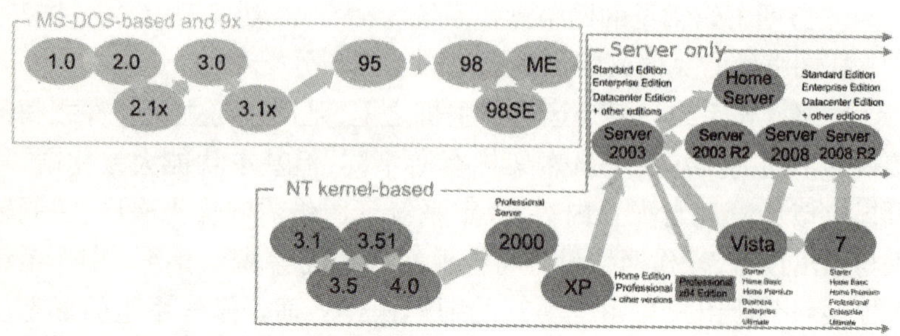

微软的 Windows 家族系列

统平台，现在图书馆一般使用 Windows XP、Windows 2003、Windows vista、Windows 2008 等产品，而最新的 Windows 7 操作系统也即将推出。其中 Windows 2003、Windows 2008 是面向服务器领域推出的，集成了多项网络服务，而其他 Windows 产品则是面向最终用户的桌面操作系统。

从上图可以看出，Windows 的内核由 MS-DOS 逐渐转变为 NT，而目前主流的 Windows XP、Windows Vista、Windows 7 也都基于 NT 内核，另外就是从 Server2003 到 Server2008 是面向服务器领域的产品，具备更多的功能及更稳定的特性。

(2) Linux 操作系统

Linux 是一套免费使用和自由传播的类 Unix 操作系统，它主要用于基于 Intel x86 系列 CPU 的计算机上。这个系统是由世界各地的成千上万的程序员设计和实现的。其目的是建立不受任何商品化软件的版权制约的、全世界都能自由使用的 Unix 兼容产品。Linux 操作系统是自由软件和开放源代码发展中最著名的例子。

严格来讲，Linux 这个词本来只是操作系统内核的名称，但用户习惯性地称这类操作系统为 Linux。Linux 继承于 Unix，Linux 和 Unix 的区别在于 Unix 是商业软件，而 Linux 是自由软件，免费、公开源代码的。

Linux 在图书馆主要被用作服务器的操作系统，因它的廉价、灵活性及 Unix 背景使得它很合适作为图书馆的应用服务器。传统上有以 Linux 为基础的“LAMP（Linux，Apache，MySQL，Perl/PHP/Python 的组合）”经典技术组合，提供了包括操作系统、数据库、网站服务器、动态网页的一整套网站架设支持。而面向更大规模级别的领域中，如数据库中的 Oracle、DB2 等以及用于 Apache 的 Tomcat JSP 等都已经在 Linux 上有了很好的应用样本。

Linux 内核最初是为英特尔 386 微处理器设计的。现在 Linux 内核支持从个人电脑到大型主机甚至包括嵌入式系统在内的各种硬件设备。

现在,Linux 已经成为了一种受到广泛关注和支持的一种操作系统。包括 IBM 和惠普、戴尔在内的一些计算机业巨头也开始支持 Linux。很多人认为,和其他的商用 Unix 系统以及微软 Windows 相比,作为自由软件的 Linux 具有低构建成本,高安全性,更加值得信赖等优势。

目前最著名的发行版本包括:红帽(Redhat)、Ubuntu、Suse、红旗 Linux 等。

(3)Unix 操作系统

Unix 是一个强大的多用户、多任务操作系统,支持多种处理器架构,按照操作系统的分类,属于分时操作系统。经过长期的发展和完善,Unix 已经成为一种主流的操作系统技术和基于这种技术的产品大家族。由于 Unix 具有技术成熟、可靠性高、网络和数据库功能强、伸缩性突出和开放性好等特色,可满足各行各业的实际需要,特别能满足重要业务的需要,已经成为主要的工作站平台和重要的操作平台。

Unix 是对源代码实行知识产权保护的传统商业软件,而且 Unix 系统大多是与硬件配套的,仅能用于指定的硬件产品上。

主流的 Unix 产品有 Solaris(应用于 SUN 公司专用的小型机上)、AIX(应用于 IBM 公司专用的小型机上)、HP-UX(应用于 HP 公司专用的小型机上)等。

图书馆可以将最核心的数据库服务器或应用系统置于 Unix 服务器上,稳定且高效。

2. 网络操作系统的高级功能——集群技术

(1)什么是集群

我们经常会听到“集群”(Cluster)这个词,特别是在服务器和小型机广泛应用的领域。那么什么是集群呢。

计算机集群(简称集群)是一种特殊的计算机系统,它通过一组松散集成的计算机软件和/或硬件连接起来高度紧密地协作完成计算工作。他们可以被看做是一台计算机。集群系统中的单个计算机通常称为节点,通常通过局域网连接,但也有其他的可能连接方式。集群计算机通常用来改进单个计算机的计算速度和/或可靠性。一般情况下集群计算机比单个计算机,比如工作站或超级计算机性能价格比要高得多。

通俗一点说,集群是把多台服务器连接在一起,形成一个整体共同对外提供服务。例如,图书馆内的核心数据库服务器,为了保证业务的高可用性,便可使用集群技术。

采用集群系统通常是为了提高系统的稳定性和网络中心的数据处理能力及服务能力,为了满足关键业务的 7×24 小时运行的要求,与单独工作的计算机相比,集群能够提供更高的可用性和可扩充性。集群中的每个节点(即每台服务器)通常都拥有自己的资源(处理器、IO、内存、操作系统、存储器)。

(2)集群技术的分类

集群按功能和结构可以分成以下四类:

- 高可用性集群

高可用性(High Availability,HA)指的是通过尽量缩短因日常维护操作(计划)和突发的系统崩溃(非计划)所导致的停机时间,以提高系统和应用的可用性。它与被认为是不间断操作的容错技术有所不同。HA 系统是目前图书馆防止核心计算机系统因故障停机的最有效手段。

- 负载均衡集群

负载均衡集群运行时一般通过一个或者多个前端负载均衡器将工作负载分发到后端的一组服务器上,从而达到整个系统的高性能和高可用性。

- 高性能计算集群

高性能计算集群采用将计算任务分配到集群的不同计算节点来提高计算能力,因而主要应用在科学计算领域。集群特别适合于在计算中各计算节点之间发生大量数据通讯的计算作业,比如一个节点的中间结果或影响到其他节点计算结果的情况。

- 网格计算

网格计算是近年来最热的话题之一，它对传统的集群理念进行了延伸，严格来说网格计算或网格集群是一种与集群计算非常相关的技术。网格与传统集群的主要差别在于网格是连接一组相关并不信任的计算机，它的运作更像一个计算公共设施而不是一个独立的计算机。还有，网格通常比集群支持更多不同类型的计算机集合。

图书馆作为提供服务机构，最常用到的便是前两种，高可用性集群和负载均衡集群。前者我们可用于馆内最重要的系统，如图书馆自动化系统，这样可以充分保证图书馆的核心业务的不间断性，避免非预期的服务停止。后者我们可以用于诸如：vod 视频点播系统，将来自读者区的点播业务分担到多台服务器上，可以大大提升服务质量，门户网站系统同样可以部署在多台服务器上，分担来自互联网的业务要求。

三、存储系统

(一)常用数据存储设备

1. 常见的存储介质

用于图书馆的存储介质主要有如下的三大类。

(1)硬盘

硬盘是计算机内部用于存储数据的主要介质。最新型的固态硬盘如右图。

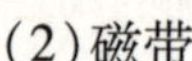

(2)磁带

磁带是一种用于记录声音、图像、数字或其他信号的载有磁层的带状材料，是产量最大和用途最广的一种磁记录材料。计算机磁带作为数字信息的存储设备具有容量大、价格低的优点。磁带如右图：

(3)光盘

光盘于1965年由美国发明,它是用激光扫描的记录和读出方式保存信息的一种介质。根据光盘结构,光盘主要分为CD、DVD、蓝光光盘等类型。

最新的蓝光光盘(Blue Ray Disc)

另外,还有一类新型的存储介质是面向便携式移动数码设备使用的,这类存储常见的有CF卡、SD卡、MMC卡、SM卡、记忆棒(Memory Stick)、XD卡和小硬盘Microdrive等,通常用于数码相机、数码摄像机、游戏机等数码设备,一般作为临时存储使用。

2. 主要存储设备

按照存储介质的不同,图书馆主要的存储设备主要包含如下3类。

(1)基于硬盘的存储设备主要有磁盘阵列

磁盘阵列是一种可供大容量数据实现实时共享的设备。它的访问速度非常快,可使用的数据资源非常大。用户直接访问硬盘,实现网络资源的共享。

(2)基于磁带的存储设备主要有磁带机和磁带库

磁带库是一种大型存储设备,其内部包含了多个磁带机用来同时读写磁带,内部四周有多个槽位可用来放置磁带,磁带库主要靠机械手来抓取磁带,机械手上有条码读取器,能读取磁带上的条码,以此来辨识每柄磁带。基于这种结构,磁带库可管理数量庞大的磁带,主要用于对海量的数据进行备份恢复工作。

(3)基于光盘的存储设备主要有光盘塔和光盘库

光盘塔是由多个SCSI接口的CD-ROM驱动器串联而成的,光盘预先放置在CD-ROM驱动器中。用户访问光盘塔时,可以直接访问CD-ROM驱动器中的光盘。光盘库则是一种带机械手的光盘网络共享设备,原理和磁带库类似。光盘库一般配置有 1—6 台 CD-ROM 驱动器,可容纳 100—600 片 CD-ROM 光盘。用户访问光盘库时,自动换盘机构首先将 CD-ROM 驱动器中光盘取出并放置到盘架上的指定位置,然后再从盘架中取出所需的 CD-ROM 光盘并送入 CD-ROM 驱动器中进行读取。

这三类存储设备可以通过网络连接起来,形成存储容量很大的网络存储系统。在网络海量存储系统中,磁盘阵列、磁带库、光盘库等存储设备因其信息存储特点的不同,应用环境也有较大区别。

磁盘阵列主要用于网络系统中的海量数据的即时存取,磁带库更多的是用于网络系统中的海量数据的定期备份,光盘库则主要用于网络系统中的海量数据的访问。

从性能上来说,磁盘最好,光盘次之,磁带最低。而从价格上来说,单位容量成本磁盘最贵,光盘次之,磁带最低。因为这些不同的存储媒介可应用于不同的存储方式中,这就为我们在不同的应用环境中追求存储设计的最佳性价比提供了条件。

(二)磁盘技术

对存储系统的认识,要从对存储介质的了解开始,硬盘是最常用存储介质,无论是桌面电脑、还是服务器,硬盘都是其保存重要数据的重要部件,只不过接口有所差别。

(三)RAID 磁盘阵列

单个硬盘存储容量有限,且缺乏数据保护机制,这时磁盘阵列就应运而生了。磁盘整列即 RAID (Redundant Array of Independent Disks),是独立磁盘冗余阵列的缩写,其基本思想就是把多个相对便宜的硬盘组合起来,成为一个磁盘阵列,使性能达到甚至超过一个价格昂贵、容量巨大的硬盘。RAID 比单块硬盘有不少优势,如增强数据集成度,增强容错功能,增加处理量或容量等。

RAID 对于计算机操作系统来说,操作起来就像一个单独的硬盘,可以通过操作系统的磁盘卷管理工具像本地硬盘一样进行管理。RAID 常被用在服务器计算机上,并且常使用完全相同的硬盘作为组合。

磁盘阵列有两种实现方式，一种基于操作系统软件实现，另一种则基于硬件实现。

操作系统实现是指RAID通过网络操作系统自身提供的磁盘管理功能将多块硬盘组成阵列。如微软的Windows Server 2003提供的软件阵列功能，可支持RAID 0、RAID 1、RAID 5；但是基于这种实现方式会对磁盘子系统有较大影响，性能降幅可能最大达到30%左右。

硬件实现是指RAID使用专门的磁盘阵列卡来实现的。磁盘阵列卡能够提供在线扩容、动态修改阵列级别、自动数据恢复、驱动器漫游、超高速缓冲等功能。磁盘阵列卡拥有专门的处理器和存储器，服务器对磁盘的操作就直接通过磁盘阵列卡来进行处理，因此不需要大量的CPU及系统内存资源，不会降低磁盘子系统的性能。

不管用任何一种方式实现RAID阵列功能，其基本的数据组织形式都是一样的，都需要将数据打散至RAID中的每块磁盘上，这个过程，称之为数据的条带化。

我们把组成RAID的不同方式称为RAID级别。RAID经过长期的发展有多种级别，每种RAID级别有着各自不同的优缺点，不同的RAID级别，代表着不同的存储性能、不同的数据可靠性、不同的存储成本。

常见的RAID级别有如下几类：RAID 0，RAID 1，RAID 10，RAID 5，RAID 6。其他的RAID级别（如RAID2—4）多用于理论研究领域，实际应用上并不存在，所以这里就不再赘述。

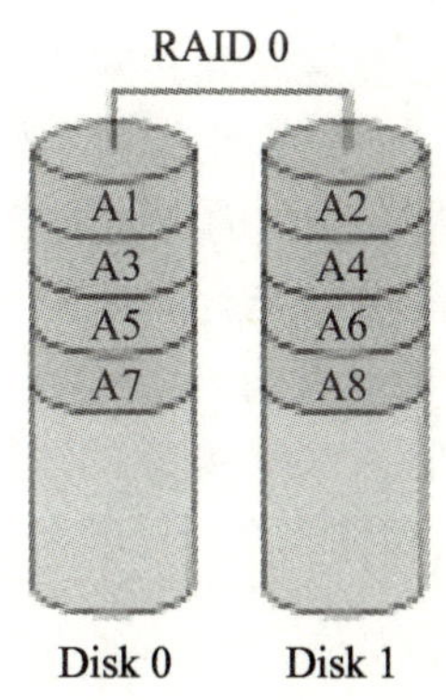

1. RAID 0

速度最快的RAID，但不具备冗余功能，它将多个磁盘合并成一个大的磁盘，在存放数据时，其将数据按磁盘的个数来进行分段，然后同时将这些数据写进这些盘中，所以，在所有的级别中,RAID 0 的速度是最快的。切记 RAID 0 没有冗余功能,只要任何一个磁盘物理损坏,所有的数据都会丢失。

2. RAID 1

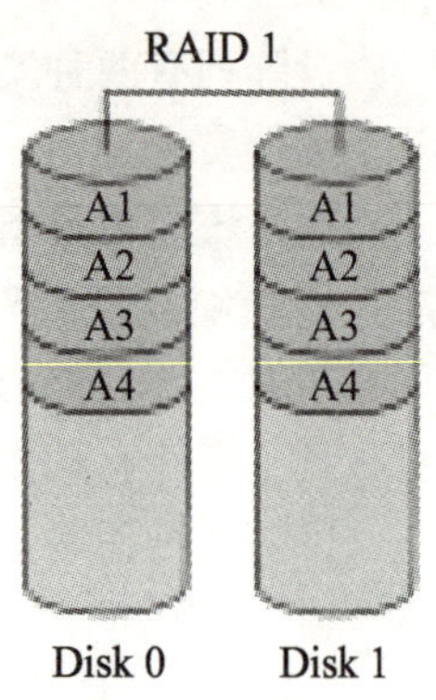

可靠性最高的 RAID,同时也是磁盘利用率最低的 RAID。RAID 1 就是对磁盘进行镜像,在主硬盘上存放数据的同时也在镜像硬盘上写一样的数据。当主硬盘物理损坏时,镜像硬盘则代替主硬盘的工作。因为有镜像硬盘做数据备份,所以 RAID 1 的数据安全性在所有的 RAID 级别上来说是最好的。但无论用多少磁盘做 RAID 1,仅算一个磁盘的容量,是所有 RAID 上磁盘利用率最低的一个级别。

3. RAID 5

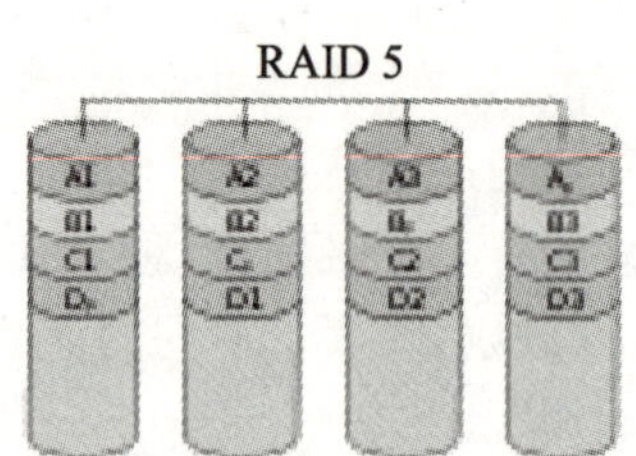

RAID 5 是一种存储性能、数据安全和存储成本兼顾的存储解决方案。RAID 5 至少需要 3 块硬盘,RAID 5 不对存储的数据进行备份,而是把数据和相对应的奇偶校验信息存储到组成 RAID 5 的各个磁盘上,并且奇偶校验信息和相对应的数据分别存储于不同的磁盘上。当 RAID 5 中的一个磁盘损坏后,可利用剩下的数据和相应的奇偶校验信息去恢复被损坏的数据。RAID 5 为系统提供的数据安全保障程度要比镜像低,而磁盘空间利用率要比镜像高。RAID 5 具有和 RAID 0 相近似的数据读取速度,只是多了一个奇偶校验信息,写入数据的速度较慢,RAID 5 的磁盘空间利用率要比 RAID 1 高,存储成本相对较便宜。

4. RAID 6

与 RAID 5 相比,RAID 6 增加了第二个独立的奇偶校验信息块。两个独立的奇偶系统使用不同的算法,数据的可靠性非常高,即使两块磁盘同时失效也不会影响数据的使用。但 RAID 6 需要分配给奇偶校验信息更大的磁盘空间,相对于 RAID 5 有更大的"写损失",因此"写性能"非常差。较差的性能和复杂的实施方式使得 RAID 6 很少得到实际应用。同一数组中容许两个硬盘同时失效(或是当一个失效后还来不及更换便有第二个失效)后。更换新硬盘时再由另两个正常硬盘将备份的数据建立在新的硬盘中。所以至少必须具备 4 或 4 个以上硬盘才能生效。

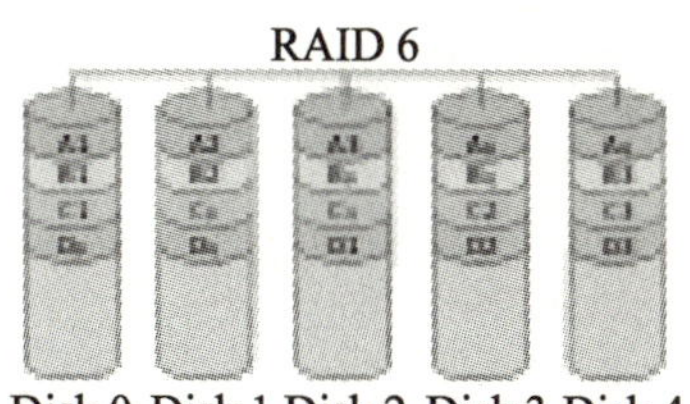

5. RAID 10

RAID 1 +0 是先镜射再分割数据。是将所有硬盘分为两组,视为是 RAID 0 的最低组合,然后将这两组各自视为 RAID 1 运作。RAID 1 +0有着不错的读取速度,而且拥有比 RAID 0 更高的数据保护性。RAID 10 巧妙地利用了 RAID 0 的速度以及 RAID 1 的保护两种特性,至少拥有 4 个以上的偶数硬盘才能使用。

6. HOT SPARE 热备

通常讲到 RAID 就有一个概念不得不提,就是 HOT SPARE——热备,热备指的是当冗余的 RAID 阵列中某个磁盘失效时,在不干扰当前 RAID 系统正常使用的情况下,用 RAID 系统中另外一个正常的备用磁盘顶替失效磁盘,即使保持 RAID 系统地冗余性。这个功能在实际工作中对磁盘阵列的安全性来说非常有用,通常会将 RAID5 +1 块 HOT SPARE 盘可以在保证性价比的同时,得到更高级别的数据保护。

(四)存储系统的作用

我们处在一个信息爆炸的年代,计算机应用的各个领域,无论是科学计算、精密制造、互联网应用以及生物医学等,其信息量的增长一直呈现几何式膨胀态势，信息时代离不开数据的采集与存储，这就使得原本就捉襟见肘的计算机内部存储空间变得更加紧张，由于单台主机的性能以及扩展性有限，所以独立的外部存储设备具备的开放连接性、高性能、易扩展性以及具备数据保护能力等特性开始得到市场的广泛关注。

独立的存储相比原本计算机的内部存储具备大容量，高性能，安全可靠等特点。存储系统将数据存储位置从应用服务器中分离出来，进行集中管理，同时可以和各种网络设备共同组成存储系统，提供灵活的数据存取与共享服务，这大大地提高了存储的使用效率，打破了原本杂乱分散的“信息孤岛”，从本质上解决了数据的集中、共享和统一管理。

存储系统现在已经成为整个 IT 架构的基石，用户对于业务连续性、数据共享、数据备份恢复等需求正推动存储技术快速发展。另一方面，存储系统技术的发展也推动了业务的整合，如存储区域网的发展，带来银行的数据大集中，使得银行内部的数据共享和内部结算等变得异常简单快速。

对图书馆而言，除了纸本的书、期刊、报纸等，还有书目数据库，购买的电子数据库以及自建资源库，这些资源数量庞大。对图书馆来说，采购的电子资源除了提供阅览之外还有保障的职能，数字图书馆也成为近年来图书馆界热议的话题，数字资源成为现代图书馆服务不可缺少的部分，如存储系统的引进已经成为每个图书馆必须面对的问题，相信未来的存储系统也必将与图书馆行业应用的特殊性互相促进。

(五)主流存储系统架构

目前存储业界主流的存储系统架构包括：DAS、NAS、SAN、NAS + SAN 4 种，这 4 种非常典型的架构有着各自不同的应用领域，以满足不同需求用户的实际需要，其中 SAN 架构基于组网的不同，可细分为 FC-SAN 和 IP-SAN。

基层图书馆在选择存储系统时，首先要面对架构的选择，因此有必要了解目前主流存储架构的特性。存储系统经过几代产品的逐渐演变,基层图书馆应尽量选择较新的存储架构,如 SAN 架构产品,这类型的产品通常也都能以 DAS、NAS 的架构方式接入,近年来 SAN 架构产品的价格也下降不少,应该成为图书馆的首选。

1. DAS——直连式存储

直连式存储系统(Direct Attached Storage)通常使用 SAS、SCSI 或 FC 等 I/O 总线与服务器直接相连,所有的存储空间仅供一台服务器自身使用。这种存储架构是以服务器为中心的,依赖服务器操作系统进行数据的 IO 读写和存储维护管理,客户机访问数据必须经过服务器,数据备份和恢复也同样占用服务器资源(包括 CPU、系统 IO 等)。

DAS 方式实现了存储设备从服务器中分离出来,但每台服务器都必须有自己独立的存储设备,投资的成本较大。同时,DAS 方式数据组织是分散的,不同的应用各用一套存储设备,数据无法集中,共享与管理困难。

DAS 方式的存储空间无法充分利用,不可避免的可能出现某些服务器空间不够,其他服务器却有大量空间闲置。

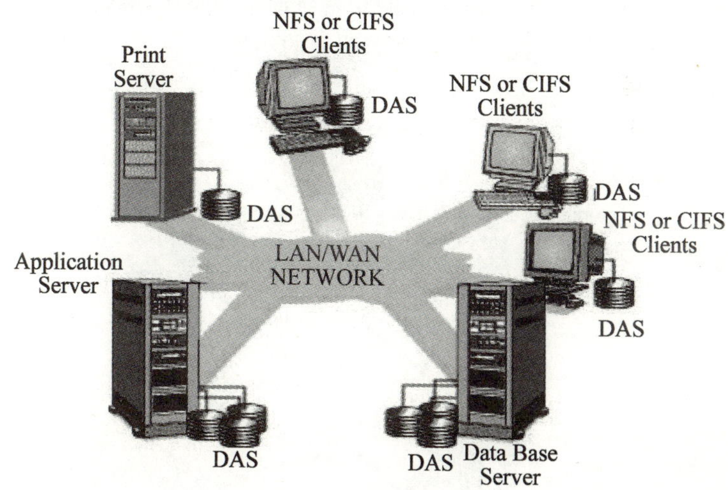

DAS 架构

2. NAS——网络接入存储架构

网络接入存储(Network-Attached Storage,简称 NAS)使用一个专用存储服务器与网络相连,通过 NFS 或 CIFS 对外提供文件级访问服务。NAS 架构以数据为中心,实现了对数据的集中管理。随着 IP 网络技术的发展,网络接入存储技术取得了长足的发展,万兆以太网(10 000Mbps)的出现大大提高了 NAS 架构的存储性能。NAS 已经成为市场认可度颇高的存储系统架构。

(1)NAS 架构具备以下优点:

• 由于 NAS 使用专用的存储服务器,因而它不占用应用服务器的资源,即使应用服务器不再工作,其他客户机仍然可以读取 NAS 上的数据;

• 支持多种文件系统,提供不同操作系统的文件夹共享,兼容性好,由于网络接入存储架构采用业界标准的 TCP/IP 网络进行数据交换,不同厂商的产品(服务器、交换机、NAS 存储)只要满足协议标准就能够实现互联互通,无兼容性问题;

• 在 NAS 架构中,可以在现有的 TCP/IP 网络中方便的扩展与增加存储设备或服务器,其集中化的安装与管理也非常简单。

(2)但 NAS 架构也同样存在着明显的不足:

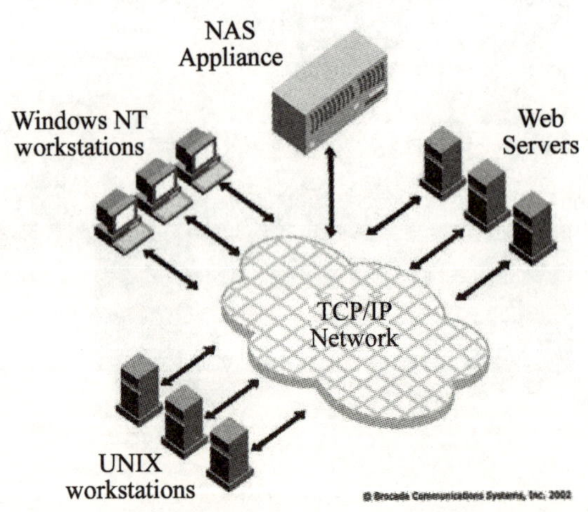

• 在性能上，由于 NAS 访问需要经过文件系统格式转换，所以 NAS 提供的是文件级别的数据访问能力，不适合数据块的应用系统（如数据库应用）；

• NAS 设备通过网络与应用服务器相连，共享或备份数据的同时占据了部分的网络带宽，这很可能对网络上的其他类型应用造成或多或少的影响。

3. SAN——存储区域网络

存储区域网络（Storage Area Network，简称 SAN）采用光纤通道技术，通过光纤通道交换机连接存储阵列和服务器主机，建立用于数据存储的专用网络。SAN 架构存储系统以网络为中心，强调这个网络专用于主机和存储设备之间的高速数据传输。

SAN 存储区域网络是独立于我们原有以太网络的一套并行网络，网络之内传输的流量主要是存储协议 SCSI（通常根据介质不同，分为 FC 协议或 ISCSI 协议），与传统以太网络的 TCP/IP 流量分开，存储与主机之间数据流量庞大，如流媒体数据和备份数据流。

在管理者的角度，服务器的业务流量和存储流量、备份流量清晰互不干扰，数据集中易管理，同时，在原有的 IT 架构中引入独立的存储网络对原本架构的影响最小，性能最好。

存储区域网现在已经成为 IT 架构中必不可少的一部分，随着存储系统重要性的逐步提高，独立存储网络已经在某种意义上成为一种标准，这也意味着存储网络的出现使存储系统领域开拓出一片广阔的天空。

SAN 架构由 3 部分组成，即应用服务器、后端存储设备以及 SAN 连接设备。应用服务器无需多作解释，后端存储设备由 SAN 控制器和磁盘系统构成。SAN 控制器是后端存储系统的关键，它提供存储接入、数据操作及备份、数据共享等数据安全管理和系统管理功能。后端磁盘系统使用磁盘阵列为数据提供存储空间和安全保护措施。SAN 连接部件则包括交换机、HBA 卡和各种介质的连接线。

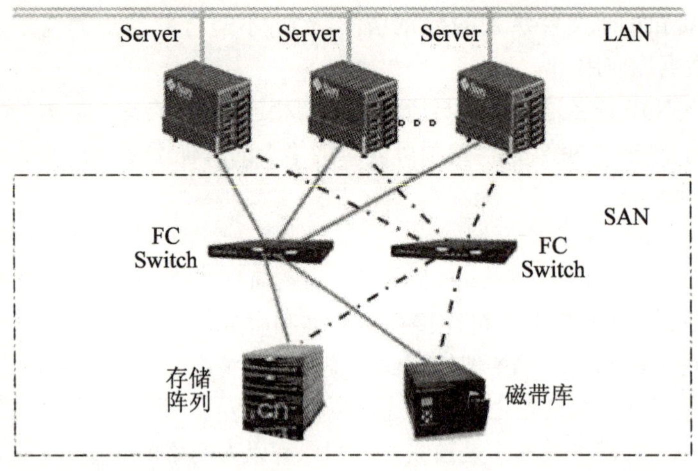

(1)SAN 的优势。

• 设备整合。SAN 架构整合了所有的应用服务器和存储设备。多台服务器可以通过存储区域网络同时访问后端存储,不必为每台服务器采购单独的存储,降低了存储设备的异构化程度。

• 数据集中,易于管理。不同应用服务器上的数据实现了物理上的集中,提高了存储设备的资源利用率。

• 高扩展性和高可用性。SAN 架构可以十分方便的加入应用服务器,较好地适应了应用变化的需求。而且由于采用块级别的数据传输,特别适用于块级应用(数据库应用)。

(2)SAN 的缺点。

• 相对前两种架构成本较高。

• 多客户端共享资源需要额外的软件。

4. NAS-SAN 融合

我们已经知道,SAN 比较适合高带宽块级数据访问,而 NAS 则更加适合文件系统级的数据访问。故用户可以利用这两种特性,综合考虑自身的需求,如可以部署 SAN 运行关键应用(数据库、备份等),部署 NAS 产品用于文件共享。

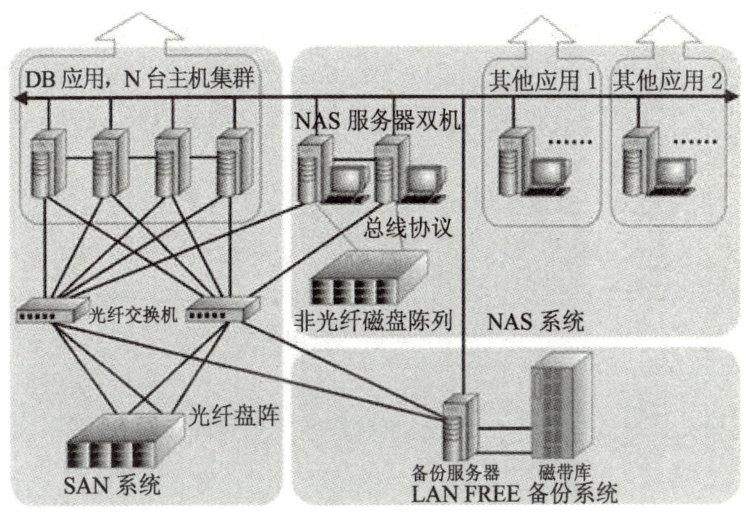

如上图所示，后端磁盘阵列中的一部分通过 SAN 连接至多台数据库服务器，并利用 SAN 中的磁带库进行数据备份，另一部分同样是通过 SAN 连接至 NAS 服务器，然后再由 NAS 服务器提供文件共享服务，这就实现了 NAS-SAN 的相融合，提高了存储架构的灵活性，增强了存储对应用需求变化的适应能力。

5. FC-SAN 与 IP-SAN

SAN 根据组网的介质与协议不同，SAN 可细分为 FC-SAN 和 IP-SAN。以光纤搭建的存储网络是 FC SAN，以 iSCSI 技术搭建的存储网络叫做 IP SAN。两种存储网络最大的区别是作为网络的核心连接设备不同，导致了连接线缆的不同：FC SAN 使用光纤交换机，通过光纤（或者铜缆）连接主机和存储设备，网络中的协议是 FC；IP SAN 使用以太网交换机，通过 IP 连接主机和存储设备，网络中的协议是 TCP/IP。但不管是 FCSAN 还是 IPSAN，最终传输的都是 SCSI 指令和数据，只是上层协议封装的形式上有不同，FC SAN 实现了在 FC（Fiber Channel）光纤通道协议之上封装和传输 SCSI 协议，IPSAN 实现了在传统 TCP/IP 协议上封装和传输 SCSI 协议。

（六）存储的分级规划

现代的存储产品设计的非常全面，存储控制器提供各种各样的接口，满足各种应用需求。如可以提供 SCSI 接口或者 FC 接口构成直连 DAS 或 FCSAN 架构，同时也可提供网络接口构成 NAS 或 IPSAN 架构，用户的管理工作已经非常方便了。

但是随着数据量的爆炸性增长，存储设备的增加，新的问题又出现了，随之而来异构化问题以及数据管理问题，数据迁移问题等。但是别担心，这些问题现在已经有了解决方案。那就是分级存储。

分级存储是根据数据的重要性、访问频率、保留时间、容量、性能等指标，将数据采取不同的存储方式分别存储在不同性能的存储设备上，通过分级存储管理实现数据客体在存储设备之间的自动迁移。数据分级存储的工作原理是基于数据访问的局部性。通过将不经常访问的数据自动移到存储层次中较低的层次，释放出较高成本的存储空间给更频繁访问的数据，可以获得更好的性价比。这样，一方面可大大减少非重要性数据在一级本地磁盘所占用的空间，还可加快整个系统的存储性能。

在分级数据存储结构中，存储设备一般有磁带库、磁盘或磁盘阵列等，而磁盘又可以根据其性能分为 FC 磁盘、SCSI 磁盘、SATA 磁盘等多种，而闪存存储介质[非易失随机访问存储器（NVRAM）]也因为较高的性能可以作为分级数据存储结构中较高的一级。一般，磁盘或磁盘阵列等成本高、速度快的设备，用来存储经常访问的重要信息，而磁带库等成本较低的存储资源用来存放访问频率较低的信息。

分级存储系统中，一般分为在线（On-line）存储、近线（Near-line）存储和离线（Off-line）存储三级存储方式。

在线存储是指将数据存放在高速的磁盘系统（如闪存存储介质、FC 磁盘或 SCSI 磁盘阵列）等存储设备上，适合存储那些需要经常和快速访问的程序和文件，其存取速度快，性能好，存储价格相对昂贵。在线存储是工作级的存储，其最大特征是存储设备和所存储的数据时刻保持“在线”状态，可以随时读取和修改，以满足前端应用服务器或数据库对数据访问的速度要求。

分级存储设备是根据具体应用可以变化的,这种存储级别的划分是相对的,可以分为多种级别。如可以采取 FC 磁盘—SCSI 磁盘—SATA 磁盘这种三级存储结构,也可以采取 SSD 盘—FC 磁盘—SCSI 磁盘—SATA 磁盘—磁带这种五级存储结构,具体采用哪些存储级别需要根据具体应用而定。

分级存储管理是将离线存储、近线存储和在线存储融为一体的技术。在分级存储系统中涉及许多技术,如数据增量扫描技术、基于多指标的数据分级策略、在线迁移中的一致性保证技术、数据自动迁移存储技术、存储虚拟化技术、分级存储管理技术等等。现在几乎所有的存储厂商都有相应的解决方案,当数据量和存储扩充到一定规模后,分级的存储架构会是我们存储管理的好帮手。

四、备份系统

(一)正确的理解数据备份工作

要正确理解备份工作,首先必须理解数据是一切工作活动的核心,任何应用系统都是以对数据的处理和分析为基础的。比如说一家银行的核心交易系统,如果因为硬件损坏或者操作不当,造成客户的数据丢失,这个代价是不可估量的。造成数据丢失有 4 种可能:硬件出错、软件有问题、人为操作因素、自然灾难。

回到图书馆领域,书目数据、读者数据、流通数据,样样重要,任何的数据丢失都会给我们的日常工作与读者服务带来不可预计的影响。如何规避数据丢失带来的风险,制定科学的数据备份策略能帮我们将数据丢失的风险降至最低。

所谓数据备份就是将指定时间、指定内容的数据以某种方式进行拷贝,以便在系统遭受破坏或其他特定情况下可以重新加以利用的过程。在信息技术与数据管理领域,备份指将文件系统或数据库系统中的数据加以复制,一旦发生灾难或错误操作时,就可以方便而及时地恢复系统的有效数据和正常运作。必要时,最好将重要资料制作 2 个以上的备份，并且放置在不同的场所，以便规避灾难发生。

数据备份的介质有很多种类，如早期的软盘和本地硬盘，随着存储数据量的增大、对数据安全性要求的提高以及要求备份和恢复的时间的缩短，现在通常把数据备份到专用的存储设备上，如磁带机、磁带库、虚拟磁带库等。

在了解数据备份的原理之后，一般用户对数据备份工作还应认识到如下问题：

首先，我们要认识到数据备份的根本目的，是重新利用，这也就是说，备份工作的核心是恢复，一个无法恢复的备份，对任何系统来说都是毫无意义的。作为最终用户，一定要清醒地认识到，能够安全、方便又高效的恢复数据，才是备份系统的真正生命所在。也许有人会问，所需的数据既然已经保存下来了，恢复应该不成问题，这种理解非常危险，事实上，无论在金融电信行业的数据中心，还是在普通的桌面级系统中，因备份数据无法恢复而导致数据丢失的例子实在太多了。因此数据备份工作从内容上来说还应包含定期的恢复测试与紧急恢复演练工作。

其次，我们要认识到数据备份工作对于正常运行的系统而言，其实算是一个“额外负担”，为什么这么说，是因为只要计算机系统存在IO 操作，就或多或少会给正常业务系统带来一定的性能和功能上的影响。所以，在架设数据备份系统以及制定备份策略时，应考虑如何减少这种“额外负担”，比如，尽量将备份工作安排在机器服务时间以外进行，可为不间断系统的备份工作安排在主机业务相对空闲时间完成，从而更充分的保证系统正常业务的高效运行。

再者，在实际环境中，一个备份作业运行起来，可能会占用掉一个中档小型服务器 CPU 资源的 60%，而一个未经定制过的备份作业日志文件，可能会占用 30% 的磁盘空间。由此可见，备份系统的选择和优化工作也是一个关键点。好的备份系统，应该能够以很低的系统资源占用率和很少的网络带宽，来进行自动而高速的数据备份。

作为存储领域的一个重要组成部分，数据备份在存储系统中的地位和作用都是不容忽视的,对一个完整的计算机系统而言,备份工作更是不可缺少的组成部分。数据备份的意义也不仅在于防范意外事件的破坏,而且还是历史数据保存归档的最佳方式。换言之,即便系统正常工作,没有任何数据丢失或破坏发生,备份工作仍然具有非常大的意义。

(二)备份系统的架构

备份系统一般由备份服务器、备份软件和备份介质组成。通常,备份软件的服务器端安装在备份服务器上,而备份软件的客户端则安装在相应的运行服务器上,客户端软件和服务器端软件协调工作,按照预先制定的备份策略将运行服务器端的重要数据备份至备份介质上(通常为磁带)。

目前主流的备份系统架构基于数据传送方式可分为 4 种:基于主机备份架构,基于局域网备份架构,基于 SAN 结构的 LAN-Free 备份架构和 Server-Less 备份架构。

1. 基于主机备份架构

基于主机备份架构是最简单的数据备份方式,这种架构采用服务器上自带的硬盘或磁带机作为备份介质。基于主机备份架构的优点是维护简单,数据传输速度快;缺点是可管理的存储设备少,不利于备份系统的共享,不太适合于大型的数据备份要求。

2. LAN-Base 架构

LAN-Base 备份架构,是小型办公环境最为常用的备份结构。在这种架构中数据的传输是以局域网络为基础的,首先预先配置一台服务器作为备份管理服务器,它负责整个系统的备份操作。磁带库则接在某台服务器上,当需要备份数据在数据备份时备份对象把数据通过网络传输到磁带库中实现备份的。

备份服务器可以直接接入主局域网内或放在专用的备份局域网内。推荐使用后者方案。因为采用前者方案的话,当备份数据量很大的时候,备份数据会占用很大的网络带宽,主局域网的性能会下降很厉害,而后者就可以使得备份进程与普通工作进程相互的干扰减少,保证主局域网的正常工作性能。

LAN-Based 备份结构的优点是投资经济、磁带库共享、集中备份管理;它的缺点是对网络传输压力大,当备份数据量大或备份频率高时,局域网的性能下降快,不适合重载荷的网络应用环境。

3. LAN-Free 备份架构

LAN-free 备份架构下,用户需要为每台服务器配备光纤通道适配器(HBA 卡),适配器负责把这些服务器连接到与一台或多台磁带机(或磁带库)相连的 SAN 上。同时,还需要为服务器配备特定的备份管理软件,通过它,系统能够把块格式的数据从服务器内存、经 SAN 传输到磁带机或磁带库中。

LAN-free 技术也存在明显不足。它仍旧让服务器参与了将备份数据从一个存储设备转移到另一个存储设备的过程,在一定程度上占用了宝贵的 CPU 处理时间和服务器内存。

4. SeverLess 备份架构

它是 LAN-free 的一种延伸,可使数据能够在 SAN 结构中的两个存储设备之间直接传输,通常是在磁盘阵列和磁带库之间。这种方案的主要优点之一是不需要在服务器中缓存数据,显著减少对主机 CPU 的占用,提高操作系统工作效率。

Server-Free 优点是数据备份和恢复时间短,网络传输压力小,便于统一管理和备份资源共享;其缺点是需要特定的备份应用软件进行管理,厂商的类型兼容性问题需要统一,并且实施起来与 LAN-Free 一样比较复杂,成本也较高。

这里提到的 4 种主流网络数据安全备份系统结构,各有各的优缺点,各图书馆需要根据自己的实际需求和投资预算仔细斟酌,来选择合适自己的备份方案。

(三)备份级别、策略与备份方式

1. 备份级别

(1)系统级备份

系统级备份,备份的内容主要是操作系统本身,当系统文件被病毒感染或误操作丢失时，就需要立即恢复操作系统至正常状态，这时候系统级的备份就至关重要了，这种备份要求能还原操作系统的同时还原各部件的驱动程序，还原后无需再对操作系统进行任何配置。

(2)文件级备份

文件级备份基于文件系统，对文件进行拷贝，需要时进行恢复，是最好理解并最容易实现的备份级别。

(3)数据库级备份

数据库文件和普通文件不同，数据库文件长时间处于打开状态，且实时更新，在备份工作进行的同时可能文件内容已经发生改变，因此无法用常规的文件备份方法来保持文件的一致性，如果把数据库文件当做普通文件进行备份，最为常见的现象就是数据库无法打开，原因就是数据不一致。要实现数据库级的备份，一种就是利用数据库的备份工具，如 ORACLE 的 RMAN，进行数据库的在线备份，也叫热备份，一种就是暂时关闭数据库，使数据库处于稳定状态，进行离线备份，也叫冷备份。

这三种级别的备份内容不同，备份方式不同，所对应的备份软件功能要求也不同，一般文件级备份是默认提供的，但系统级备份和数据库级备份是根据需要选配。

2. 备份策略

备份策略定义了备份工作的实现，常见的备份策略有 3 种。

(1)完全备份(Full Backup)

完全备份就是拷贝指定计算机上的全部文件。这种备份策略的好处是：当发生数据丢失的灾难时，只要用一盘磁带(即灾难发生前一天的备份磁带)，就可以恢复丢失的数据。然而它亦有不足之处，首先，由于每天都对整个系统进行完全备份，造成备份的数据大量重复。这些重复的数据占用了大量的磁带空间，这对用户来说就意味着增加成本。其次，由于需要备份的数据量较大，因此备份所需的时间也就较长。对于那些业务繁忙、备份时间有限的单位来说，选择这种备份策略就有问题了。

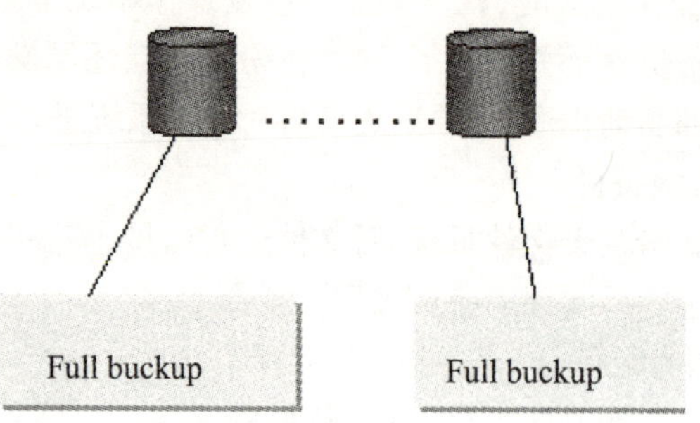

(2)增量备份(Incremental Backup)

增量备份就是只备份在上一次备份后增加、改动的部分数据。这种备份策略的优点是节省了磁带空间,缩短了备份时间。但它的缺点在于,当灾难发生时,数据的恢复比较麻烦。例如,系统在星期三的早晨发生故障,丢失了大量的数据,那么现在就要将系统恢复到星期二晚上时的状态。这时系统管理员就要首先找出星期天的那盘完全备份磁带进行系统恢复,然后再找出星期一的磁带来恢复星期一的数据,然后找出星期二的磁带来恢复星期二的数据。很明显,这种方式很繁琐。在这种备份方式下,各盘磁带间的关系就像链子一样,一环套一环,其中任何一盘磁带出了问题都会导致整条链子脱节。比如在

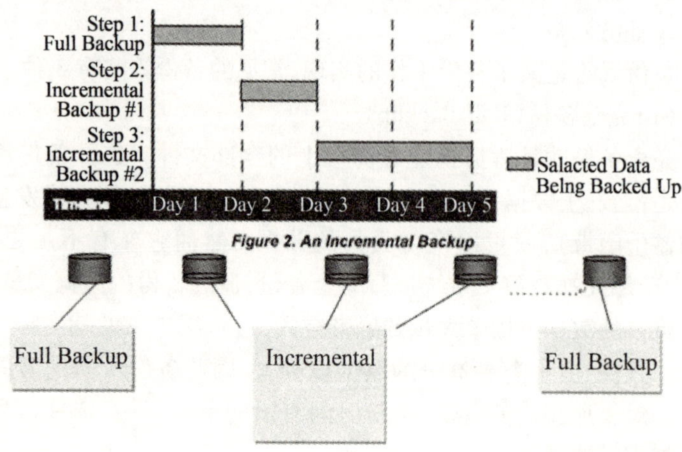

Figure 2. An Incremental Backup

上例中，若星期二的磁带出了故障，那么管理员最多只能将系统恢复到星期一晚上时的状态。

(3)差异备份(Differential Backup)

管理员先在星期天进行一次系统完全备份，然后在接下来的几天里，管理员再将当天所有与星期天不同的数据(新的或修改过的)备份到磁带上。差分备份策略在避免了以上两种策略的缺陷的同时，又具有了它们的所有优点。首先，它无需每天都对系统做完全备份，因此备份所需时间短，并节省了磁带空间；其次，它的灾难恢复也很方便。系统管理员只需两盘磁带，即星期一磁带与灾难发生前一天的磁带，就可以将系统恢复。

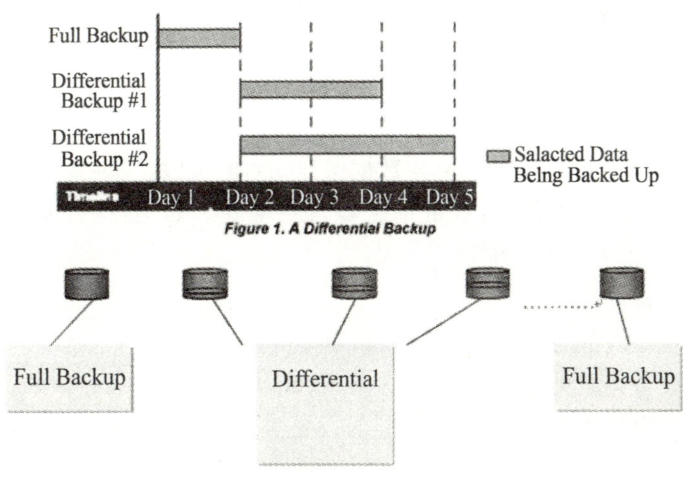

在实际应用中，备份策略通常是以上3种的结合。例如每周一至周六进行一次增量备份或差异备份，每周日进行全备份。

3. 备份方式

(1)冷备份：系统处于停机或维护状态下的备份。这种情况下，备份的数据与系统中此时段的数据完全一致。

(2)热备份：系统处于正常运转状态下的备份。这种情况下，由于系统中的数据可能随时在更新，备份的数据相对于系统的真实数据可有一定滞后。

(四)如何规划备份系统构架

具体来说,对一个具备一定规模的备份系统,完全自动化的备份现在已成为对备份系统的一个基本要求。同时,作为管理者,还必须去考虑如CPU占用率、磁盘空间占用率、网络带宽占用率、备份时间等问题,这些都是需要重点考察的方面。

要实现全自动的备份,必须要借助相应的备份软件,当然也有通过写服务器脚本、定时策略等方式完成的,但难度相对较大,管理成本较高。在搭建备份架构时需考虑如下几个要素:

1. 需要备份的数据

数据的类型:依据各种应用软件的不同会有不同的数据类型。如文件型、数据库型等。

数据的大小:包括备份数据的大小以及备份的介质的容量的大小。

数据的重要性:影响制定数据保存相对的天数。

数据的变化程度:数量是否经常在变化。如银行的oracle数据库、图书馆的借阅系统等。

2. 备份的硬件平台

备份设备的类型:磁盘、带机、带库等。

设备类型决定介质类型:磁盘、磁带、光盘。

备份的速度:由于各种不同的设备类型,进行备份速度也是不相同的。

3. 备份的软件平台

备份软件在执行备份任务中可以使用的备份类型。增量备份、差异备份等。这与软件在支持数据备份能进行那种备份方式相关。

备份软件在进行备份时所支持设备类型。磁盘、带机、带库等。

备份软件支持的架构。备份软件的备份架构可分为主机、LAN-Free、Server-Less等各种不同的架构。

在制订备份策略时,应该考虑以上几个方面的因素,来实现备份的策略化。备份策略能更有效的使用当前的备份资源,既有多少东西办多少的事;能统筹安排备份资源,备份任务,来提高备份效率;能成批处理备份任务,简化备份作业。

备份软件选择时,应充分考虑现有的设备类型,操作系统类型,是否有数据库,需要备份的数据类型,可列出表格,再来选型,因为备份软件都是按照功能模块计算授权的。

常见的备份软件有:Veritas 公司的产品,高端 NetBackup,适用于大中型存储系统,提高数据可靠性的强大的数据保护解决方案,支持复杂的网络备份和 LAN-Free 备份;低端 Backup Exec,业界工人标准的备份解决方案,获得 MS 认证,适用 Windows 系统环境,直观的用户界面。有限支持 Unix 和 Linux;Legato 公司 NetWorker,适用于大型网络环境,广泛支持各种开放系统平台等。

对图书馆而言,核心业务系统需实现操作系统级和数据库级备份,要求数据保留周期长,如三个月,每日选择闭馆后进行增量备份,每周做一次全备份。功能服务器需事先操作系统及被备份,要求破坏后立即可以恢复运行状态,每月备份一次保留三个月。而电子数据库系统,由于很长时间才更新一次,可每季度离线完全备份一次,数据有效期可设为半年。这只是例子,基层图书馆可根据自身业务需要与备份软件供应商一起沟通更适合于自身的备份方案。

(五)广义的备份系统——容灾

容灾是一个广义的概念,可以把所有与业务连续性相关的内容都纳入容灾。对于用户而言,容灾能提供一种防止用户业务系统遭受各种灾难影响甚至破坏的机制。

容灾与备份是有很大区别的,通常我们指的容灾是指在生产站点外,另外建立冗余的站点,当灾难发生,生产站点受到破坏时,冗余站点可以接管用户的关键业务,保证业务的连续高可用。

容灾通常有 3 个级别,可根据实际需要部署:

(1)数据级容灾:指的是备份关键的业务数据到异地存储系统中,这是一种基础的容灾方案,技术上主要考虑数据的远程复制,当然如果失效要求不高，将磁带分两处存放，也可以达到同样的目的。

(2)应用级容灾：异地构建一套与本地相当的应用系统环境。应用级容灾系统可以使企业的多种应用在灾难发生时进行快速切换，确保业务的连续性。

(3)业务级容灾：业务级容灾除了在异地构建备份的 IT 架构的同时，还要在异地构建整套的办公环境，工作人员灾后立即就可以在备份场地正常的开展工作。

级别越高，也就意味着成本越高。比如有些金融系统要求容灾中心必须跨越地震带，灾难发生到恢复业务生产必须在 15 分钟内，等等，这种高要求的容灾系统往往代价不菲，所以我们应该根据实际情况规划自己的容灾系统。

就图书馆而言，随着数字资源的日益增加，加之图书馆本身就具备资源保障的职能，容灾也慢慢提上日程，对于电子资源来说，这部分数据量庞大但实时性要求不那么高，因此只要保证实现数据级容灾即可，对于图书馆的业务系统，这部分数据量小但实时性要求高，便可根据情况实现应用级容灾，从而保证图书馆业务的可持续性。

五、软件与客户端设备

(一)软件与客户端设备的分类

之所以将软件如客户端设备放在一起，是因为这两者都存在着统一部署与管理的问题。当核心服务器、存储、网络设备正常运作起来，一般都相对稳定，换句话说就是维护的频率相对较低，而客户端系统不同，由于用途不同以及数量众多，如果不想办法妥善管理起来，就会耗费管理者大量的精力，结果往往是顾此失彼，抓不住重点。

图书馆员要跳出这个泥沼，达到减少管理成本，增加管理效率的目的，就要加强统一管理。客户端的统一管理涉及：部署、更新、安全管理、访问控制等层面，只有通过全面的规划，方可提高效率，让这工具更好地发挥它的功效。

1. 软件

常用的软件系统可分为系统软件、数据库软件、应用软件。系统软件指的主要是操作系统,如 Windows XP;数据库软件用于对数据进行组织、存储和管理的专用软件,通常部署于服务器端,如 MS SQL Server、Mysql 等;

应用软件是为了某种特定的用途而被开发的软件。它可以是一个特定的程序,比如一个图像浏览器。也可以是一组功能联系紧密,可以互相协作的程序集合。

不同的软件一般都有对应的软件授权,软件的用户必须在同意所使用软件的许可证的情况下才能够合法的使用软件。从另一方面来讲,特定软件的许可条款也不能够与法律相抵触。

依据许可方式的不同,大致可将软件区分为如下几类

• 专属软件:此类授权通常不允许用户随意的复制、研究、修改或散布该软件。违反此类授权通常会有严重的法律责任。传统的商业软件公司会采用此类授权,例如微软的 Windows 和办公软件。专属软件的源码通常被公司视为私有财产而予以严密的保护。

• 自由软件:此类授权正好与专属软件相反,赋予用户复制、研究、修改和散布该软件的权利,并提供源码供用户自由使用,仅给予些许的其他限制。以 Linux、Firefox 和 OpenOffice 可作为此类软件的代表。

• 共享软件:通常可免费的取得并使用其试用版,但在功能或使用期间上受到限制。开发者会鼓励用户付费以取得功能完整的商业版本。

• 免费软件:可免费的取得和散布,但并不提供源码,也无法修改。

• 公共软件:原作者已放弃权利,著作权过期,或作者已不可考的软件。使用上无任何限制。

软件的授权决定了软件的使用方式,所以购买时对软件本身必须有清晰的认识,授权数量可以根据图书馆拥有的计算机的数量和应用范围确定,授权的功能以自身需求为主,只买需要的功能即可,同时要

结合软件兼容性、统一部署的便易性，在相关领域的知名度、价格等因素统一考虑。

2. 客户端设备

主要指给工作人员或读者使用的计算机。就图书馆用户而言，最常见的就是计算机和 OPAC 检索机。

（二）客户端的统一部署

对客户端的统一管理一方面对图书馆员来说能节省大量的时间、精力，提高工作效率，提升工作质量；另一方面，对于图书馆来说，能让计算机更好地为读者服务。

举个例子，客户端计算机数量较多，在部署时，光是操作系统的安装就已经有很大的工作量，还要进行防病毒软件以及应用程序的安装，如果计算机使用不当中了病毒或误删除系统文件，则以上工作便都要重做一遍。

计算机客户端的统一管理涉及：部署、更新、安全管理、访问控制、资产管理等层面。要达到统一管理的目的需要考虑工作的方方面面，图书馆的计算机可以细分为工作人员用机、服务台用机、读者用机三类，不同的机器管理的角度不同。

1. 桌面管理

不论机器属于哪一类，首先我们要对所有的机器进行桌面管理。利用微软的活动目录或者引进桌面管理软件均可达到统一管理的目的，但桌面管理软件的功能更为强大，这类管理软件通常需要安装服务器端和客户端，在客户端可实现如下功能。

（1）软件部署、更新、补丁管理

可以对数量庞大的桌面电脑做统一的软件和补丁的自动分发和安装，而无需单台安装。

（2）安全管理与安全加固功能

可自动检测操作系统或者应用软件的补丁漏洞是否安装、防病毒、防间谍措施是否完善，不完善时可自动安装部署；桌面电脑的网络流量是否异常、是否运行了非法进程、是否有可疑注册表项；桌面电脑的安全设置是否完善，例如：是否有文件共享、是否存在不安全的账户设置等，同时报告异常给管理员。

(3) 访问控制

统一设置，审计和控制上网行为、硬件设备、Web 网站访问、收发 E-mail、文件拷贝、聊天工具、P2P 下载工具等。

(4) 资产管理

自动采集所有桌面电脑的软硬件详细配置信息建立资产报表。功能强大的软件可以自动采集的硬件配置信息和软件配置信息，如 CPU 信息、主板信息、内存信息、硬盘信息、网卡信息、光驱信息、软驱信息、其他各种外设信息、软件名称、版本、厂商、安装日期，操作系统名称、版本。

具备以上功能后，还须对安全管理范畴的每项策略进行思考与明确，比如什么补丁是必须打的，什么时间进行安装，P2P 下载工具是一般要屏蔽的，因为对网络带宽消耗太大，读者用机 USB 端口是否要进行屏蔽，如何进行网站访问控制等。

2. 安全管理

对所有的桌面客户端部署企业版防病毒软件，现在的防病毒软件一般都有企业版，可以统一部署和管理，也可以结合桌面管理工具进行强制安装，要求每台网内的机器必须安装这项软件，这是最基本的安全措施，也就定义了图书馆的安全边界，如果馆内还实施了网络准入控制系统，就更好了，这样外带的电脑就无法接入图书馆网络，也阻止了外来病毒感染的可能性。

3. 系统还原

对读者用机的管理往往是最费时费力的，这一部分机器数量多，管理难度大，常规的方法很难处理，系统还原是一种很省时省力的方法，其思路就是机器上装好所需的操作系统与应用软件，制作一个系统镜像，使用者照常使用，每次只要重启机器，系统便完全还原成之前的模样，系统还原有基于硬件的系统还原卡实现，也有通过软件实现的，效果都不错，对于读者用机管理有很好的管理效果。

OPAC 即联机公共查询目录,读者可以通过 OPAC 实现图书的查找和借阅。现在的网上书目多以地区性图书馆的书目加以汇总,能使读者的查询结果覆盖更大范围的图书馆。OPAC 客户端目前主要是以图形化瘦客户端方式部署。

图形化终端方式通常通过搭建终端服务器,并购买相应的瘦客户端设备实现,仅需发布网络浏览器这一应用程序,即可使用 OPAC 功能。但 windows 系统需要对组策略的安全部分进行详细的设置,以确保服务器端操作系统的安全性。

终端设备购买时一般会配合终端设备管理程序,用来实现类似计算机桌面管理软件的功能。瘦客户端的厂家有很多,如 HP、实达等。瘦客户机一般结合 Microsoft Windows Terminal Server(微软终端服务器),或者 Citrix Metaframe、Presentation Server 组成整体基于服务器运算的架构。

(三)客户端常用外设

外设就是指的与计算机相连的相关设备,如打印机、条码阅读器等。

1. 打印机

打印机是一种电脑输出设备,可以将文件按照文字或图形的方式输出到纸张上。

(1)激光打印机

可以将碳粉印在纸张等介质上,速度快且具有优秀的输出效果和良好的成本优势。在实际应用上,带网络模块的网络化黑白激光打印机对于办公室的打印有着非常大的优势,这种打印机具备网络接口可以直连至局域网,功能类似在办公室增加了一台打印服务器,所有的计算机都可以利用这台网络打印机进行打印。省去了原先需要连接主机的麻烦,方便地提供打印共享服务。

(2)彩色喷墨打印机

针对有彩色打印包括照片打印需求的应用。相较彩色激光打印机,彩色喷墨有较大的成本优势,且由于喷墨打印机现在已有六色甚至七色墨盒的喷墨打印机，打印的效果也有质的飞跃，印出来的照片已经可以媲美传统冲洗的相片。

(3)热敏打印机

用于高质量条码打印，或票据打印。一般采用热敏行点打印技术，可以打印书标、复写纸等银行票据，用于采编和财务打印需求。

打印机是最主要的外设，购买打印机时还应注意，采购了一种型号的打印机，其耗材(硒鼓或墨盒)很可能是专用的，所以，全馆范围内最好能采购统一型号或少量不同型号的打印机，可以大大减少耗材的浪费；现在一般的打印机都支持双面打印，这样可以使纸张耗材的使用降低一半。在大办公室尽量部署网络打印机，可大大缩减全馆内打印机数量，也从一定程度上降低了耗材使用。

2. 扫描仪

扫描仪是一种计算机外部仪器设备，通过捕获图像并将之转换成计算机可以显示、编辑、输出的数字化输入设备。现在通常使用的是平面扫描仪。

选择扫描仪时通常考虑如下因素。

(1)分辨率:分辨率是扫描仪最主要的技术指标，它表示扫描仪对图像细节上的表现能力，即决定了扫描仪所记录图像的细致度，其单位为 DPI。

(2)灰度级:灰度级表示图像的亮度层次范围。级数越多扫描仪图像亮度范围越大、层次越丰富，目前多数扫描仪的灰度为 256 级。

(3)色彩数:色彩数表示彩色扫描仪所能产生颜色的范围。色彩数越多扫描图像越鲜艳真实。

(4)扫描速度:扫描速度有多种表示方法，因为扫描速度与分辨率，内存容量，显示时间，图像大小有关，通常用指定的分辨率和图像尺寸下的扫描时间来表示。

(5)扫描幅面:表示扫描图稿尺寸的大小，常见的有 A4、A3、A0 幅面等。

3. 条码阅读器

利用光电原理将条码信息转化为计算机可接受的信息的输入设备。常用于图书馆、医院、书店以及超级市场,作为快速登记或结算的一种输入手段,对书籍或商品外包装上或印刷品上的条码信息直接阅读,并输入到联机系统中。

常见的条码阅读器有手持式和桌面式两种。条码阅读器的使用与设置都非常简单,只要在说明书的相应的设置条码处照一下,便设置好了读取模式,接下来可打开一个文本文件,用阅读器照条码测试是否符合要求。

相关的外设还有很多,我们应该注意到,外设的应用领域非常广阔,产品型号很多。因此,基层图书馆在引进时,一定要对市场情况进行细致的市场调研,选择最适合的设备。这样才能最大幅度的提高工作效率和保护政府投资。

第三节　数据库管理系统

一、分类

数据库管理系统(Database Management System 简称 DBMS)是处于用户与操作系统之间的一层数据管理软件,它提供了访问数据库的方法。数据库管理系统的基本目标是提供一个可以方便、有效地存储数据库信息的环境。数据库管理系统按数据模型,可以分为层次型、网状型、关系型和面向对象型等。

(一)层次数据库

层次数据库是采用层次模型的数据库。层次模型用树型结构表示各类实体及其间的关系,因此层次模型中最基本的数据关系是层次关系。如图书馆中的行政构架、家族关系等采用层次模型进行描述非常自然、直观、容易理解。最著名最典型的层次数据库系统是 IBM 公司的 IMS(Information Management System),这是 IBM 公司研制的最早的大型数据库系统。

(二)网状数据库

网状数据库是采用网站模型的数据库。网状模型是基于层次模型的一种扩展,它采用网状结构表示各类实体及其之间的关系。网状数据库是导航式(Navigation)数据库,用户使用数据库时同时要说明做什么和如何做。例如在查找语句中同时要说明查找对象和指定查找路径。世界上第一个网状数据库管理系统也是第一个 DBMS 是美国通用电气公司在 1964 年开发成功的 IDS(Integrated Data Store)。

(三)关系数据库

关系数据库是采用关系模型的数据库。关系模型由一系列表格组成。用表格来表达数据集,用外键(关系)来表达数据集合之间的关系。目前业界普遍使用的关系型数据库管理系统产品有 DB2 通用数据库、Oracle 以及 SQL Server 等。毋庸置疑,关系型数据库是当今最流行、最主要的数据库系统,许多企业的在线交易处理系统、内部财务系统、客户管理系统等大多采用关系型数据库。太字节级关系型数据库在大型企业集团中也是司空见惯。本节以下内容也主要针对关系型数据库展开研究。

(四)对象数据库

对象数据库是采用面向对象模型的数据库。面向对象模型中最基本的概念是对象和类。对象数据库一般是以一种面向对象语言为基础,增加数据库的功能,主要是支持持久对象和实现数据共享。对象数据库不仅在处理多媒体等数据类型时便捷有效,而且在开发、维护应用系统等方面有着极大的优越性。

二、基础结构

数据库的基本结构分 3 个层次,即物理数据层、概念数据层和逻辑数据层,并分别反映观察数据库的 3 种不同角度。

1. 物理数据层

物理数据层是数据库的最内层,是物理存贮设备上实际存储的数据集合。这些数据是原始数据,是用户加工的对象,由内部模式描述的指令操作处理的位串、字符和字组成。

2. 概念数据层

它是数据库的中间一层，是数据库的整体逻辑表示。指出了每个数据的逻辑定义及数据间的逻辑联系，是存贮记录的集合。它所涉及的是数据库所有对象的逻辑关系，而不是它们的物理情况，是数据库管理员概念下的数据库。

3. 逻辑数据层

它是用户所看到和使用的数据库，表示了一个或一些特定用户使用的数据集合，即逻辑记录的集合。

数据库不同层次之间的联系是通过映射进行转换的。

三、作用

（一）数据共享

数据共享既包含不同用户可同时存取数据库中的数据，也包括不同用户可以以不同方式如接口、中间件技术访问数据库，并提供数据共享。

（二）减少数据重复

由于数据库实现了数据共享，从而避免了用户各自建立相同的数据，减少了大量重复数据。数据表通过建立唯一索引即可实现避免数据重复。

（三）一致性

一致性是指事务执行的结果必须是使数据库从一个一致性状态变到另一个一致性状态。保证数据库一致性是指当事务完成时，必须使所有数据都具有一致的状态。举例来说，如果用户 User1 更新了表 Table1 的数据，User2 在 User1 提交前大批量读取 Table1 中的数据（比如说是 2 分钟），而在 2 分钟内 User1 提交了 Table1 的更新操作，这时 DBMS 就要保证有足够大的临时表来存放修改前的 Table1 的数据，以保证 User2 所有读取的数据都是修改前的数据。如果在 User1 提交后 User2 重新读取数据，这时 User2 得到的就是更新后的数据。

(四)数据安全性

数据库系统的安全特性主要是针对数据而言的,包括数据独立性、数据安全性、数据完整性、并发控制、故障恢复等几个方面。

1. 数据独立性

数据独立性包括物理独立性和逻辑独立性两个方面。物理独立性是指用户的应用程序与存储在磁盘上的数据库中的数据是相互独立的;逻辑独立性是指用户的应用程序与数据库的逻辑结构是相互独立的。

2. 数据安全性

数据库的数据安全一般有如下措施:将数据库中需要保护的部分与其他部分相隔开;采用授权规则,如账户、口令和权限控制等访问控制方法;对数据进行加密后存储于数据库。

3. 数据完整性

数据完整性包括数据的正确性和有效性。正确性是指数据的输入值与数据表对应域的类型一样,如浮点型数据不能存储在整型数据字段中;有效性是指数据库中的理论数值满足现实应用中对该数值段的约束。

4. 并发控制

数据库要实现多用户共享数据,就存在同一时刻多用户同时存取数据,这种事件叫做并发事件。当一个用户取出数据进行修改,在修改存入数据库之前如有其他用户再取此数据,那么读出的数据就是不正确的。这时就需要对这种并发操作施行控制,排除和避免这种错误的发生,保证数据的正确性。

5. 故障恢复

一般来说数据库管理系统自有一套有效方法,可及时发现故障和修复故障,从而防止数据被破坏。

(五)多用户操作并行调度

并行处理技术是通过尽可能利用可利用的硬件资源如多 CPU、多 I/O 通道、多存储阵列和磁盘驱动器以及大量内存从而获得高性能。

数据库管理系统正是如此,越是有效地利用系统硬件资源,处理查询和其他数据库操作就会越有效。

四、常见的数据库管理系统

(一)常见的数据库管理系统

目前商品化数据库管理系统以关系数据库为主导,技术相对十分成熟。常见的关系数据库管理系统有 ORACLE、DB2、Sql Server、SYBASE、Informix 和 My SQL 等。下面将简要介绍以上几种数据库管理系统。

Oracle 是最早商品化的关系型数据库管理系统,也是应用最广泛、功能强大的数据库管理系统。Oracle 作为一个通用数据库管理系统,除了具有完整的数据管理功能,还支持大量多媒体数据存储,提供基于角色的安全保密管理,同时还是一个分布式数据库系统,支持各种分布式功能,如复制技术等。目前 ORACLE 数据库版本有 9i,10G,11G 等。

DB2 是 IBM 公司研制的关系型数据库管理系统。DB2 主要应用于大型或超大型应用系统。DB2 具有较好的可伸缩性,支持从大型机到单用户环境以及 OS/2、Windows 等操作系统平台的应用。DB2 提供从小规模到大规模应用程序的执行能力,具有与平台无关性的基本功能和 SQL 处理命令。DB2 具有很好的网络支持能力,对大型分布式应用系统尤为适用。

SYBASE 是美国 Sybase 公司研制的关系型数据库管理系统,是一种典型的 Unix 或 Windows NT 平台上客户机/服务器环境下的大型数据库系统。Sybase 通过应用程序编可以与非 Sybase 数据源及服务器集成,在多个数据库之间复制数据,适应创建多层应用。

Informix 数据库是美国 Informix Software 公司研制的关系型数据库管理系统。Informix 有 Informix-SE 和 Informix-Online 两种版本。Informix-SE 适用于 Unix 和 Windows NT 平台,适用于中小规模的应用。Informix-Online 在 UNIX 操作系统上运行,提供多线程服务器,适

用于大型应用。Informix 重构数据库十分方便,系统保护措施也十分健全,主要体现在能重新建立丢失了的文件及恢复被破坏了的数据。Informix 具有很强的可移植性和兼容性,在微型计算机和小型机上得到广泛应用。

Microsoft SQL Server 是一种典型的关系型数据库管理系统,是一个可扩展的、高性能的、为分布式客户机/服务器计算所设计的数据库管理系统。实现了与 Windows NT 的有机结合,提供基于事务的企业级信息管理系统方案。由于 Microsoft SQL Server 是开放式的系统,其他系统可以与它进行完好的交互操作。目前最新版本的产品为 Microsoft SQL Server 2008。

My SQL 是现在流行的关系数据库中的一种,相比其他的数据库管理系统而言,My SQL 具有小巧、功能齐全、查询迅捷等优点,最关键的是免费,可以在 Internet 上免费下载到,并可免费使用,对于一般中小型,甚至大型应用都能够胜任。

(二)常见数据库的比较

基于以上常见数据库管理系统的简介,接下来对它们的一些参数指标进行比较,为基层图书馆在选择数据库管理系统时提供一些参考。

表 2-1 常见数据库管理系统参数指标比较表

特点	Oracle	DB2	Sybase	Informix	Sql Server
最稳定版本	10g Release 2	9	15.0	10.0	9.00.3042 (2005 SP2)
开放性	能在所有主流平台上运行。采用完全开放策略。	有较好的开放性,最适于海量数据。跨平台,多层结构。	能在所有主流平台上运行,在银行业中得到了广泛的应用。	仅运行在 UNIX 平台。在银行中得到广泛的应用。	只能在 Windows 上运行,C/S 结构,只支持 Windows 客户。

续表

特点	Oracle	DB2	Sybase	Informix	Sql Server
性能	性能最高	适用于数据仓库和在线事物处理，性能较高。客户端支持及应用模式。	性能较高，支持 Sun、IBM、HP、Compaq 和 Veritas 的集群设备的特性，实现高可用性。适应于安全性要求极高的系统。	性能较高，支持集群，实现高可用性。适应于安全性要求极高的系统，尤其是银行，证券系统的应用。	老版本多用户时性能不佳，新版本的性能有了明显的改善，各项处理能力都有了明显的提高。
可伸缩性，并行性	Unix 下具有很好的伸缩性	DB2 具有很好的并行性，伸缩性有限。	具有较好的并行性，速度快，对巨量数据无明显影响，但是技术实现复杂，需要程序支持，伸缩性有限。	采用单进程多线程的技术，具有较好的并行性。但是仅运行于 UNIX 平台，伸缩性有限。	可伸缩性，并行性有限。
安全性	获得最高认证级别的 ISO 标准认证	获得最高认证级别的 ISO 标准认证	通过 Sun 公司 J2EE 认证测试，获得最高认证级别的 ISO 标准认证。	获得最高认证级别的 ISO 标准认证	Microsoft Advanced Server 获得最高安全认证

续表

特点	Oracle	DB2	Sybase	Informix	Sql Server
操作性	较复杂,同时提供GUI和命令行,对数据库管理人员要求较高。	简单,同时提供GUI和命令行。	复杂,使用命令行操作,对数据库管理人员要求较高。	使用和管理复杂,命令行操作。对数据库管理人员要求较高。	操作简单,采用图形界面。管理也很方便。
使用风险	完全向下兼容,可以安全的进行数据库的升级和迁移。	在巨型企业得到广泛的应用,向下兼容性好。风险小。	开发时间较长,升级较复杂,稳定性较好,数据安全有保障。风险小。	开发时间较长,升级较复杂,稳定性较好,数据安全有保障。风险小。	与Oracle,DB2的性能有一定差距,并不十分兼容早期产品。
国内DBA队伍	很多	少	少	少	很多
易维护性和价格	价格较高,管理较复杂,性价比最好。	价格高,运行管理费用都很高。	价格是比较低,但是运行管理费用高。	价格居中,运行管理费用高。	管理费用比较低,价格很低。
数据库二次开发	开发容易	开发工具较少	开发工具较少	开发工具较少	开发容易

五、选择适合图书馆的数据库管理系统

在信息飞速发展的今天,数据库管理系统对于图书馆来说毋庸置疑能起到不可替代的重要作用。虽然目前数据库的功能都十分强大,但是不同数据库管理系统有不同的特点和性能,如何挑选一种适合基

层图书馆需求的数据库管理系统也是一个科学决策的过程。为了更好地驾驭这个决策过程,我们觉得至少应该做好以下几点。

（一）基本要求

1. 构造数据库的难易程度

需要分析数据库管理系统是否必须按照系统所规定的数据模型分析现实世界,建立相应的模型;数据库管理语句是否符合国际标准,符合国际标准则便于系统的维护、开发和移植,同时获得相关知识也相对容易;有没有面向用户易用的开发工具;所支持的数据库容量,数据库的容量特性决定了数据库管理系统的使用范围。

2. 性能分析

包括性能评估(响应时间、数据单位时间吞吐量)、性能监控(内外存使用情况、系统输入/输出速率、SQL 语句的执行,数据库元组控制)、性能管理(参数设定与调整)。

3. 并行处理能力

支持多 CPU 模式的系统(SMP,CLUSTER,MPP)负载的分配形式,并行处理的颗粒度、范围。

4. 可移植性和可扩展性

可移植性指垂直扩展和水平扩展能力。垂直扩展即要求新平台能够完全向下兼容即支持低版本的平台,数据库客户机/服务器机制支持集中式管理模式,这样保证用户以前的投资和系统;水平扩展要求满足硬件上的扩展,如支持从单 CPU 模式转换成多 CPU 并行机模式(SMP,CLUSTER,MPP)。

5. 数据完整性约束

数据完整性指数据的正确性和一致性保护,包括实体完整性、参照完整性、复杂的事务规则。

6. 并发控制功能

对于分布式数据库管理系统,并发控制功能必不可少。因为它面临的是多任务分布环境,可能会有多个用户点在同一时刻对同一数据进行读或写操作,为了保证数据的一致性,需要由数据库管理系统的并发控制功能来完成。

7. 保证查询结果一致性方法

数据锁的颗粒度(数据锁的控制范围,表、页、元组等)数据锁的升级管理功能、死锁的检测和解决方法等。

8. 容错能力

异常情况下对数据的容错处理。评价标准:硬件的容错,有无磁盘镜像处理功能软件的容错,有无软件方法异常情况的容错功能。

9. 安全性控制

包括安全保密的程度(账户管理、用户权限、网络安全控制、数据约束)。

10. 支持汉字处理能力

包括数据库描述语言的汉字处理能力(表名、域名、数据)和数据库开发工具对汉字的支持能力。

(二)需求决定数据库

1. 自动化管理系统

基层图书馆需要了解自身使用的自动化管理系统支持什么数据库管理系统,或者说对什么数据库管理系统支持最好。一般来说,基层图书馆起码应该考虑使用关系型数据库管理系统,因为关系型数据库系统具有较高的数据和程序独立性、为用户提供了方便的用户接口、系统具有灵活性和开放性等鲜明特点,与第三方图书馆整合十分方便,符合现代技术发展趋势。

2. 特色资源、特色服务

每个基层图书馆都会有自己的特色资源和特色服务。而且特色资源、特色服务的建设将是基层图书馆的建设重中之重。虽说“图书馆是知识的殿堂”,但是在殿堂中不仅仅是资源的堆砌,更重要的是合理的组织和有效的利用,要达到这个目标,就需要选择合适的数据库管理系统。有时看似严格按照自己的需求在 Access 上建立一个数据库就足够使用了,但是当你有特殊需要的时候,某些问题就会凸现出来,比如说对象资源存储支持、XML 支持、全文索引支持等需求。因此，我们在选择数据库管理系统时，要考虑自身已有的特色资源如何有效地、安全地存储并得到合理的利用以及提供的特色服务需要数据库如何有效的支持。

3. 数据量

"书"是图书馆的最重要的财富，读者是图书馆活力的源泉。图书馆有多少"书"、吸引了多少读者，就决定了数据库管理系统有多少数据需要存储管理。虽然基层图书馆藏书量、读者数量相对有限，但是长时间的累计数据量也不容忽视。因为不同数据规模对于不同的数据库系统有着不同的效率。不同的数据库系统对数据的规模有着不同的支持方式。还需要考虑数据索引方式、索引效率以及系统提供统计报表的支持程度。

4. 服务模式

不少图书馆采取6×9小时服务模式，但是随着图书馆业务的发展，服务方式的拓展，如电话服务、手机平台、Web服务和自助服务等。7×24小时"不夜图书馆"服务模式是大势所趋。不同的服务模式，对数据库系统的性能有着不同的要求。6×9小时还好，每天有关机或停机维护时间，有问题大可以在非开馆时间解决。如果采取7×24小时则完全不一样。轻易停机都会影响服务质量。这就要求数据库系统具有较高的稳定性（包括数据库系统所使用的操作系统的稳定性）和容错能力，能保证长时间数据库系统正常、高效的运行。同时，要求数据库系统具有可靠的备份（如在线备份）和可控的灾难恢复策略。

（三）成本

使用成本包括购买成本和管理维护成本。

1. 购买成本

一般来说，基层图书馆无需购买大型数据库。因为大型数据库的许可价格通常出奇的高昂。目前，商业数据库系统琳琅满目，而其价格也大相径庭。即使是同一品牌也存在不同发布版本、不同使用规模的价格差异。以ORACLE数据库为例：1CPU的Standard Edition价格大约在10万元左右，而1CPU的Enterprise Edition价格为20多万。如果推算出预算的话，应该选择合适的数据库系统也许就不难。

2. 使用成本

使用成本有应用成本、管理维护成本。

(1)应用成本指使用数据库所需的服务器、存储设备等。

(2)管理维护成本包括人工成本和第三方维护服务。

数据库有个重要的组成部分：数据管理员，因此使用数据库需要配置数据管理员。不同数据库系统的操作与管理有着不同的难易程度。不难想象，操作较复杂的数据库系统管理员成本较操作简单的数据库系统管理员成本相对较高。是完全购买维护服务还是自己培养数据库管理员等都需要考虑。一般来说，为了保障数据安全需要购买原厂的技术支持服务，如ORACLE数据库的原厂技术支持服务一般按购买时价格的10%收取年费。在作数据库的备份与恢复时也可以考虑是否购买第三方的备份恢复工具软件。

六、数据库的备份、恢复与优化

(一)备份

在数据库运行过程当中，不可避免地会出现诸如人为操作错误、硬盘损坏、电脑病毒、断电停电或其他灾难，这些都会对数据库的正常使用和数据的正确性造成冲击，甚至破坏数据库本身，导致部分数据或是全部数据的丢失。而数据库的备份技术在于建立冗余数据即备份数据，在灾难后可以使用备份数据进行恢复。

数据库备份一般分为冷备份与热备份。

1. 冷备份

如果备份时数据库不能被应用访问的备份方式称为冷备份。冷备份可以通过关闭数据库后，进行文件拷贝实现备份。离线数据库备份最简单，也是被认为是有效的备份技术。但是关闭数据库停下来进行备份，这种方式对7×24小时运行模式显得不切实际。

目前一些文件系统和卷管理器支持数据快照。如果通过快照技术制作出一个基于数据库所有文件的快照，那么数据库只需要在快照初始化的一瞬间是静止的即可,而这一瞬间的时间完全可以忽略不计。利用快照中数据进行备份。因此,利用快照技术进行冷备份时数据库也可以是在线的,而且能够保证数据拷贝的一致性。

2. 热备份

如果备份时数据库可以被应用访问的备份方式称为热备份。热备份有两种基本技术即逻辑热备份和物理热备份。

逻辑热备份是指不关闭数据库的情况下,拷贝数据库的逻辑数据单元。大多数数据库管理系统都支持逻辑热备份。例如:Oracle 数据库的 exp、rman 工具和 Sybase 数据库的"dump database"命令。在 Oracle 数据库中,exp、rman 工具都可以只备份某些个表或表空间的数据。逻辑数据库备份的主要缺点会导致系统性能大大地降低。因此选择此种备份方式时尽量选择系统空闲时段进行。

物理热备份是指不关闭数据库的情况下,拷贝存储设备或是存储逻辑单元的数据库文件。数据库的数据文件并不能随时进行拷贝,因为数据库始终在不断地刷新这些文件。因此要确保一个具有一致性的系列文件备份,数据库必须处于一个静止状态,即没有事务提交,也没有缓存的数据需要写到存储中。当然在数据库备份时,数据库是不可用的,这样的结果与离线数据备份基本相同。如在 Oracle 数据库中,备份某个数据文件时可以将该文件置成只读模式而保证数据库某些文件处于静止状态。

(二)恢复

数据库恢复一般分为完全恢复和不完全恢复。

1. 完全恢复

完全恢复是包括将数据库恢复到最近时间点而没有数据丢失的恢复。要保证完全恢复数据库一般要求有数据库存档日志。如在 Oracle 的完全恢复时,应用了 Oracle 归档日志和联机重做日志中所有的修改。

2. 不完全恢复

不完全恢复将数据库恢复到某个时间点,在该时间点前允许您丢失一些数据。顾名思义,这是部分恢复。完全使用冷备份的系统恢复一般都是不完全恢复。更普遍的是介质损坏等情况下出现的不完全恢复。

（三）优化

数据库优化的目的是避免磁盘 I/O 瓶颈、减少 CPU 利用率和减少资源竞争。通常可以通过对硬件升级、操作系统、数据库和应用程序的优化来进行。

1. 硬件升级

最常见的优化手段就是硬件升级。通过对网络设备、硬件设备的升级改造,提升数据库性能。如 CPU 处理能力、机器内存等措施。

2. 操作系统

数据库管理系统一般都会推荐一种特别适合该数据库管理系统的操作系统平台,在推荐的操作系统平台上能发挥出更优良的数据库系统性能。如 Oracle 数据库管理系统在 Unix 环境下能发挥更好的性能。

操作系统的参数也影响数据库的性能。在安装数据库系统时,一般都有调整操作系统参数的要求。如 Oracle 在 AIX 环境下 min_perm% 、max_perm% 等参数设置不当,将导致操作系统的 Paging Space 消耗过大,严重影响性能。

3. 数据库系统

数据库优化包括:数据库部署、数据库参数设置等。

数据库部署时,主要考虑的因素是尽量降低 I/O 消耗。如将不同数据表分布在数据文件上;将表和索引部署在不同的数据文件上;不同数据文件尽量部署在不同的物理磁盘上。

数据库参数直接影响数据库性能。因此需要了解数据库不同参数的含义、影响以及设置方法,更重要的是设置成何参数值。一般来说,数据库管理系统本身参数、软硬件环境以及构建在数据库上的应用系统等有关系。因此参数设置不会一蹴而就,而是需要根据数据库长时间运行后的数据收集,逐步调整数据库相关参数。通常数据库系统都会提供分析工具,为更好地管理优化数据库系统提供有效帮助。如 Oracle 数据库系统的 Statspack,根据其报告,可以对 Oracle 一段时间的性能给出一个详尽的报告,针对报告可以做出数据库参数的调整。

4. 应用程序

应用程序的优化通常可分为两个方面:源代码和 SQL 语句。

由于涉及对程序逻辑的改变,源代码的优化在时间成本和风险上代价很高,而对数据库系统性能的提升收效有限。

优化 SQL 语句的方法有:合理使用索引和通过手工重写来对 SQL 语句进行优化。

索引是数据库中重要的数据结构,它的根本目的就是为了提高查询效率。索引的使用要恰到好处。其使用原则有:在经常进行连接,但是没有指定为外键的列上建立索引;在频繁进行排序或分组(即进行 group by 或 order by 操作)的列上建立索引;条件表达式中经常用到的不同值较多的列上建立检索;如果待排序的列有多个,可以在这些列上建立复合索引;根据数据特点建立不同的索引类型,如使用 Oracle 数据库,在针对读者类型等可列举字段值的字段上建立 BITMAP 索引;当数据库表更新大量数据后,需要删除并重建索引,因此建议数据表定期进行索引重组。

DBA 或资深程序员通过对 SQL 语句执行计划的分析,依靠经验,尝试重写 SQL 语句,然后对结果和性能进行比较,以试图找到性能较佳的 SQL 语句。但是这种做法无法找出 SQL 语句的所有可能写法,且依赖于人的经验,非常耗费时间。

第四节　图书馆自动化管理系统

一、系统架构

(一)技术架构

我国图书馆自动化系统的研究始于 20 世纪 70 年代中期,当时是针对国外引进的单功能系统进行研究与改进。20 世纪 80 年代中期，为摆脱对国外系统与设备的依赖，开始大力加强集成系统的研制。但其技术发展在相当长时期内还停留在单机和局域网应用阶段。直至 20 世纪 90 年代中后期，国内图书馆自动化系统才逐步采用了多层客户机/服务器(C/S)体系结构，将大规模的事务处理分散到多个硬件平台之上，便于系统的灵活配置与高效运行，均衡调配硬件资源、有效进行本地质量控制。近几年，又出现了以 B/S 为导向的系统架构模式，该模式有集中控制、便于管理、维护成本低、远程操作等优势，但该模式在某些应用中也有其局限性，随着应用功能的增加，其中间层 Web 服务器的工作将越来越多，负载不断加重，加之系统安全、开发效率等方面的因素，单纯的 B/S 或 C/S 架构已不能完全满足图书馆管理系统的需求，因此以基于组件对象及应用服务器的 B/W-A/D/A/C(即 Browser/WebServer-ApplicationServer/DataServer/ApplicationServer/Client)多层分布式开放型架构模式正在突起。

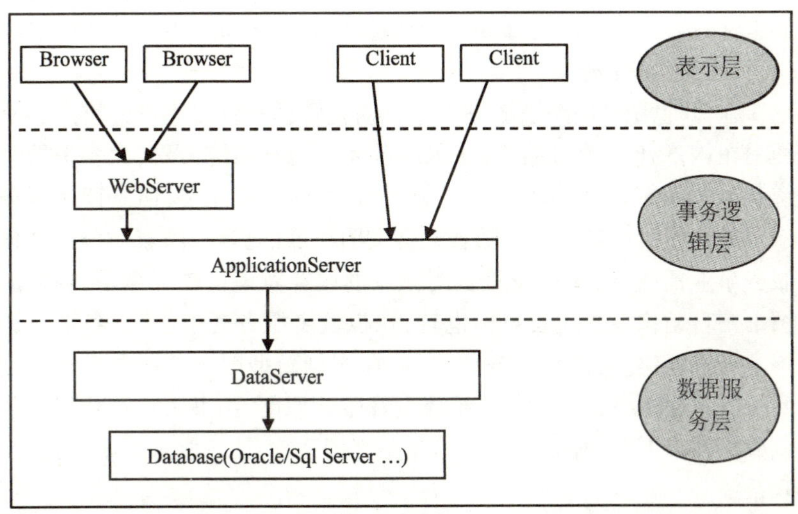

表示层:用户界面部分。主要是实现用户与应用服务器逻辑处理结果的通信。

事务逻辑层:Web 服务器和应用服务器部分。

数据服务层:数据服务器部分,为应用提供数据来源。

这种体系结构具有以下优点:

(1)能将业务的处理分散到不同的服务器上。将业务分成若干功能模块,各个部分独立实现功能,同时相互协同工作,用户界面、事务逻辑、数据逻辑、数据库分布在网络中的不同节点,这样的处理过程在时间上各个模块可以并行处理,提高了效率,在空间上分布在不同的节点处理,分散了各个节点的压力,使得整个系统能承受更大业务量的处理。

(2)系统的可扩展性好。因为应用服务器可以是分布的多个服务器,系统可以自动调节各个服务器之间的负载平衡,客户端并不需要关心访问的是哪一个服务器,对于更大业务量的需求,系统可以很容易的无限制的扩展。

(3)应用的可重用性和可维护性好。系统按照组件开发的模式进行,每个组件完成一个单一的功能,同时可以互相调用,使得相同功能的组件只需一次编码,代码的可重用性好。

(二)功能架构

在 20 世纪 90 年代初,图书馆自动化管理系统的建设的重点还是图书馆内部业务的自动化,从国内各大自动化系统来看,大多采编系统和流通系统的架构都搭建得很不错,功能也很完善,但是读者服务系统的功能就比较单薄。随着社会文明程度的提高、国家对公共文化服务事业的投入,图书馆馆员对读者的服务意识也越来越强,相应的图书馆自动化系统建设目标也转为“以读者服务为中心”。各图书馆均本着多元化、人性化服务的原则,探索创新型图书馆服务模式。因此根据现代图书馆自动化系统建设及服务原则,图书馆自动化管理系统应包括以下 3 大部分:图书馆业务管理系统、读者服务系统、馆际互联系统。

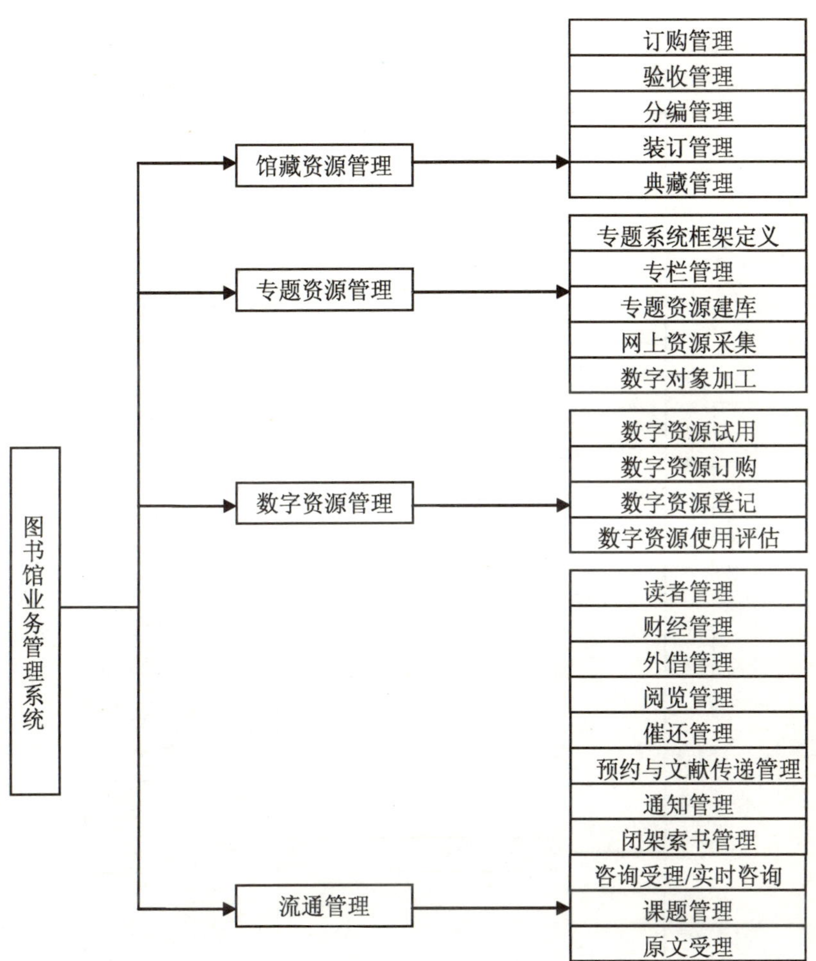
图书馆业务管理系统
馆藏资源管理
订购管理
验收管理
分编管理
装订管理
典藏管理
专题资源管理
专题系统框架定义
专栏管理
专题资源建库
网上资源采集
数字对象加工
数字资源管理
数字资源试用
数字资源订购
数字资源登记
数字资源使用评估
流通管理
读者管理
财经管理
外借管理
阅览管理
催还管理
预约与文献传递管理
通知管理
闭架索书管理
咨询受理/实时咨询
课题管理
原文受理

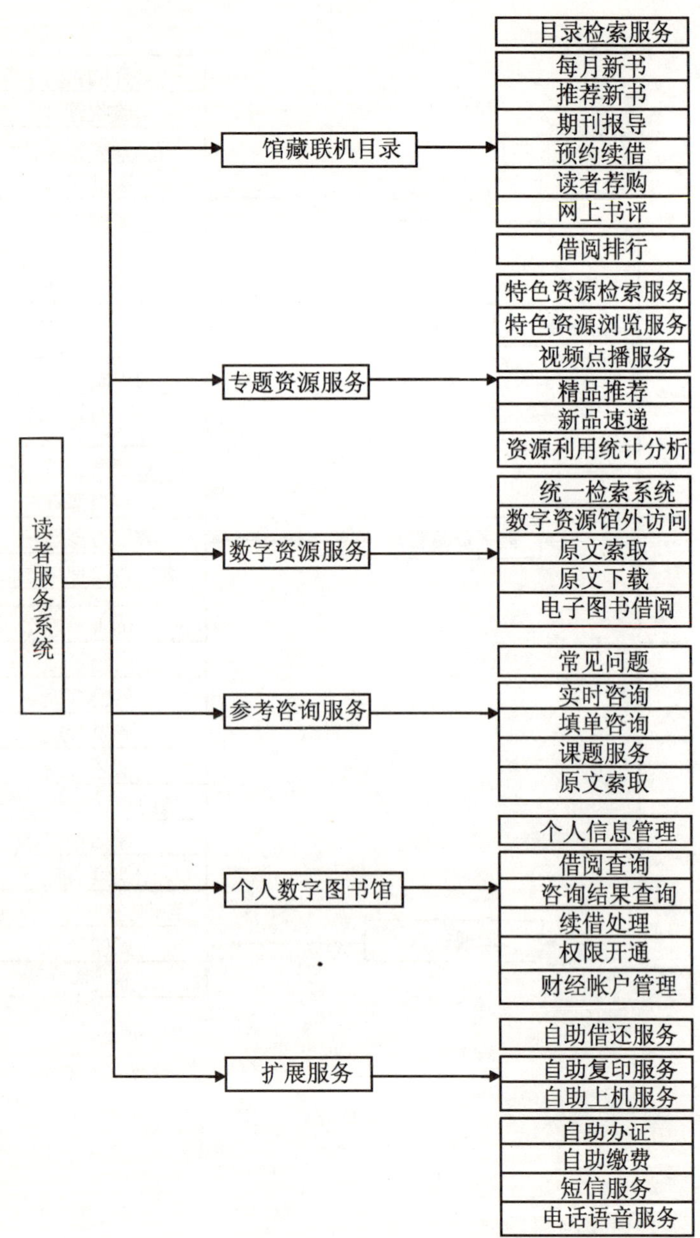

读者服务系统
馆藏联机目录
目录检索服务
每月新书
推荐新书
期刊报导
预约续借
读者荐购
网上书评
借阅排行
专题资源服务
特色资源检索服务
特色资源浏览服务
视频点播服务
精品推荐
新品速递
资源利用统计分析
数字资源服务
统一检索系统
数字资源馆外访问
原文索取
原文下载
电子图书借阅
参考咨询服务
常见问题
实时咨询
填单咨询
课题服务
原文索取
个人数字图书馆
个人信息管理
借阅查询
咨询结果查询
续借处理
权限开通
财经帐户管理
扩展服务
自助借还服务
自助复印服务
自助上机服务
自助办证
自助缴费
短信服务
电话语音服务

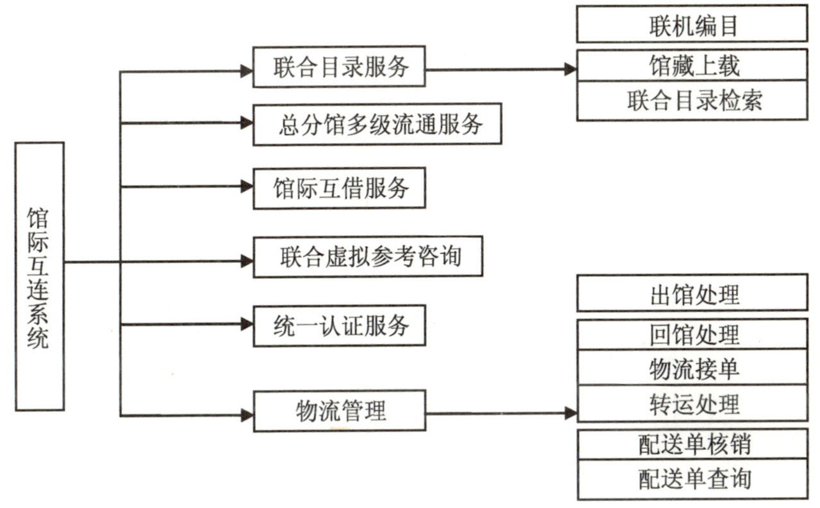

二、数据组织

图书馆自动化管理系统所管理的数据主要包括:元数据、对象数据、业务数据、事务日志数据,系统针对这些数据特点及其之间的关系,进行分类分层管理。

(一)元数据

图书馆管理系统中的元数据一般指书目元数据和描述数字对象的元数据。元数据是整个系统的核心。为了能更好地揭示信息的层级关系,对于多卷图书或期刊或分章节的电子图书,增加了卷期和篇目这两种特殊元数据信息。卷期数据与书目元数据结合起来,能更深层地揭示卷期对象的层级特

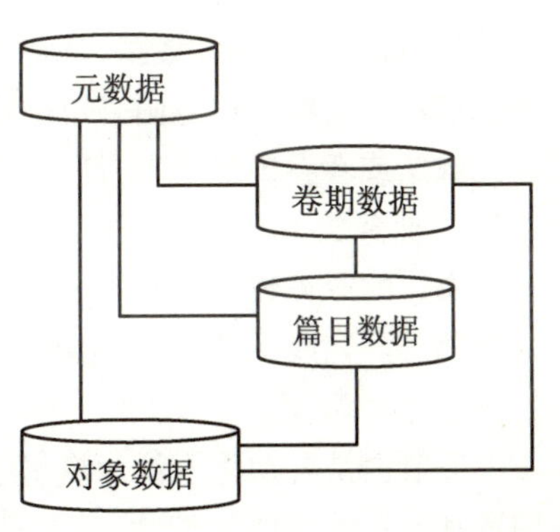

性。篇目数据属于分析层的元数据，建筑在元数据或者卷期层面上。他们之间的关系如上页图。

（二）对象数据

图书馆自动化管理系统除了管理实体的文献资源，如图书、期刊、光盘外，还要管理大量的数字化的资源，如电子图书、期刊篇目、封面页、目次页、专题图片、视频资料等，这些被管理的对象与描述它的元数据之间的关系如下：

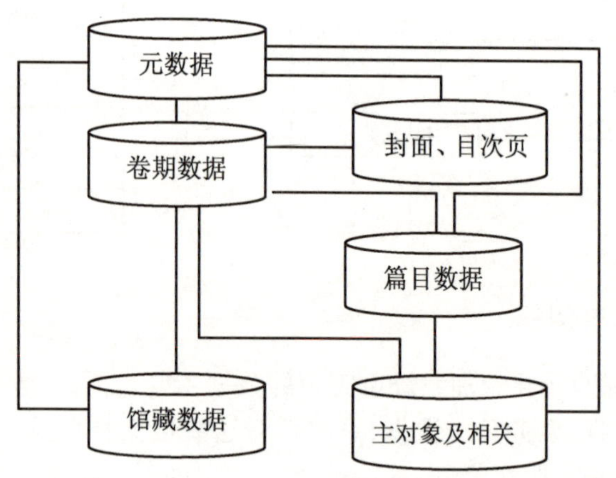

对象数据结构图

封面、目次页为图片数据，是特殊的对象资源，是对元数据和卷期的补充揭示。馆藏数据是图书馆进行典藏和文献服务的基础数据，建筑在元数据或者卷期层面上，是一种实体型的对象数据。

（三）业务数据

图书馆的业务数据包括：采访业务、报订/荐购业务、读者服务请求、财经数据、咨询课题、咨询结果、书评、短信/E-mail 数据等。

（四）事务数据

事务数据是自动化系统对资源、读者、请求所发生的时间、地点、费用及其他相关事项的记载，是统计分析的依据。如典藏事务、读者办证事务、流通事务、分编事务、财经交易事务。

(五)辅助数据

为了方便快捷高效地处理图书馆业务,通常图书馆管理系统会建立一些辅助管理的数据库,如分类主题词表、专栏库、机构库、书次号库、规范文档等。

三、应用标准

对于图书馆自动化管理系统来说,标准化程度是考察其性能的一个重要标杆,也体现了系统开放性的程度。图书馆应用的标准一般包括数据标准、通讯标准、编码标准、协议标准等。

(一)数据标准

1. 元数据标准

(1)CNMARC 标准

CNMARC 是中国机读目录(China Machine-Readable Catalogue)的缩写,是中华人民共和国文化行业标准。用于中国国家书目机构同其他国家书目机构以及中国国内图书馆与情报部门之间,以标准的计算机可读形式交换书目信息。CNMARC 的逻辑记录由记录头标区、地址目次区、数据字段区以及记录结束符 4 部分构成,是依据 UNIMARC 而编写的,但不是对 UNIMARC 的简单照抄照搬,而是中国化的 MARC 格式;它根据信息资源的发展和用户需求增加或删减了一些字段和附录,在编排格式和体系结构上,它不仅遵循我国国家标准的编写法,而且兼顾了 MARC 格式的特殊要求。CNMARC 最大限度地方便了国内外书目信息的交换与共享。

(2)MARC21

MARC21 是以机读形式表示和传输书目记录和相关信息的标准。它并不是一个新的格式,而是为适应各类型文献记录在不同系统间的交换以及实现格式一体化的需要而产生的。它由美国国会图书馆与加拿大国家图书馆联合编写,是一个将 USMARC 和 CAN/MARC 相融合的 MARC 格式,是两者的延续。MARC21 共有 5 种执行格式,即:

MARC21 书目数据格式、MARC21 馆藏数据格式、MARC21 规范数据格式、MARC21 分类数据格式和 MARC21 社会信息格式。

（3）DC 标准

DC 元数据即都柏林核心（Dublin Core）元数据，是由美国 OCLC 和 NCSA（National Center for Supercomputing Applications）发起的国际性合作项目 Dublin Core Metadata Initiative（DCMI）设计，由参与合作项目的机构共同维护修改。DC 由 15 个元素组成，每个元素后面还可以加限定词（Qualifier）。依据其所描述内容的类别和范围，这 15 个元素可分为 3 组。

表 2－2　DC 组成元素表

资源内容描述类元素	知识产权描述类元素	外部属性描述类元素
题名（Title）	创建者（Creator）	日期（Date）
主题（Subject）	出版者（Publisher）	类型（Type）
描述（Description）	其他贡献者（Contributor）	格式（Format）
来源（Source）	权限（Rights）	标识（Identifier）
语言（Language）		
关联（Relation）		
覆盖范围（Coverage）		

目前 DC 元数据已包括由扩展元素、元素修饰词、编码体系修饰词、抽象模型、应用纲要等一系列规范组成的标准体系，成为一般性资源描述，特别是互联网语义信息描述（Semantic Web）的基础性规范。

2. 数字对象

指有关数字对象存档格式及存档质量的标准。制定数字资源加工标准所涉及的技术因素主要包括：文件格式（File Format）、扫描精度

(Resolution)、位深(Bitdepth)、颜色模式(Color Mode)、压缩算法(Compression)与压缩率以及图像处理(Image Processing)。

资源数字化的目的一般分为两种:保存/典藏、使用/访问。也就是说数字图书馆项目以对资源长期保存和网上交流为主要目的,据此,目前国内外图书馆进行资源加工时通常为每一原件建立3到4种不同级别的数字文件,其级别通常划分为:档案典藏级、放大浏览级、一般浏览级、快速预览级、文献研究级。

(1)档案典藏级:档案保存及必要时出版印刷用,不放在网上发布。可作格式转换和复制的母本。

(2)复制加工级(文献研究级):是加工复制各种精度、大小的屏幕浏览的母本文件。

(3)放大浏览级:供普通读者网上访问,可下载和打印。屏显尺寸相对较大。

(4)一般浏览级:供普通读者网上访问,可任意下载和打印。通常以屏显尺寸为度。

(5)快速预览级:缩略图。

对于视频资源,加工时也应根据不同的使用目的及范围而划分不同的加工等级,如:档案典藏级、局域网/光纤访问级、宽带访问级、片段/关键帧、缩略图等。

(二)字符编码标准

Unicode字符集:Unicode是对国际标准ISO/IEC10646编码的一种称谓,亦称大字符集。Unicode是一种定长的2字节(或4字节)多文种字符集编码。它试图涵盖现有的有关国家和地区的编码标准,如GB2312,CNS11643,JIS 0208和KSC 5601等。Unicode可以表示混合文字资料。对于处理各种文献资料的图书馆管理系统来说,Unicode标准是其必选的字符编码标准。

(三)数据格式标准

1. ISO2709格式

ISO2709是MARC的一种标准。MARC是Machine Readable

Catalog(ue)的缩写,意即"机器可读目录",即以代码形式和特定结构记录在计算机存储载体上的、用计算机识别与阅读的目录。MARC 可一次输入,多次使用,是信息技术发展和资源共享要求的产物。作为一种计算机技术发展早期形成的数据格式,这一格式在定义时比较充分地照顾到图书馆书目数据在文献形式描述、内容描述、检索等方面的需要,表现为:字段数量多、著录详尽、可检索字段多、定长与不定长字段结合、灵活实用,它保留了主要款目及传统编目的特点,扩充修改功能强,并能在实践中不断发展完善。

2. XML 格式

XML 是现代信息交换的世界语,它是 1998 年由 W3C 发布的一种基于 SGML 的通用数据描述语言标准。利用文本来表述数据结构,能够描述非常丰富的数据之间的关系。XML 的标签名和关系可以由用户自由定义,用户还可以自由定义 XML 标签的层次结构,所以 XML 允许用户自己定义特定标记集合,形成一个满足特定需求的符号化语言。可以说,XML 是"定义语言的语言",也即是一种元语言。XML 具有非常强大的描述能力,理论上 XML 可以描述任何对象,从文本数据到音频视频数据,无所不包;XML 还可以跨平台应用,能被各种平台上的应用系统所理解,同一数据可以被不同平台,不同应用系统兼容,进行多种目的的处理。此外,XML 体系下,用户界面和结构化数据将彼此分离,允许不同来源、异构的数据无缝集成。因此,XML 可以作为各种异构系统和各种应用系统间的通用数据交换格式。

(四)交互协议标准

1. Z39.50 协议

Z39.50 协议是开放系统互连信息检索应用服务定义和协议规范。它是一个基于客户机/服务器模式下的信息检索协议,它规定了客户机和服务器之间进行信息交换的格式和过程,由此解决信息源异构检索问题,规范信息检索的接口和检索手段。Z39.50 协议主要用于:联机编目系统、联合目录系统、统一检索系统、数据收割系统、馆际互借系统等应用领域。

2. ISO ILL 协议

ISO ILL 协议是一套馆际互借的语言标准，用来规范文献借入系统（请求方）和文献提供系统（应答方）之间交流行为的准则。该协议由两部分组成：ISO 10160（服务定义）给出 ILL 协议提供给应用者的各种服务；ISO 10161（协议说明）对参加 ILL 系统的两方或多方之间的行为标准给出描述。

3. NCIP 协议

NCIP 协议是美国标准局为了促使网络环境中异构图书馆系统相互交换流通信息、实现开放流通处理而提出的协议（NISO Z39.83），它定义了不同图书馆计算机系统之间交换流通信息应遵循的一套消息指令及相关的语法语义规则。NCIP 协议目前主要的应用领域：图书馆自助服务（Self Service）、区域内图书馆联合借阅服务（Direct Consortial Borrowing）、馆际互借请求服务（ILL）。

4. SIP2 协议

SIP2 协议是图书馆自助借还服务协议。提供了图书馆自动化设备与图书馆流通系统之间的数据交互标准接口，该协议最初是图书馆自动化系统与 3M 自助借还系统间的交互接口，随着图书馆自动化程度的加深，它被发展成为一个标准协议。SIP2.0 版（即 SIP2）定义了 16 对消息对，可通过 Telnet、TCP/IP 实现自动化设备与图书馆系统间的信息交互。

5. LDAP 协议

轻量级目录访问协议，实现身份认证、资源访问控制。近几年，随着 LDAP 技术的兴起和应用领域的不断扩展，目录服务技术成为许多新型技术实现信息存储、管理和查询的首选方案，特别是在网络资源查找、用户访问控制与认证信息的查询、新型网络服务、网络安全、商务网的通用数据库服务和安全服务等方面，都需要应用目录服务技术来实现一个通用、完善、应用简单和可以扩展的系统。

(五)RFID 标准

表 2-3 RFID 主要频段标准及特性

	低频	高频 HF		超高频 UHF	微波
工作频率	125—134KHz	13.56MHz	JM 13.56MHz	800—900MHz	2.45—5.8GHz
读取距离	1.2m	1.2m	1.2m	4m	15m
速度	慢	中等	很快	快	很快
潮湿环境	无影响	无影响	无影响	影响较大	影响较大
方向性	无	无	无	部分	有
现有 ISO 标准	11784/85,14223	18000—3/14443	18000—3/15693	EPC C0,C1,C2,G2 18000—6C	18000—4

四、关键技术

(一)识别技术

1. 条形码技术

条形码技术包括条形码编制规则,条形码译码技术,条形码印刷技术,数据通讯技术等,它是一门综合技术。任何一种条形码都是按照预先规定的条形码编码规则和有关技术标准,由宽度不同、反射率不同的条和空组合而成。即条形码是一组粗细不同,按照一定的规则安排间距的平行线条图形。常见的条形码是由反射率相差很大的黑条(简称条)和白条(简称空)组成的。条形码按码制分类有:UPC 码、EAN 码、交叉 25 码、39 码、库德巴码、128 码、93 码、49 码等,过去图书馆比较常用的条形码是 39 码,但随着馆际间交互越来越多,彼此间的合作程度加深,各馆的图书条码信息都被扩充,相应的其长度也被加长,考虑到 128 码对长条码的识别优势,因此,越来越多的图书馆开始采用 128 码。

2. RFID 技术

RFID 无线射频识别是一种非接触式的自动识别射频技术，它通过射频信号自动识别目标对象并获取相关数据，识别工作无须人工干预，可工作于各种恶劣环境。RFID 技术可识别高速运动物体并可同时识别多个电子标签，操作快捷方便。RFID 标签根据频率的不同可分为低频电子标签、高频电子标签、超高频电子标签和微波电子标签。在图书馆领域，比较常用的 2 种标签是：高频 13.56MHz 和超高频（800—900MHz）的无源标签。

（二）流媒体技术/负载均衡技术

流媒体指在 Internet/Intranet 中使用流式传输技术的连续时基（TimeBase）媒体，如：音频、视频等多媒体文件。流式媒体在播放前并不下载整个文件，只将开始部分内容存入内存，数据流随时传送随时播放。流媒体实现的关键技术就是流式传输。与单纯的下载方式相比，这种对多媒体文件边下载边播放的流式传输方式不仅使启动延时大幅度地缩短，而且对系统缓存容量的需求也大大降低。

目前通用的流媒体服务平台有 Helix 、Windows Media Service 等，支持多服务器集群、多中心分布式等组网方式，同时也支持多种授权策略。

（三）全文索引技术

全文索引是指索引程序通过扫描文章中的每一个字、词，对每一个字或词建立索引，指明该字（词）在文章中出现的次数和位置，以响应用户的多种查询需求。目前有通过数据库系统实现基本的全文检索功能，也有通过专门的全文检索系统实现文章的章节、段、句位置检索及关系检索等高级全文检索功能，如国内的 TRS 全文检索系统、慧聪全文检索系统都属于专用的全文检索系统。

在图书馆管理系统中，全文索引技术不仅用于对文本数字对象的内容检索，也可通过对系统中的元数据建立全文索引，从而实现元数据的任意词检索、字段检索等功能。

（四）统一检索技术

数字环境下的图书馆统一检索技术旨在探索实用化的图书馆资源整合解决方案，包括图书馆的馆藏资源、联合目录资源、自建专题资源以及从数据库商购买的各种数字资源。统一检索技术平台应采用统一的检索界面和检索语言，除提供馆藏目录、目次、文摘、全文、图片等信息的检索外，还应与图书馆的各类应用系统相结合，如OPAC系统、馆际互借系统、原文传递服务系统、参考咨询系统、统一认证系统，为读者提供更便捷、更贴切、更人性化的服务。目前，统一检索技术通常采用以下几种方法：

(1)通过数据库接口软件与不同的数据库直接连接，如ODBC和JDBC等。在同时检索的数据库数量较少时，使用此技术可在一定程度上解决异构检索问题，但数据库达到一定数量时，处理速度很难保证。

(2)通过对元数据的收集整理，安装在本地系统中，形成本地的大型元数据仓储。这种方式的优点是，经过收集转换后的元数据不仅格式统一，而且结构清晰，可以按照需求建立各种分类体系，或者按照更高级的知识本体对数据进行再组织和管理。但缺点是对于类型不同、分布广泛、更新频繁的数字资源，很难做到及时、准确地将数据收集齐全。

(3)运用元搜索引擎的基本原理，利用数据库的Web客户端进行统一检索。这种方法的缺点在于需要对各个数据库的Web处理接口进行详尽分析，若其中某个数据库的Web处理接口发生改变则需重新设计，接口的稳定性较差。

(4)利用专业的检索协议，如Z39.50协议，对异构数据库进行统一检索，这种技术的优点是能提供读者完整的目录资料，检索接口稳定，能快速实现资料传输，但缺点是要求掌握复杂的专业检索协议，而且要求所检索的资源必须提供对应的标准检索协议服务。

现有的大部分跨库检索系统都是以这4种方法为基础设计的，每种技术都有自己的优势和局限性。根据图书馆资源的内容特性和发布特性，单纯选用其中一种跨库检索技术是不能完全满足资源的整合服务需求的,必须结合多种检索技术。对于具有 Z39.50 服务的数字资源,如图书馆馆藏资源、自建数字资源、联合目录资源等,都提供了标准的 Z39.50 服务,因此优先采用 Z39.50 网关整合检索技术;而对于那些仅提供 Web 检索服务的网络数据库,则采用基于 HTTP 协议的 Web 页面分析技术。通过这两种技术的紧密结合,对各种电子数据库及专业网络数据库进行综合分析、统一控制,实现多个 Web 服务器和 Z39.50 服务器的广播检索。

在应用统一检索技术实现资源的统一发布的同时,针对图书馆的应用特点,应结合利用各种资源定位协议(如 HTTP、OpenURL、DOI 等),在授权允许的情况下,对于提供开放式链接的电子资源,在展示元数据的同时,提供原文链接点,通过 OpenURL 技术直接链接到具体的全文数据或其他原始对象,方便读者联机获取。

(五)统一认证技术

目前常用的 2 种统一认证技术是统一认证和单点登录。

统一认证方式是由一个固定的 WebService 给各个子系统提供认证接口,但各子系统的认证系统仍然各自独立。一个子系统的登录会话超时了,不会影响到另一个子系统的会话。

单点登录方式:各子系统均采用同一个认证接口进行认证,所有子系统的会话也是同步的,一旦超时则全部超时。单点登录的技术难点是各应用系统间怎么实现会话同步问题,目前比较简单实用的方法是通过设定 Cookie 域来共享同一个域内不同系统的会话信息。

(六)短信技术

随着短信技术的发展,图书馆在不同应用方面都需要应用短信技术为读者提供服务。目前常用的短信技术有两种:

(1)通过短信猫(Modem)和手机卡(SMS)直接发送,该种方式实现起来比较简单,价格也比较低廉,对于短信服务量不是特别大的基层图书馆来说,这是首选方式。

(2)与通讯运营商(SP)合作,建立短信收发网关,所有的收发请求直接与运营商的短信网关对接。该种方式的建设、开发成本相对于第一种来说要高，但是通讯更稳定、发送速度较前一种快，有利于图书馆短信的批量处理。另外信收发网关的优势是，可监控短信的发送状态报告，以便对未成功发出的信息进行后处理，保证图书馆短信服务系统的稳定可靠。

（七）电话语音技术

图书馆电话语音服务技术一般包括2种：静态语音技术和动态语音技术。静态语音是指预先录制好的一个个语音文件。动态语音是通过硬件（语音卡）或软件动态合成的语音数据流。不管是静态语音还是动态语音，都要通过语音卡转换为电信号发送给远程用户。

作为语音关键技术的语音合成又称“文语转换”，就是让计算机把文字朗读出来。虽然语音卡也能实现文语转换功能，但大部分的合成结果比较生硬。要想更好的实现语音合成，必须利用大量的语音素材，因此，通过应用软件，调用语音素材后合成的效果会比语音卡更佳。

Web2.0技术

AJAX技术：AJAX（Asynchronous JavaScript and XML）是多种技术的综合，它使用XHTML和CSS标准化呈现，使用DOM实现动态显示和交互，使用XML和XSTL进行数据交换与处理，使用XMLHttpRequest对象进行异步数据读取，使用Javascript绑定和处理所有数据。更重要的是它打破了使用页面重载的惯例技术组合，可以说AJAX已成为Web开发的重要武器。目前Internet上涌现了大批基于AJAX技术的开发框架，使用他们可以轻而易举地构建出外观与C/S应用程序及其相似的Web应用。

DIV+CSS网页设计技术：内容和形式分离，网页前台只需要显示内容就行，形式上的美工交给CSS来处理。生成的HTML文件代码精简，文件更小、打开更快。这个是DIV+CSS技术最显著的特点，也是CSS存在的根源。它完全颠覆了传统的Table网页设计技术。所有现在用Table制作的内容，都可以用CSS来替换掉，而且更完美，更强大。不需要再表格套表格，只需要用DIV套DIV就可以实现以往所有的美工，而且生成的网页文件大小更精简，其网页文件大小可以比使用 Table 时减少 50%—80%。另外使用 DIV + CSS 技术设计的网站，在改版时更简单容易，不用重新设计排版网页，甚至不用改动原网站的任何 HTML 和程序页面，而只需要对 CSS 文件作改动就可完成改版要求。对于门户网站来说改版就像换衣服一样简单容易。

五、系统功能

（一）图书馆业务管理系统

1. 馆藏资源管理

馆藏资源建设是图书馆的基础业务系统，即传统意义上的图书馆自动化管理，包括图书/期刊/数字出版物的采访、编目、典藏系统。系统按照书目、卷期、馆藏的 3 层结构组织馆藏资源，将图书馆传统的采编管理纳入数字图书馆应用功能体系，以实现图书、期刊、全文、图片、视频等多种类型资源的一体化，特别是电子资源的一体化建设，同时融合相关资源揭示、数字化书刊推介、读者荐购处理等功能。这种多类型资源的整合建设方式，将为图书馆资源的一体化服务打下良好的基础。它包括以下基本功能。

（1）订购管理：征订目录管理、订购处理、成员馆报订数据处理、读者荐购回复。

（2）验收管理：验收处理、期刊记到处理、期刊快速记到、现刊交接处理、核心期刊深层加工自动提醒。

（3）分编管理：分编处理、联机编目（Z39.50）、数据查重审校、数据质量控制（辅助分类和规范处理）、文献分析著录、数字对象（封面页、目次页、全文等对象）加载、书评加工、精品推介、全文索引抽取、新书通报收割。

（4）装订管理：期刊装订处理（自动装订/人工装订）、装订验收处理、装订交送。

（5）典藏管理：典藏管理系统包括典藏处理、自动多线入藏分配、出馆登记、回馆登记、期刊入藏、图书智能排架、图书清点等功能，其中图书智能排架系统是典藏系统的一个重点，它解决了图书馆传统手工藏书排架、取书归架、文献典藏等方面带来的服务瓶颈问题，它将图书位置以立体的层架标标识体系（楼层/区/巷道/架/面/层）揭示出来，改变图书馆以分类排架为主的“线性排架体系”，实现了文献典藏及排架的智能化管理。

自动多线入藏分配是依据图书馆馆藏分配原则，设定书目字段过滤参数，根据入藏优先级自动实现图书资源的多级典藏分配，如针对图书馆入藏原则，可形成由文献保障服务、专题阅览服务、大众服务等构成的藏书体系。

（6）统计输出：在各个业务处理环节，设置相应的产品输出及统计功能，如订购统计输出、验收统计输出、装订输出统计、编目统计输出、典藏清单及典藏统计、清点登记单、馆藏文献单及馆藏文献分类统计、文献利用统计、文献更新统计、日志统计、工作量统计等。

（7）数据接口：此模块提供系统各种数据的导入导出功能，如接收MARC/DC/定长格式元数据、接收图片数据、接收分卷型电子期刊数据、输出 MARC/DC/定长格式元数据等。

2. 专题资源管理：专题资源建设及管理是数字图书馆下新型资源整合、管理与服务的系统，它整合了多种数字处理和数字管理的新技术，如全文索引技术、图像处理技术、流媒体技术等，为数字资源建设与服务的一体化建设提供解决方案。

根据图书馆各专题资源的体系结构、专题资源之间的有机关系、专题资源与馆藏资源之间的相互关系，灵活搭建专题资源建设与服务体系，组成多个机构数字图书馆。按照资源库、专栏、元数据、对象数据的存取权限和服务范围限定，结合 IP 控制和读者身份控制，实现各类资源的个性化、动态、受控发布。它包括以下功能。

（1）专题图书馆框架定义：配置专题图书馆资源类型，通过专栏组织资源，根据对象资源的类型、格式、权限进行存储、发布规划。

（2）专栏管理：专题图书馆的专栏设置

（3）专题资源建库：元数据编辑、对象数据加载、联机编目处理、数据质量控制、馆藏文献利用。

(4)数字对象加工:批抽取图片特征数据(如抽取图片的发布图、索引图、发布图+水印等)、批生成元数据全文索引。

(5)网上资源采集:是一个独立的网上资源搜索、自动爬行、资源下载与保存、资源加工系统,是图书馆进行资源整合和参考咨询服务的重要工具。它由任务定制、采集服务、本地加工等模块组成。利用专题资源建设模块,将采集的结果上载到中心服务器,实现专题资源共建。

(6)专题统计输出。

(7)数据接口:包括各种类型的数据接收及专题数据的导出。

3. 数字资源管理

数字资源管理系统(ERM)是对图书馆所购买的数字资源从调研、试用、采购、登记、读者服务、使用评估等环节进行自动化管理。

4. 流通管理

流通管理系统实现多种服务方式、多种服务地域、多种服务内容的自动化管理。涵盖图书馆常见的各种读者到馆服务模式。包括分馆(社区、分校)流通模式、闭架借书模式、入室验证阅览管理模式、座位分配管理模式、自助式电子阅览室管理模式、单阅览室文献外借模式、文献利用登记等。同时针对文献的特点提供理想的现刊流通、附件流通解决方案。主要功能如下。

(1)读者管理:包括读者证事务管理、照片管理、读者权限分级管理。

(2)财经管理:对读者财经事务进行管理,如押金、预付款、罚款等的管理。

(3)外借管理:图书馆流通外借、阅览室专项外借、阅览室临时外借。

(4)阅览管理:读者阅览登记、座位管理、电子阅览室管理、打印管理、文献利用登记。

(5)预约与文献传递管理:图书馆流通外借预约管理、图书馆流通闭架借书管理、阅览室专项外借预约管理、阅览室闭架借书管理、馆外流通点文献传递管理。

(6)通知管理:针对读者请求的受理情况及读者的借阅情况,形成各类通知事务,通过短信平台及E-mail方式向读者发送。如预约/预借通知、闭架借书通知、文献到期(催还)提醒等。

(7)参考咨询:咨询受理、课题管理、实时咨询、原文受理。

(8)输出:读者清单、读者证、读者欠款单、读者押金单、读者借阅单、读者违章单、读者借阅历史明细表、文献借阅历史明细表、文献服务请求历史明细表、流通文献传递历史明细表、读者证事务历史明细表、工作人员收款明细表、读者阅览历史明细表、文献阅览历史明细表。

(9)统计:读者分类统计、读者借阅分析、读者增长统计、读者借阅量统计、文献借阅统计、读者借阅统计、文献还回统计、流通财经统计、读者阅览统计、文献借阅排行榜、读者借阅排行榜。

(二)读者服务系统

读者服务平台是图书馆系统重点建设的系统平台,本着以读者服务为中心的原则,整合最新技术,打造一个功能强大的图书馆读者服务体系。

1. 馆藏联机目录服务

馆藏资源联机目录服务系统按照期刊、图书、电子文献的组织方式进行一体发布,支持资源的各种链接检索,与书刊推介、电子书系统实现挂接,支持图书预约/预借、加入收藏、书目推送等服务。同时提供分类表、规范文档、主题表等辅助工具,支持基于汉字属性字典的繁简通查、基于规范文档的兼查别名、基于主题词表的兼查同义词、全文检索,并提供馆藏目录任意词的检索等功能。一般来说,馆藏目录服务包括以下功能:目录检索服务、每月新书、推荐新书、期刊报导、预约预借、读者荐购、网上书评、借阅排行等。

2. 专题资源服务

专题资源的发布是按照一定的规则组织专题资源,形成各种机构数字图书馆门户,如时装图书馆、法律图书馆、特区文献数字图书馆、文博会/高交会专题图书馆等。机构数字图书馆可采取"最新资源"、"分类浏览"、"简单检索"、"高级检索"、"详细信息"、"相关链接"等多种模式来展示资源。

流媒体点播服务系统应用流媒体技术,实现了图书馆大规模的视频服务和网上流媒体播放服务。利用图书馆管理系统对资源管理与资源调度的优势,结合统一认证系统,实现视频资源的检索、身份认证、权限控制、资源调度、资源播放控制、负载均衡、计时等一体化的控制与服务。

3. 数字资源服务

数字资源服务系统包括两种类型的服务,一是大众化检索服务,通过数字资源统一检索平台来实现;二是专业化检索服务,通过开放电子资源远程访问来实现。

统一检索平台采用统一的检索界面和检索语言,建立起跨系统、跨数据库的数字资源联合目录,实现电子资源统一检索和数据资源互访。统一检索平台对图书馆引进的各种电子资源和数据库通过多种方式进行整合,实现电子资源利用中的统一配置、统一认证、统一授权、统一检索,并与资源利用统计系统、参考咨询系统、原文传递服务系统、统一认证系统有机结合在一起,形成完整的管理与服务功能体系,为读者提供更贴切、更人性化的服务。

数字资源远程访问系统,结合读者身份统一认证,向图书馆持证读者开放数字资源的互联网访问权限,每个读者均可通过该系统在馆外享用图书馆的电子资源,同时系统可对每个读者的使用量进行控制,不同类型的读者拥有不同的使用权限。

4. 参考咨询服务

参考咨询系统由咨询中心、咨询台、咨询员构成。参考咨询体系以馆藏资源、专题资源、电子数据库、参考咨询课题库为支撑,支持常见问题管理、在线咨询服务、请求单咨询、课题查重、课题检索与浏览、定题服务、原文传递、咨询结果推送等。参考咨询系统与图书馆业务管理系统结合进行统一读者认证，并与 E-mail 服务器、短信平台、个人数字图书馆结合，实现数据的自动流转，提高了读者服务效率。原文传递也是图书馆参考服务的一个重点，与数字资源统一检索系统、统一认证系统相结合，联机接收读者原文索取请求，参考咨询员在接到请求后，代查原文并通过 E-mail 发送给读者。

5. 个人数字图书馆

个人数字图书馆是一个个性化的网上“私人藏书阁”，也是系统提供的一个针对个人文献服务的“服务点”。除可设置个性化的“收藏书架”外，还包括我的借阅、我的预约、我的荐购、我的咨询、我的财经、感兴趣图书、短信服务定制、电子图书借阅权限申请等一系列服务功能。

6. 扩展服务

(1) 自助服务系统

自助服务系统是现代图书馆读者服务的主流和支柱。包括有自助借还系统、自助办证系统、自助复印系统、自助查询系统、自助存缴款系统、自助存包系统。

(2) 短信服务系统

短信服务系统与电信或联通等运营商的短信网关直接连接，形成由短信收发、短信自动应答、短信通知处理、短信转接等组件构成的完备的短信服务平台。使流通系统、预约系统、咨询系统、荐购系统等均可利用短信转接组件与短信平台之间进行数据交互。推动图书馆的个性化服务和主动服务。短信服务系统提供以下短信服务功能：到期提醒和超期催还、预约/借到书提醒、续借、感兴趣新书通知、荐购图书信息反馈、书刊信息查询、读者借阅信息查询、读者证件挂失、通知服务、参考咨询服务、电子票服务等。

短信服务系统还能够与图书馆联盟服务平台及办公自动化系统的设备管理结合，提供预借取书通知、资源配备预警、设备故障通知服务。

(3) 电话语音服务系统

电话语音服务系统集成语音服务技术，将图书馆服务扩展到电话服务和网上语音阅读服务。该系统包括电话查询、电话续借、电话扣缴欠款、修改密码、挂失等功能。

(三)馆际联合服务系统

图书馆馆际联合服务是体现图书馆互联互通、协同服务、共建共享的一个重要标志，每个图书馆都不是一个单独的服务个体，只有建立图书馆联合服务体系，整体对全社会提供一体化服务，才能从根本上提高服务质量，因此图书馆自动化管理系统应整合多级图书馆的资源与服务，在区域范围内实现图书馆资源共享和一体化服务；在统一服务的理念指导下形成统一的业务模式，进而延伸到城市各个角落，真正实现服务的均等化。

1. 联合目录服务系统

联合目录服务系统主要基于 Z39.50 技术，通过 Z39.50 网关及检索、收割技术，实现本地区的联合目录库或虚拟联合目录系统。

2. 总分馆制多级流通服务

在图书馆联合目录平台的支撑下，建立总、分馆多级服务模式，利用图书馆自动化管理系统的网上业务功能，为分馆的业务管理和读者服务提供技术保障。分馆和总馆共享馆藏资源和读者资源，实现图书馆资源的合理调度和充分利用。将自助图书馆、分馆、流通点服务模式纳入其中，形成多元化的统一服务体系。

3. 馆际互借服务

建立馆际互借服务系统，通过标准馆际互借协议，实现多馆之间的文献互借与传递服务。

4. 联合虚拟参考咨询

搭建联合虚拟参考咨询平台，充分利用各馆馆藏资源、数字资源和人力资源，结合各种信息检索和信息组织技术，为社会提供免费的网上参考咨询和文献远程传递服务。

5. 图书物流管理系统

图书物流管理系统为区域范围内通借通还业务的持续发展提供

了保障，科学规划整个物流业务操作流程，建立物流全过程监控机制，提供实时快速的单据或馆藏图书的状态跟踪与查询功能。具体功能包括：出库登记、回库登记、接单转运、配送单核销、配送单查询等。

六、开放互连

为了保证图书馆之间的信息互通，更好地协同为读者提供服务，各图书馆自动化管理系统应提供多种开放式 API 或开放式应用服务，与其他异构系统进行无缝对接。目前用得比较多的开放互连服务如下。

1. Z39.50 服务

通过 Z39.50 协议，开放图书馆目录检索服务，可为异构系统提供书目的联机检索功能，从而实现异构系统间的联机编目：实现书目数据实时上传、下载。

通过 Z39.50 协议，可实现书目数据的实时收割，从而实现地区联合目录数据库，进一步实现资源共享、统一服务。

2. 馆际互借服务

通过开放标准的馆际互借服务，实现异构系统间的馆际互借请求的流畅传送。

3. 统一认证服务

通过开放统一认证服务，为图书馆的各种应用提供读者认证接口，这样，图书馆就只需要一套读者库，来统一管理用户账号和授权信息、统一授权。读者可以方便地使用图书馆的所有资源，在不同应用间切换时，不需要重复提供用户的身份验证信息，真正实现一次登录、全程有效的目标。

通过图书馆的统一认证服务体系，真正实现图书馆一卡通服务，如数字资源馆外访问授权认证、馆内无线网络入网认证、电子图书借阅服务、存包柜使用授权等。

4. SIP2/NCIP 服务

随着技术的发展，自助借还设备的应用越来越普遍，因此图书馆系统应开放各种流通服务，与引进的自助设备对接。

通过开放 SIP2 自助借还服务，可实现文献的基本流通功能，如借、还、续借、扣缴等功能。

通过开放 NCIP 服务，可实现 3 个层次的应用服务：

(1)自助流通服务——自助借还、自助办证、自助财经处理等。

(2)区域内图书馆联合借阅服务——如区域内图书馆间的通借通还服务。

(3)馆际互借服务。

5. OAI 服务

通过开放 OAI 的数据提供服务(Provider)，开放本馆的元数据，为数据中心的数据挖掘提供标准收割服务。通过其他图书馆的开放 OAI 服务，实时挖掘元数据(Gather)，形成本地区的元数据中心。

6. OpenURL 连接服务

Open URL 是一种开放的、动态的链接标准，定义了一种在 Web 服务之间传递信息的机制，是一套应用于 Web 上超链接的标准陈述语法，由一组已定义好的标识组成。Open URL 的目的是将来自于不同来源和不同通信协议的信息源及其相关服务融合在一起，以实现不同类型、不同格式和异地分布信息资源的无缝链接。通过开放 OpenURL 的资源检索服务，可对不同格式 OPAC 系统进行统一检索，实现图书馆间 OPAC 系统的整合，对促进馆际合作和资源共享有重要意义，同时也极大地方便了用户。通过开放 OpenURL 也可对图书馆购买的各种数据库和不同类型资源进行整合，实现统一服务。

第五节　电子资源管理系统

20 世纪 90 年代以来，由于电子资源在信息服务中具有显著的优势，各国图书馆纷纷将电子资源列入信息资源建设的重要内容，于是，传统图书馆逐渐演变成融纸质资源与电子资源于一体的复合型图书馆。在复合型图书馆中，电子服务和传统服务并存，两者共同构成了现代图书馆的服务功能。

一、电子资源生命周期

电子资源就是以磁盘、光碟、磁带等电子存贮技术为载体的信息体。它相对于传统的纸质图书资源，具有占用空间小、易于管理、易于检索、保存时间长、不易损坏等特点，缺点是必须借助于电子计算机、IPOD 等电子设备方能阅读和查看。我国现阶段，纸质图书仍然符合大多数人的阅读习惯和需求。但随着电子技术的发展，若干年后，电子资源未偿不能取代传统纸质图书的地位，成为人们生活和学习的必备工具。（定义一节已被移至前面章节）

电子资源生命周期如下图所示，实际上是一个循环往复的过程，使用过程中产生评价，评价决定采购，采购谈判后又继续使用。必须要认识到，现有的各种电子资源系统没有完美的，各基层图书馆必须根据自身的需求从中找出最适合的本身特点的系统加以整合，并在一个又一个电子资源生命周期中不断锤炼，最终形成自有的最符合本馆特色的电子资源管理系统。

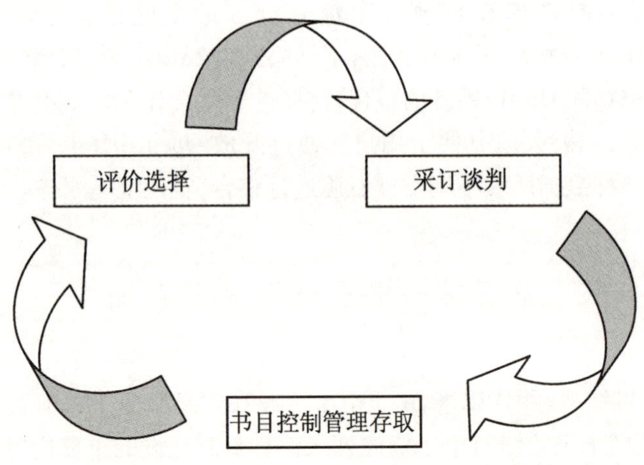

二、系统构成

(一)功能构成

•管理各种各样的电子资源系统,避免冲突,杜绝重复,发挥其最大的服务效能。

•统计使用情况,并进行绩效评估,指导电子资源建设。

•统一认证、单点登录,进行系统整合。

•管理接口和许可协议,构建统一的安全平台,避免侵权行为。

•管理电子资源培训资料,为电子资源培训提供有力支持。

•构建统一检索(USP)平台,提供所有电子资源的统一检索入口。

(二)产品构成

电子资源管理系统主要由引入技术或成熟产品进行构建。如表2-4。

表2-4

公司	统一检索	引文链接
Endeavor	Encompass	LinkFinderplus
Ex Libris	Metalib	SFX
Innovative	MetaFind	Web Bridge
SirsiDynix	Single Search	Resolver

三、电子资源的调研和试用

如果一个基层图书馆需要从头开始建设电子资源管理系统,那么调研和试用将是决策人首先需要考虑的环节。涉及以下几方面内容。

(一)调研对象的确定

要根据图书馆的自身条件,在经费允许的情况下挑选功能最能符合本馆需求的数套系统作为首批调研对象,同时也应挑选一些功能相对较差但相对较有特色的系统作为后备调研对象。很多图书馆电子资源采购工作者往往会被浩如烟海的电子资源系统弄得看花了眼，不知道究竟该选谁才好。其实产生这种感觉的原因是还未认清本馆电子资源的建设特点，当确定了本馆电子资源的主要服务对象和建设特点（特色功能）后，筛选就变得容易了。而此时，往往会发现找了半天却没有一套系统满足自己的需求，因此，就必须对调研对象进行深入考察试用，研究各系统间功能的互斥和互补关系，生成满足本馆需求的整合技术方案。

（二）电子资源读者利用率情况

这是调研对象的最基本指标，如果一个系统基本上没什么人用，引进之后可想而知效果如何了。不仅要充分考察调研对象曾经在哪些图书馆应用过，还要分析其具体的利用率数据以及试用此电子资源的读者构成。作为基层图书馆，要根据自身的读者群特点选择具备相似读者群应用经验的电子资源系统，切忌盲目地认为利用率统计数据越大越好。

（三）电子资源读者评价情况

可以通过问卷调查、直接询问等方式了解读者使用数据库的情况，这里同样需要注意读者群的问题，尽量选择不同职业、不同年龄段、不同社会背景的人，进行多方面全方位的调查，充分听取读者对于此电子资源系统的评价和建议，从而更加深入地了解调研对象的优缺点。

（四）电子资源访问控制功能

电子资源由于版权问题，必须具备访问控制功能，主要包括地域（IP）访问控制、读者访问控制、时间段访问控制等。优秀的电子资源系统可以自由地定义访问规则，实现各种复杂的个性化的访问控制。调研过程中必须结合本馆的电子资源建设规划，详细向技术人员进行咨询，确定此系统能否满足本馆的访问控制需求。

（五）电子资源的学科平衡

调研需要确定电子资源的各学科之间是否平衡，以及深浅程度，借此结合本馆的读者群类型，给调研对象进行评分。也应考虑同时需要采购的数种电子资源系统之间的学科平衡关系，尽量使采购的电子资源相互补充、避免重复。也可以有针对性地考察一下几种电子资源结合使用的情况，包括利用率和读者评价等，从事实的角度认识调研对象。

（六）电子资源使用难度

可以在完全不经培训的情况下试用被调研对象，以感觉其易用性如何，易用性越高的电子资源系统越受读者欢迎。参加电子资源的培训课程，并调查读者参加培训的满意度。许多电子资源系统都有自己的使用技巧，查阅其使用技巧的 FAQ，提高对调研对象的熟悉程度，同时也切身体会从不会到会的过程，从而获得调研对象是否易于接受的第一手资料。

四、电子资源的采购管理

调研和试用（采购准备阶段）完成后就需要全面分析调研资料，最终确定采购方案。采购方案和流程必须综合考虑各方面因素的规范化制定。

（一）电子资源采购的特点

1. 电子资源采购方式与价格模型的复杂多样化

美国电子出版商 Stephen Rhind-Tutt 将各种价格模型分为 4 大类，共提炼出 50 多种价格模型。他指出，各种单一的价格模型相互组合，会派生出几千种结构。目前国内电子资源订购常见的采购方式与价格模型有：电子期刊与印刷版期刊捆绑销售式、并发用户数计价式、按上一年度使用量计价式、按相关专业用户数量结合并发用户数计价式、同时购买不同版本给予相应折扣率式、订购印刷版期刊可免费使用电子期刊式、订购印刷版期刊再加部分费用可得到网络版电子期刊式、联盟折扣或集团采购式等。基层图书馆必须全方位考察这些采购方式，选择最适合自己的方式进行采购工作。

2. 电子资源内容重复交叉严重

电子资源一般取材于印刷型文献。产生文献资源的不同载体形式,带来以下内容重复交叉的表现形式:一是出版商捆绑式销售策略造成图书馆资源建设上的印刷版与电子版的重复购置。二是数据库商根据一定的社会需求将电子期刊进行不同的排列组合,形成不同种类的数据库;或不同的数据库商利用同一文献资源产生各自的数据库,造成同一文献资源在不同的数据库中重复出现。例如,我国三大中文期刊全文数据库有清华同方的《中国学术期刊全文数据库》、重庆维普公司的《中文科技期刊全文数据库》和万方数据公司的《数字化期刊数据库》。三者尽管在收录内容上各有侧重、检索功能各具特色,但在来源期刊方面万方数据公司的《数字化期刊数据库》与前两种数据库的重复率在50%以上。全文期刊数据库采购又不能像采购印刷型期刊那样单一选择所需刊种。因此便给图书馆电子资源采购工作造成取舍两难的困惑。为了购买某一全文期刊数据库,一些与本馆服务不相符的期刊也只能一并购买进来,为所不需要的期刊付费。而捆绑式销售又使得图书馆不得不既订印刷版又订电子版,因此造成资源的重复购置和经费的浪费。

3. 电子资源购置与利用依赖硬件设备和网络环境的支持

电子资源与印刷型文献在购置与利用方面的最大区别就在于:电子资源的阅读不符合人类的自然阅读习惯,其购置与利用均依赖于硬件设备与网络环境的支持,包括各种服务器、数据存储设备、计算机终端、图书馆网络环境、网络带宽和网速、访问方式以及技术人员素质等,以上因素不仅影响着图书馆电子资源的管理和服务方式,而且也影响着电子资源的利用率和投资效益。因此,在决策采购数据库时不仅要考虑数据库的收录文献内容、学术水平,数据库访问方式、检索平台的性能及各种增值服务的功能,数据库商对系统的维护及相关售后服务质量,图书馆的网络环境及运行状况等因素,同时还应充分考虑本馆的现有设备条件、技术力量与人员素质,以及今后可能会产生的后续投资等因素,要有可持续发展的观念,切忌盲目购买数据库,避免经费投入上的浪费。

（二）电子资源采购应遵循的原则

1. 针对性原则

针对本馆电子资源建设和发展的需要采购电子资源。要求采访人员对本馆整体服务的现状与今后发展趋势、重点专题（自建数据库）建设现状，以及相适应的电子资源的出版发行的现状有准确的了解与掌握，以便有针对性地开展电子资源采购工作。

2. 系统性原则

采购的电子资源要形成系统以形成科学、合理的馆藏结构体系。首先，电子资源的学科覆盖比例要适当。其次，文献数据库应尽量涵盖图书馆的全部学科，全文期刊数据库在优先保证重点学科建设需要的基础上，兼顾一般学科的需要。再次，电子资源种类要重点考虑全文型数据库的采购（满足一次文献的获取）。同时兼顾二次文献数据库的采购（满足文献线索的获取，通过全文传递获取一次文献）。在充分调研的基础上积极而谨慎地购买其他类型的数据库。另外，电子资源要与纸质文献协调发展，妥善处理好两者的关系，使彼此在种类上相互补充，在形式上相互联系、相辅相成，发挥资金投入的最大效益，最大限度地满足读者对文献信息资源的需求。

3. 科学性原则

针对电子资源采购的特点，构建一个科学、规范的电子资源采购程序与评价指标体系，形成一个科学、合理的决策机制。强化数据库的试用、宣传与用户培训、采购前和使用中的评估等项工作，以提高电子资源采购的科学性，从制度上限制随意性，从而降低投资成本与减少风险，优化馆藏电子资源乃至整体资源建设。

4. 实用性原则

一是首选国内外公认的、具有较高学术价值和权威性的数据库。如采购的全文电子期刊数据库其核心期刊或权威期刊的比例应占50%以上。二是应尽量选择网络版数据库或建立镜像站点，以方便读者的使用和资源的共享。三是妥善处理电子资源存档问题，慎重购买不提供永久使用权的数据库。

5. 共建共享原则

在采购方式上,对于价格不高而利用率很高的数据库,可考虑单独购买。对于利用率较高、价格昂贵的国外权威数据库,应优选参加集团采购的方式购买,以便获得集团优惠价和更优质的服务,减轻经费的压力。对于学科覆盖面较窄、利用率一般,但又有读者需求、价格偏高的数据库,若有集团采购时可考虑参团购买;或放弃购买,通过馆际互借与文献传递的方式满足读者的信息需求。

6. 计划性原则

制定与馆藏资源建设规划相适应的电子资源采购计划,是提高电子资源采购的科学性,保证采购质量,避免盲目性的有效措施。因此,必须遵循科学发展观、坚持可持续发展的理念,根据图书馆下拨经费的实际情况,结合馆藏资源建设规划,统筹考虑电子资源采购工作涉及的诸多因素,制定一个周密、切实可行的采购计划。具体包括:电子资源采购的原则,重点服务的学科类别与兼顾的学科门类,重点采购的数据库种类与采购方式,电子资源采购经费预算,以及支撑电子资源利用所需添置的软硬件设备经费预算等项内容。随着时间的推移、数据库的变化,还应及时修订计划中与实际不相适应的内容,始终保持采购计划的科学性与实用性,保证电子资源采购工作科学有序的开展。

(三)电子资源联盟采购

联盟采购方式优点显而易见,不仅可以降低每个成员的采购成本,还能在采购谈判中获取较高的“位势”,较强的谈判力,迫使厂商在价格上让步,在质量上提高,从而减少厂商的利润。但是联盟采购机构松散,缺少行政管理费用,运作成本不易计算,工作成果很难量化,所以无从得知具体的投资报酬率,各成员之间如果无法达成一致,一盘散沙是无法形成联盟合力的。

1. 构筑强大联盟采购集团争取优势

从某种意义上说,厂商不愿与联盟这种“庞然大物”打交道,可能会采取一些相应的措施去阻碍它的形成。因此,消除厂商的抵制关键在于采购联盟要形成一种双赢的局面，既对购买者有利，也要对厂商有利，使厂商能确切地感受到这种利益的存在，使它从采购联盟的抵制者转变为拥护者、促进者。另外图书馆联盟采购集团在增加联盟集团实力的同时，利用规模经济效益取得的实际收益将潜在成员吸纳到集团中来，在这一层次上，也取得了双赢的效果。加快中、小图书馆馆藏数字化进程，取得社会效益和经济效益的双丰收。实际上厂商与图书馆绝非站在敌对的立场上，而必须是互助互利的。只有当电子资源的价格能在厂商财务需求以及图书馆任务与预算间达成平衡之时，双方才能共赢。

2. 制定合理的原则优化集团采购工作流程

图书馆联盟在采购电子资源时应遵循用户需求、科学采购决策、用户使用权益以及单位投入经济利益相协调的原则。以有效满足用户需求为出发点，以用户合理、可靠、有效和可持续的获取资源为核心，进行资源保障供应模式的设计。采集过程中综合考虑信息内容、资源质量、同类资源订购状况、可能利用的服务模式和获取渠道等。任何采集决策的形成必须基于用户需求分析和科学合理的设计。追求服务效果和资源建设成本效益的最优化。依据这些原则对联盟采购工作的各个环节进行规范。

3. 加强联盟采购组织的管理

图书馆联盟采购组织是以实现资源共享、互惠互利为目的而组织起来的、受共同认可的协议和合同制约的联合体。加强联盟采购组织的管理，更好地为组织成员服务是联盟采购组织不可推卸的责任。在组织中实施有关采访谈判和法律方面的继续教育，必要时聘请法律以及谈判方面的专家对谈判人员进行专门的培训，提高谈判代表的各方面能力。谈判代表应寻求组织成员的协助，了解有关问题的背景资料，为谈判做充分的准备。联盟采购组织务必重视会员间相互沟通的重要性，以加强馆藏发展为主题，建立论坛交换心得，联盟成员之间的沟通不但可以有效降低成员间的冲突程度，对信任度的建立也有积极的作用。

(四)采购应签订规范化合同

可参考借鉴一些采购规范化合同样本来制定合同。合同中必须明确以下条款。

1. 双方的权利和义务要明确

合同中要明确卖方的义务,如数据库的安装调试或开通使用的时限、数据库的更新、维护服务及合同履行期间出现问题时的处理;买方要对自己获得的权利和应注意的问题详细了解,如提供安装数据库所需的软硬件设备、付款方式及时间等。

2. 知识产权问题不能忽视

在合同中要明确要求卖方自行解决版权方面的问题,在卖方没有特别告知的情况下买方视同卖方已获得该数据库的相关版权,一旦出现版权方面的纠纷与买方无关。因受各方面的限制,图书馆采访人员很难了解数据库相关版权的资料,合同中明确这一点既可以约束数据库商,又对我方的采购行为起到保护作用。

3. 售后服务是关键

售后服务问题通常会被忽略,但它确实会影响数据库产品的质量和成本,因此在签订合同时应被纳入重要部分,在合同中对数据库商在后续服务中的责任和义务要予以明确。如镜像数据库的本地系统出现故障,镜像站点无法访问,数据库商能否及时提供应急措施,能否在最短的时间内到达并给予技术扶持,产生的费用又如何分担等;对于远程访问的数据库,出现网速慢、网络不稳定等问题,数据库商能否提供专长线访问,或及时作出响应并给予解决;此外,数据库商还应在用户培训时,为图书馆提供使用统计数据等方面提供良好的服务。

五、电子资源的使用管理

(一)电子资源统一认证

有 2 种方式,统一认证和单点登录。统一认证由一个固定的 Web Service 给各个子系统提供认证接口,用户登录一次即可实现所有子系统的登录。但各子系统的认证会话仍然各自独立。一个子系统的登录会话超时了，不会影响到另一个子系统的会话。另一种是单点登录方式，各子系统均采用同一个认证接口进行认证，所有子系统的会话也是同步的，一旦超时全部超时。单点登陆也就是用一个统一的用户管理系统（包括部分权限控制模块）。

（二）电子资源统一检索

如何把不同平台、不同环境的系统整合起来，进行统一检索，是目前电子资源管理系统中最大的难题，许多学者终生致力于此，也取得了不少成果。总的来说，有 3 种比较完善的统一检索解决方案。

1. 完全数据拷贝

即将各个不同系统的数据库中的数据完全复制到一个统一的第三方数据库中，然后再以此为基础建立统一检索系统。这种方案的优点是整合效果好，检索效率高，读者使用中基本感觉不到在使用不同的数据库系统；缺点是整合成本高，时间长，无法实时同步。不同系统的数据库结构，业务逻辑都不完全相同，这就给整合带来了极大的困难。而且当各子系统数据库扩充或变化时，统一检索数据库均无法及时得到相应的更新，同步性差。

2. 不做数据拷贝，通过接口检索

完全不同于方案一，这种方案完全不做数据拷贝，没有第三方数据库，统一检索系统当收到读者的检索请求后，通过接口转发给各个子系统进行检索，然后合并检索的结果返回给读者。此方案的优点是实时性、同步性极高，各子系统的任何变化均能实时在统一检索系统中得到验证。缺点在于检索效率低，同时检索多个子系统，其检索效率取决于检索条件、子系统检索效率和网络情况，再加上结果的合并，缺乏专业的数据库级别的检索策略优化，其效率可想而知。另外，此方案在实际应用中还有更为严重的问题，检索系统完全依赖于各子系统接口，而数据库提供商若对接口做出更新却没有及时通知并相应地修改检索系统，就会造成这个子系统完全瘫痪，无法进行统一检索。而往往数据库提供商出于自身的业务发展考虑，对数据库和接口做出修改时却往往不会及时通知到用户并合理制定转换方案。同时许多数据库商都会在接口上进行加密以保护自己的知识产权,这就进一步增加了整合的难度,降低了检索效率。

3. 通过接口的实时数据共享

此方案是方案一的改良版本,初始同方案一需建立一个第三方数据库并将各子系统数据合并进来。读者提出的检索请求也直接检索此数据库。但当各子系统数据更新时,需要通过接口向第三方数据库发出更新命令,及时更新第三方数据库中的数据。相当于数据库商将自己的数据通过接口与本馆系统共享。这种方案的优势很明显,虽然开发整合的难度依然没有降低,但是却解决了其后数据不同步的问题。但此方案的可行性却并不高,因为各数据库服务商鲜有提供数据更改接口。而提供后接口和数据的维护也是大问题,当数据库商因某些原因更改接口后若不及时通知用户更改,就会造成数据丢失或损坏,如何重构这些数据就成了相当棘手的难题。同时数据库商出于自身产权利益的考虑,一般也不会接受这种整合方式。

(三)查收查引服务

此项功能主要依赖于电子资源子系统的功能,如果进行了完整的数据整合,也可提供统一的查收查引服务。但由于各子系统间的业务逻辑和数据完整性差异,以及整合的查重成功率等因素,其结果应仅作参考用。这项服务的主要对象是从事学术研究的学生或者专家。对于基层图书馆而言,如果在学术服务水平上没有较高的要求,也可不作为重点发展。如果作为重点发展,也应认识到查收查引需要专业人才的支撑,而优秀的电子资源数据库仅仅是工具而已。

(四)原文传递服务

原文传递系统应与统一检索系统密切结合,读者由统一检索系统找到自己所需的文献后,即可立即提出原文索取请求。而受理原文传递请求有 2 种方式,一种是人工处理,由图书馆员审核并上载原文,通过各种方式提供给读者;另一种是系统自动处理,在收到原文处理请求后,自动根据规则进行判断,并找出相应文献通过读者指定的方式发给读者。人工方式较为灵活,在索取量不大,人员配备没有问题的情况下建议采用，这种方式也是一种图书馆和读者沟通的重要渠道。而对于读者而言，在使用中也不愿总是面对冰冷的机器。无论采用哪种方式，都不能违反与数据库提供商签订的使用合同，资源必须按合同要求提供使用。

六、电子资源培训

电子资源系统的使用是需要培训的，而却并非每一个到馆读者都受到了这样的培训，因此当需要指导培训读者的时候，一个优秀的培训教材就显得尤其珍贵了。可以构建专门的网站来提供这样的服务，将各电子资源子系统的使用手册整理后编入网站，最好附带使用视频，以此为蓝本向读者讲解自然事半功倍了。这里提供两种解决方案，对于经费并不充足的基层图书馆而言，可以使用一些免费的 CMS（网站管理系统）来管理培训资料。另外也可以使用 MOSS2007（Microsoft Office Sharepoint Server 2007），这是一个集成了内容管理（Content Management）、商务智能（BI）、工作流（Workflow）、企业搜索引擎（Enterprise Search Engine）、应用整合（EAI）在内的平台级服务器，也可以作为一般的办公自动化应用服务器。

七、电子资源使用效果分析与绩效评估

目前关于电子资源使用与绩效评估的研究以国外为主，国内在此方面鲜见突破，大多是介绍国外的研究成果。国外自 20 世纪 90 年代中期以来，非常关注数字馆藏的使用统计及服务绩效评价的问题，开展了很多这方面的研究，出台了一系列电子资源使用及服务绩效评价指标体系，其中，2003 版 ISO2789 附录 A、EQUINOX、ARL E—Metrics 三个项目关于数字馆藏使用统计及其服务绩效评价的指标体系，集中代表了 1998 年以来国外众多关于数字馆藏使用、统计、绩效评价指标研究的成果。它们在评价电子资源使用方面发挥了重要的作用，值得我们借鉴。

表2－5　国外有关数字馆藏使用统计和绩效指标一览

		统计指标或绩效指标
电子资源	统计指标	全文电子期刊的数量
		电子参考资源的数量
		电子图书的数量
		供用户使用的计算机数量
	绩效指标	电子图书占所有图书的百分比
		电子期刊占所有期刊的百分比
		可使用计算机的用户占法定服务区用户的百分比
电子资源的使用和服务	统计指标	处理电子参考咨询的数量
		登录电子数据库的次数
		对电子数据库提问（检索）的次数
		虚拟访问图书馆网站和目录的数量
		拒绝访问的任务数
		一次任务的检索时间
		下载记录的数量
		浏览（即浏览、下载、电子邮件传输、打印）的文献数量
	绩效指标	处理的电子参考资源占处理的总体参考咨询的百分比
		图书馆虚拟访问占全部图书馆访问的百分比
		服务人群中利用电子图书馆服务的百分比
		服务人群中每人使用每项电子图书馆服务的会话次数
		服务人群中每人使用电子图书馆服务的远程会话次数
		每种电子图书馆服务每次会话浏览的文献和记录次数
		图书馆内终端的使用率
		服务人群中每人可以使用图书馆终端的小时数
		被拒绝的登录次数占总体尝试登录次数的百分比

续表

<table>
<tr><th></th><th></th><th>统计指标或绩效指标</th></tr>
<tr><td rowspan="4">费用</td><td rowspan="3">统计指标</td><td>全文电子期刊的费用</td></tr>
<tr><td>电子参考资源的费用</td></tr>
<tr><td>电子图书的费用</td></tr>
<tr><td>绩效指标</td><td>电子图书馆资源采购费用占总体采购费用的比例</td></tr>
<tr><td rowspan="3">培训</td><td>统计指标</td><td>用户信息技术培训的时间</td></tr>
<tr><td rowspan="2">绩效指标</td><td>服务人群中每人参加正式电子图书馆服务培训课程的次数</td></tr>
<tr><td>用户信息技术指导占总体用户参考服务活动的比例</td></tr>
<tr><td rowspan="3">从业人员</td><td>统计指标</td><td>图书馆员花费在电子资源组织整理和服务活动中的时间</td></tr>
<tr><td rowspan="2">绩效指标</td><td>开发、管理和提供电子服务及用户培训的馆员占总体图书馆员的百分比</td></tr>
<tr><td>平均每个进行正式的信息技术用户培训的图书馆员花费的时间</td></tr>
</table>

表2－6　ISO2789:2003(E)附录A的统计及绩效指标体系一览表

序号	指标名称
PI1	任务数(Number of Sessions)
PI2	文献下载数(Number of Documents Downloaded)
PI3	检索记录下载数(Number of Records Downloaded)
PI4	虚拟访问数(Number of Virtual Visits)
PI5	任务检索时间(Session Time)
PI6	被拒绝访问任务数(Number of Rejected Sessions)
PI7	检索次数(Number of Searches)
PI8	通过因特网访问的任务数(Number of Internet Sessions)

在实际工作中,可以参考上述标准在电子资源管理系统中构建使

用绩效评估体系，为电子资源的引进和建设提供重要的指导意见。

八、电子资源许可协议模型

在电子环境下，传统印刷文献的“购买—拥有”模式正被“许可—存取”模式所取代，与资源提供商签订使用许可协议（License Agreement）已经成为图书馆引进电子资源的最常用方式之一。如何通过与资源提供商进行资源引进谈判使得图书馆能够获得有利于自身资源建设与开展服务的电子资源许可协议，是图书馆在资源引进时需要重点关注的环节。而管理许可协议模型也是图书馆电子资源管理系统的重要功能之一，它主要包括以下几个方面内容。

（一）管理电子资源的许可费用

费用问题可以说是电子资源许可协议必须涉及的核心问题，由于电子资源市场仍有待成熟，为了守住图书馆市场这一块“大蛋糕”，不同的资源提供商往往会采取不同的定价模式。据有关文献统计，目前电子资源提供商推出的电子资源定价模式已达6种以上。因此，图书馆在引进资源之前必须了解这些定价模式，根据自身的情况确定适合的定价模式，与资源提供商谈判时争取主动，以最小的投入获取最大的利益。必要时，电子资源许可协议应设有一个附件专门解释电子资源许可费用的计算问题。电子资源管理系统不仅需要管理每笔费用，也需管理合同以及谈判纪要、经验等，为长期发展提供技术储备。

（二）管理使用电子资源的标准数据

一般而言，为了给被许可人（图书馆）评价、鉴定和选用电子资源（特别是电子期刊）提供依据，电子资源使用许可协议都会要求许可人（资源提供商）每月向图书馆提供授权使用电子资源的使用数据统计报告。电子资源管理系统可以构建专门数据库来存放这些统计报告，同时构建检索和维护功能，以降低人力成本。

（三）文献传递与馆际互借

针对文献传递与馆际互借这一问题，很多研究者认为合理使用是版权法赋予图书馆的权利，图书馆可以据此利用电子资源开展文献传递和馆际互借服务,但由于现在缺乏明确的法律规定作为支撑,一般都是通过与资源提供商的许可谈判确定文献传递与馆际互借方式,而这些方式往往极具个性化,难以采用现有的系统完成,一般都需要合作协商,针对合作方式进行二次开发。而二次开发形成的系统也应纳入电子资源管理系统,成为其不可缺少的重要组成部分。

九、电子资源的长期保存

电子资源的长期保存问题也是电子资源管理系统的重要关注点之一。由于同一种电子资源会有不同的资源提供商,选择哪家电子资源提供商提供的数据作为长期保存的对象,需要图书馆从资源提供商的商业信誉、产品价格、售后服务质量、许可保存的合法性以及许可保存权的类型等角度加以综合选择、甄别。一般而言,电子资源长期保存涉及的法律问题包括许可授权、法律障碍及其解决途径等问题。电子资源管理系统应当给决策者提供准确的参考资料,协助完成抉择。当然,在实际操作中,图书馆之间或者是图书馆与资源提供商之间可以通过分工合作的方式,妥善解决电子资源保存中的相关法律问题,特别是版权问题。目前,欧洲图书馆项目 WPI 正在开展这方面的研究,其目的是在资源提供商和欧洲图书馆之间建立良好的合作关系,以实现电子资源的有效长期保存。

第六节　自助服务

自从图书馆诞生开始,图书馆人从未停止过对改进服务模式的追求,图书馆服务模式经历了从闭架借书、开架阅览、开架借阅到自助服务的变化升级。随着科学技术的不断进步,人类知识水平和人类对知识需求的不断扩大,自助服务形式也变得异彩纷呈和丰富多彩起来。

一、作用

（一）优化人力资源

利用自助服务可以极大的增强基层图书馆的服务能力，同时使基层图书馆的人力资源得到更合理的使用与潜能开发。自助服务使得图书借还等服务从以馆员为主导的服务模式转变成以读者自主的服务模式，改变了馆员的服务方式，只需对读者提供引导和帮助。同时，自助服务减轻了馆员所从事的一部分低层次性重复劳动，为基层图书馆节省人力资源和对读者来说自助服务业节省了服务时间。自助服务解放了馆员的手脚，使得馆员有更多的时间从事个性化、多样化和更高层次的信息服务，提高基层图书馆的读者服务水平。

（二）降低服务成本

自助服务意味着基层图书馆传统服务的部分服务由读者自助完成来替代。对基层图书馆来说，自助服务虽然增加了设备资金投入和设备的维护成本，但是降低了人工成本。随着社会的快速发展，科技决定社会发展程度，与21世纪人才最贵来比，设备的购买成本相对比较低廉。虽然可能一次性投入的设备比较昂贵，但维护费用不会很高，长远来说整个服务成本较低，而且利用互联网的自助服务成本更低廉。因此，自助服务通常节约成本。

（三）提高馆藏利用率

自助服务模式将基层图书馆馆藏资源利用的自主权托付于读者，传统图书馆服务模式中对读者的许多规定都被无形地屏蔽掉了，读者在图书馆受到的制约大大减少，馆藏资源的利用更为便利和快捷。自助服务模式还扩大了馆藏资源与读者的接触面，为更大范围馆藏资源提供了与读者亲密接触的机会，使它们的价值更好、更充分地得到了体现和发挥。同时，自助服务使读者可以全面地利用馆藏资源，最大限度地满足不同类型、不同层次读者的个性化服务需求。

（四）拓展图书馆的服务时间、空间和内涵

自助服务给基层图书馆的服务模式带来了新的突破和新的亮点，

虽然印刷型馆藏资源的利用在一定程度上存在一定的时间和空间限制，但数字馆藏资源、其他非纸质流通服务在广域网上、手机短信、电话等服务模式中可以提供24小时全天候的自助服务。读者可以随时访问图书馆网站，检索最新的图书信息，利用各种数据库资源；还可以通过联机对话、电子邮件、实时在线等个性化参考咨询服务来解决疑难；通过手机短信或电话续借图书、预约图书等。自助服务最大限度地方便用户，使基层图书馆的服务不受或少受时间和空间限制。

（五）彰显"以人为本"的服务理念

"独立自主"是读者体验自助服务的真实感受。因此自助服务意味着读者在图书馆的一言一行都会对读者本身、对其他读者，甚至对图书馆造成一定的影响。在读者体验"独立自主"的自主服务同时，也会无形地约束自己的言行。同时，由于"独立自主"带来的优越感和自豪感，将自己等同于图书馆的主人，无形中增强了对图书馆的认同感和亲和力，使读者非常自觉地遵守图书馆的规章制度的约束。

同时，自助服务无需馆员的介入，具有较高的安全性、独立性和保密性，不会产生读者标识泄漏而导致的诸如上网机时减少、假借他人账户借书等事故，更加符合读者使用心理。图书馆员与读者之间的矛盾和摩擦越少，越可以保证读者在一个轻松、愉快、惬意、和谐、安全的环境中获取知识。

二、基本架构

在自助服务体系中，常见的自助服务有阵地自助服务、自助图书馆、Web 服务、手机服务和语音服务等。

（一）阵地自助服务

阵地自助服务是指在图书馆馆舍的特定区域中，由读者根据各自的需求自行地完成馆藏资源的阅览、查询、借出、还回和利用等环节的服务。阵地自助服务具有如下优点：自助服务比馆员服务更加可靠，机器排除了人为的失误和分心的干扰，提高了阵地服务质量；自助服务比馆员服务更加高效，机器没有疲劳感，比人更有干劲，从而提供工作效率；自助服务比馆员服务更加和谐，这不是批评馆员的服务态度或职业操守，而是强调人毕竟是感性的动物，有七情六欲，难免会情绪低落影响工作。

常见的阵地服务有自助办证、开架阅览、自助查询、自助借书、自助还书、自助上机、自助还款以及自助复印等。

1. 自助借还系统

自助借还系统是图书馆实施自助服务的重要环节。传统的借还书操作是读者将要借出或归还的图书交给馆员来处理。自助借还系统是读者通过自助借还设备，按操作提示自行操作完成图书的借出或归还，完全颠覆了传统的服务模式。

图书自助借还系统按自动化程度分为：借还式自助服务系统和具备自动分拣功能的自助还书系统。按照信息读取方式分为：条码式自助借还系统和 RFID（Radio Frequency Identification，即无线射频识别）芯片式自助借还系统。

条码式自助借还系统：读者借书时，系统要先读取读者证，然后逐本扫描所借图书的条码，系统将逐一显示成功借出图书的基本信息，同时对借出的图书进行消磁处理。还书时，读者将图书逐一放到自助借还系统上，系统扫描图书条码并同时对所归还图书进行充磁处理，系统逐一显示已经成功归还图书的基本信息。

RFID 芯片式自助借还系统：读者借书时，系统先读取读者证，然后再通过读取所借图书 RFID 芯片中的数据完成图书的借出工作（可一次进行多本图书借出操作），这样当读者携带该书通过智能检测系统时，系统会自动识别图书已经办完借书手续允许通过，否则会提示读者未办理借书手续。读者还书时，系统自动读取图书中 RFID 芯片信息，自动办理图书归还操作。RFID 流通管理模式相对于条码 + 磁条管理模式最大的优势是非接触式工作，可一次进行多本图书借、还操作，工作效率高。

2. 自助办证系统

自助办证系统主要采取自动获取二代个人智能身份证上的个人

基本信息以及个人照片信息,免去以往读者需要填写申请单的繁琐以及工作人员需要录入信息的痛苦,读者只需要按照自助办证系统的相应操作步骤和操作提示,经过简单的几步操作即可完成办理读者证。

按照读者证的信息读取方式可以分为:身份证自助办证、条码式自助办证和RFID芯片式自助办证。

身份证自助办证是指直接采用身份证即读者证的办证形式。自助办证流程一般为二代个人智能身份证接口设备获取身份证信息,选择读者证类型,自助缴纳读者证押金,完成办证。

条码式自助办证和RFID芯片式自助办证与身份证自助办证相比处理大致相同,只比它多一个自助工作流程,即办证成功后,自助设备自动吐出办理好的读者证。

3. 自助打印系统

自助打印系统的研发与应用正是适应现代图书馆对数字图书馆建设的需求应运而生的。整个打印过程由读者一人即可操作完成。因此,在基层图书馆有普遍的意义。自助打印系统一般包括打印机、读者认证、计费控制等组成。自助打印服务可以由原来由馆员进行的操作完全交由读者自行来操作,避免了过去的处理流程环节多,涉及的人员广,使用的时间长,效率比较低下,而且容易出错,并可能因页数、清晰度等问题发生分歧或争执的弊端。

4. 自助复印系统

复印服务在图书馆中与打印服务同样普遍。自助复印系统实现了读者凭读者证自己复印、系统自动扣款、无需图书馆员干预的功能。功能完整的自助复印系统应该具有身份识别、账务管理、自助复印等功能,能够确保数据的安全。通常自助复印系统由:数字式复印机、读卡器、数据库服务器和以太网等组成。

5. 自助存包系统

目前图书馆大多采用开放的结构,加之传统的存包方式容易丢失凭据,产生纠纷,而且存有严重的安全隐患,而自助存包系统要求通过读者证来存包/取包,只有通过了图书馆系统身份认证合格的读者,才可获取存包柜,开启存包的同时系统记录读者及其存包信息,这样不仅方便读者在馆内的一卡通行,也消除了安全隐患。

6. 自助存缴款系统

自助存缴款主要用于读者办理读者证押金、预缴预付款、缴纳图书过期罚金、损坏或丢失罚金等。

自助存缴款系统关键技术是货币识别技术。货币识别器由主控部分、传感器部件、驱灯组件、A/D 转换器、外部存储、电机、模式选择、电源板等组成一个单片机控制的系统,通过多个接口把紫光、磁性、红外穿透引入主控器。把正常钞票在各传感器接收到的信号进行统计取样、识别,并寄存起来,作为检测的依据。当识别纸币时,把在各通道接口接收到的信号参数与原寄存起来的信号参数进行比较、判断,若有明显差异时,立即送出报警信号并截停电机,同时送出对应的信号提示。

7. 电子阅览室自助上机系统

电子阅览室自助上机系统通过获取读者证,自动分配读者用机。读者根据自动分配的机器号实现自助上机。

一般来说,自助上机系统包括读者认证、自动缴费、自动控制等功能。通过读者认证,分配读者用机;而自动缴费功能实现读者用机的计时、计费控制;自动控制包括下机管理、费用不足或计时已满的控制、读者违规的警告、提示等控制;等等。

(二)自助图书馆

对图书馆行业来说,传统的借还服务即使实现自助借还仍然受制于图书馆开闭馆时间的限制,为了彻底地解决这种状况,不受时间限制的自助图书馆应运而生。

目前自助图书馆有 3 种建设模式,门禁加自助借还设备自助图书馆、ATM 式自助图书馆和全功能式自助图书馆。

1. 门禁加自助借还设备自助图书馆

这种方式是由图书馆开放指定区域,通过门禁控制读者进出,在指定区域内,将图书摆放在书架上,任由读者取阅。

功能包括自助借书和自助还书。自助借书和还书的处理方式是与服务的自助借还服务完全一样的自助借还设备实现。

它的优点是突破了传统图书馆图书借阅的时间限制，实现了24小时不间断的服务；而且它的空间相对比较大，可以放置较多图书，读者选择范围相对较广。

但是，这种方式安全保障是个最大问题，以现在的防盗技术来说，很难保证在无人值守时100%防盗。其次，由于占用不少空间，大规模部署相对来说比较困难。

2. ATM式自助图书馆

ATM式自助图书馆就像一个自动的书架功能。它集图书馆书架、读者认证、自助借还服务于一身。

功能包括读者借书和还书服务。读者插入读者卡后，输入机器上图书的架位号，即可实现图书的借出。借出的图书也可以在机器上选择还回，机器自动选择书架上的空余架位将图书自动上架。一般来说，能存放几百本图书。

它的优点有：实现了24小时的不间断服务；实现了自助图书馆的图书自动循环利用；机器相对较小，占用较少空间，使大规模部署成为可能。

它的不足是一方面图书数量相对有限，另一方面，它没有与阵地图书馆有机地联系在一起，导致如无证等潜在读者不能享受自助图书馆的便捷，也不能在机器上实现对阵地图书馆中的图书实现借还操作。

3. 全功能式自助图书馆

全功能式自助图书馆基本上可以说是一个小型图书馆。读者不必亲临图书馆，不受图书馆开、闭馆时间的限制，在自助图书馆上就能借书、还书、办理借书证，同时还可以享受图书馆的预借送书服务等。自助图书馆装有书架、还书箱和电脑操作台、查询预借机器等，能存放几百本书，均采取自助服务方式。

一般包括以下功能。

自助借书:持证读者可以借自助图书馆书架上的图书,就像在真实图书馆借书一样。

自助还书:读者在图书馆借的书或在其他自助图书馆借的书均可以归还到自助图书馆中。

申办新证:未办证读者可凭二代身份证在自助机上申办新证。

自助存、缴款:可以自助办理预存预付款和缴付过期罚款等。

预借服务:读者通过自助图书馆查询机或图书馆网站查到所需图书,可提出预借请求,图书馆的工作人员将帮读者找到图书,送达读者指定的自助图书馆,通过短信通知读者,读者凭证直接到自助图书馆取书。

查询服务:读者可通过自助图书馆查询机访问图书馆网站,查询图书馆信息和馆藏状况,提出预借请求。

它实现了 24 小时的不间断服务;实现了读者无障碍、自由地使用图书馆的资源;由于占地少,对于大规模部署相对容易。

它的不足是机器容量有限,而且支撑自助图书馆服务需要一个强大的物流支持。

(三)Web 服务

Web2.0 技术的风行,为基层图书馆自助服务提供了强有力的技术支持,网络的安全性、稳定性也得到了很大的提高。传统意义的图书馆读者服务在网上实现已经没有任何技术障碍。只要基层图书馆的读者服务实现了高度网络化,读者在网络上就可以自由在基层图书馆中翱翔。

网上自助服务是图书馆最丰富多彩的服务方式。理论上来说,除了纸质图书的借还无法实现网上自助外,基本上传统的图书馆读者服务均可以在网上实现。读者信息的设置、图书续借、图书查询、图书到期 E-mail 提醒、读者预借及预借史、财经及财经史、借阅及借阅史、感兴趣图书、参考咨询服务、特色资源服务、电子资源服务等是常见的也是图书馆容易实现的网上自助服务。

网上自助服务是图书馆最廉价的服务方式。图书馆只需要少数的资源(服务器和少量存储空间即可以实现),就可以服务大量的读者。这种服务不需要为读者提供场地和额外的设备。而且网上服务可以提供24小时服务。大大拓展了图书馆服务的时间。

网上自助服务是读者最方便的图书馆。通过网络节点,无论读者身在何处只要存在网络即可大驾光临。读者不必亲临图书馆,不受图书馆开、闭馆时间的限制。“各尽所能,各取所需”将成为现实。

(四)短信服务

手机短信服务(Short Message Service,SMS)是一种利用现代快捷、方便的通讯方式实现的服务模式。它利用电话号码来标识一个特定移动用户的网络连接。其短信传输所需的空间与大约1秒钟的语音呼叫所占用的空间相当,并用文字代替话音、用间接代替直接沟通,为人们提供了一种不同于见面或者打电话的交流沟通和问候的方式,再加之它经济、方便、可靠等诸多优势,深受人们的欢迎。

随着手机的广泛应用,图书馆界已逐步重视手机对图书馆服务的辅助功能。目前的应用范围主要在对手机短信服务方面,越来越多的图书馆开始利用手机短信来开展一些辅助服务工作。短信服务一般具有到期提醒和超期催还、预约/借到书提醒、续借、感兴趣新书通知、荐购图书、信息反馈、书刊信息查询、信息发布(专题讲座、读者活动、馆讯等)、读者借阅信息查询、读者证件挂失、通知服务、参考咨询服务、电子服务、服务投诉意见与建议等功能。

(五)语音服务

在中国电话有着最广泛的用户群。近年来,语音技术的快速发展以及中文语音应用技术的突破,为信息网络带来了一种极具诱惑的信息终端——电话。图书馆为了改变传统图书馆的服务手段,开拓信息服务的新局面,有效地实现全方位为读者服务,图书馆语音服务应运而生。

图书馆语音服务一般提供电话查询(借阅图书、财经信息、新书通报等)、信息发布(讲座、培训等)、服务投诉意见与建议、电话续借、电话扣缴欠款、修改读者证密码、挂失读者证等功能。

三、拓展自助服务的对策

（一）自助服务的人性化

自助服务将图书馆馆员藏在了身后，确实节约了人手，但是自助服务意味着自动化、机械化。机器不是人，不会思考更多，难免陷入机械化。但是读者是否使用图书馆自助服务主要取决于自助服务的可用性即人性化。如何做到人性化。

1. 系统的稳定性、安全性

在网络环境下，实现自助服务并非是一件简单的事。如果在馆藏信息的安全保密、网络信息的适用性、读者的利用权限、读者的身份认证等诸多环节上的工作没有做好，结果可能适得其反。这就要求图书馆确实有效地构建好自助服务利用的网络平台，使自助服务成为当今图书馆读者服务的主流。

开展网上自助服务，必须要保障网络系统的安全性，避免图书馆网络系统受到破坏。更要防止读者操作不当而造成数据错误或硬件故障而导致的数据丢失，因为以上情况都会使整个系统瘫痪。

读者使用自助服务需借助于图书馆提供的技术设备。因此要加强对自助设备的监控与维护，设立监控报警系统，尽可能的将要发生的问题在发生前就能够被发现并及时得到解决。同时需要配备专业的维修管理人员，出现问题能以最快的速度及时修复，以保证自助服务的正常运行，同时，即使出现问题，也可以将出现问题的影响减少到最小。

2. 功能尽可能的简单

“用最少的步骤，做尽可能多的事情”即功能尽可能的简单。如果功能简单，则它一定容易使用。从步骤上越是从读者角度考虑，读者使用起来就越省心，也就越喜欢使用。如果劈头盖脸的问你 10 个 Yes or No，那做什么都索然无味了。

3. 引导读者正确使用自助设备

读者使用自助设备是要让读者“胸有成竹”。这需要馆员引导读者正确使用自助设备，而且要针对自助服务制定出详细操作规范，让读者一学就会、一听就行、一用就熟。

4. 功能适用

要让读者感觉自助设备能“如我所愿”，即自助设备功能适用。基层图书馆应着力研究在既有的条件下实现图书信息资源的最有效利用问题，实现读者在图书馆获得最大的受益等。

（二）读者培训与交流

其实，首先应该是馆员准备好了没有。自助服务让读者置身于一个开放的环境之中，面对种类繁多的信息资源，必然会遇到这样或那样的问题，这就需要馆员具有强烈的主动服务意识，主动询问读者，随时提供帮助和个别指导，扫除读者在利用文献信息资源遇到的种种障碍。面对不同类型、层次和要求的读者群，馆员需要采取不同的方式对读者进行指导帮助，不仅要具备较强的自我操作能力。还得不断提高自己的语言和文字的表述能力，才能使广大读者用户易于理解和接受。此外，图书馆员还得投入大量的精力和时间为用户提供开放易用的服务体系，使读者在自助服务过程中感到便利、快捷，达到最佳服务效益。

拓展自助服务要提高读者自我服务能力与自我服务意识。图书馆需要对读者进行分层次的引导。主要内容如下：

1. 引导读者提高社会公德意识

图书馆要采取措施增强读者自律意识。读者的自助服务操作应受制于图书馆的有关规章制度，接受相关人员的监控和技术程序上的规范管理，读者在自助服务过程中要做到自觉控制，自我约束，禁止违规行为和蓄意破坏。

2. 普及图书馆知识教育

图书馆应通过各种方式让读者用户了解掌握图书馆的性质、职能、任务、服务机构、服务设施、规章制度，以及藏书体系、目录体系、现代化技术在图书馆的应用等。

3. 增强文献信息检索方法的培训指导

图书馆需要为广大读者用户开设一些文献信息检索课程、专题讲座、网上文献信息教室等形式的培训,指导用户充分利用图书馆资源。帮助他们掌握各种文献信息检索工具、检索方法、检索策略、检索技巧等,使其信息获取和使用的能力迅速提高,从而让图书馆各种文献信息被更多的读者用户享用。

第三章　基层图书馆
自动化网络化的规划与引进

图书馆的自动化网络化的规划、引进须设立专门的项目规划、筹备组织机构或部门，从事图书馆自动化、网络化的需求调研、规划设计、采购引进等具体事务，并赋予其需求归总、资源调配、采购实施等相关的权利，来推进和实施图书馆自动化网络建设，保证图书馆自动化网络化建设的可操作性和可持续发展性。相关的筹建组织或部门，应配备较高知识层次的图书馆行业、计算机自动化行业、网络技术行业等专门人员，对项目的规划、引进、实施须有一定的认识。

(1)实施模式

基层图书馆在进行自动化、网络化的规划与设计时，须由建设项目筹备部门对本馆的自动化、网络化的基本需求进行归纳整理，组织调研分析、可行性论证，提交项目基本需求和报告，并进行自动化网络化的规划、设计与实现，在项目立项获相关主管行政部门、财政部门审批后，应按照国家相关采购法律法规的要求，尽快组织、推动项目的采购实施和引进等工作。

同时，也可委托有图书馆行业自动化网络化设计经验的信息咨询机构或系统项目集成商，与图书馆项目筹备小组充分沟通和了解本馆的基本建设需求和实现目标，结合图书馆行业的服务管理现状及实现技术手段等，由其提交图书馆自动化网络化的规划设计方案，图书馆在评估方案的可行性后可考虑继续进行深化设计或推进实施。

(2)建设类型

信息技术、网络技术、自动化计划在近年来的进步幅度比以往更大，也大大改变了图书馆自动化网络化系统的功能面貌。正由于自动化网络化系统的发展深受技术的影响，因此当科技快速进步之时，自动化网络化系统的功能也日益多样起来、架构也越来越复杂，图书馆或图书馆员在进行图书馆自动化网络化系统建设时，所需要考虑的各种因素也会随之越来越多，各因素之间的次序、取舍、组合也成为一大课题，使得科技因素在图书馆自动化网络化的程序中的重要性越来越提高。在图书馆自动化网络化的过程之中，系统采购的方式、馆员参与的途径、读者意见的整合、强调人性化的建设管理，这些都在新的图书馆自动化网络化程序中渐渐受到注意。

（1）新建。指结合自身的服务对象、资金建设规模，筹建全新的图书馆自动化网络化设施及平台。

建立一个新的图书馆自动化网络化系统，所需要的条件概括起来仍然是四个字，即“硬、软、库、人”。“硬”指计算机系统设备、网络基础设施及其他外围设备；“软”指计算机系统软件和应用软件；“库”指各种数据库，如存储数据库、电子文献数据库等；“人”包括领导、高级系统分析师、操作人员和使用人员等。另外，还有一个环境条件，它不仅涉及一个图书馆，还涉及主管部门，以及同行业系统，涉及社会甚至整个国家的形势与相关政策。

（2）升级与转换。对现有的自动化网络化设施与平台进行数量规模、技术手段、漏洞缺陷等进行扩充和完善，实现已有的自动化网络化基础设施及平台向新的设施与平台的平滑过渡，并充分保证资源的可用性、服务的可拓展性、可持续发展性。

一般来说，图书馆进行自动化网络化系统的升级、转换，有两种原因：一种为“推”，主要是因为相关技术的进步、读者需求的扩大而不得不进行升级与转换；一种为“拉”，即图书馆为主动适应新的服务环境、管理环境的需求进行升级与转换。

系统升级与转换的主要步骤包括有：需求评估与系统功能评估、规划与执行、数据升级/转换、环境准备与系统安装、培训与相关文件的准备、新系统的测试与评估。

（3）应注意的问题

图书馆在进行自动化网络化规划与引进时，应注意以下几点内容：

a)价格因素不能作为系统选择的唯一条件

应将产品的性价比作为最基本考虑因素。图书馆在系统产品的选择上不能将价格因素的考虑凌驾于功能考虑之上。许多未实施自动化网络化的图书馆常将系统的成本考虑为主要决定因素，而已有自动化网络化实施经验的图书馆在进行系统的升级、转换时，则往往宁愿将系统的功能视为更重要的考虑因素。在决定系统产品的购买之前，应就系统产品的性价比进行权衡和考虑，同时须结合自身的具体实施环境、条件及要求，将最核心的因素确定为必要条件。

b)系统的使用生命周期有可能超出预期

在进行系统规划及引进时，应明确系统的生命周期。一般的观念认为，4—7 年便须更新应用系统，计算机硬件设备则更新的频率更快，3—5 年须进行升级或扩容。即便是资源较为充裕的单位，也有系统、硬件产品使用达数 10 年以上的情形。故在规划时需将系统的生命周期考虑在内，以便在适当的时机进行系统的扩容、升级与转换。

c)规划与引进需注重人性化的需求

基层馆员的参与渠道、基本需求必须获得重视和关注，读者的意见、反馈等也必须进行有效收集和整理，毕竟他们才是使用系统最直接、最频繁的用户群体，因此过去由上而下的系统建设方案的模式需有所改变。而在更换系统的过程中，馆员的适应能力、技术水平层次等也需要充分进行关注，并应保持图书馆、供应商、采购部门、结算部门之间的沟通顺畅，才能使图书馆自动化网络化工作得以顺利推动。

d)良好的事前规划设计才能确保自动化网络化系统的成功、快速实施

无论是系统转换或首次进行自动化网络化，只有事前良好的规划，才能使自动化网络化能够真正成功并快速完成。系统集成商强大的实施能力并不是自动化网络化成功的保证，图书馆项目筹备人员事前规划工作做得越完善、越充分，系统实施、运行的时间才能越快。

e)确认项目供应商、集成商的责任与后续管理维护细则

图书馆自动化网络化涉及的层面较广，其产品的升级及维护的工作量较大，图书馆在应用实施系统后，应与系统集成商就系统的维护（包括产品的故障维修、软件系统的修复）、产品的升级（包括硬件的更新换代、软件的补丁完善与版本升级等）等签订长期协议，明确集成厂商的责任与工作，确保图书馆自动化网络化系统的长期正常运行。

（4）规划与引进的实施特点

a）实时完善性

图书馆自动化网络化在进行需求及规划时，须依据新的实施环境、预期效果等变化，不断进行更新和完善。

b）不可控性

方案设计过程中技术手段、实现方法与基层图书馆自身的结合有待系统投入使用后的运行效果评估；产品的采购招标实施过程中也存在许多不可控因素。

c）层次性

图书馆自动化网络化建设有不同的深度和范围，应结合图书馆自身的切实需求来制定建设项目规划。

d）开放性

图书馆自动化网络化的建设，必须是一个开放式网络体系，即不同的用户对象、不同类型的计算机、不同的拓扑机构和通信协议网络，均可以连成一个统一的管理环境，不同的资源服务平台、加工平台，可以连成一个统一的服务平台。

e）循环性

图书馆自动化网络化的建设是一个不断衍生和扩展的过程，其发展周期沿着一个需求分析—规划实施—提升完善的技术过程来循环。

第一节　需求与调研

就图书馆自动化、网络化而言，需求分析与调研是针对图书馆需要实现的读者服务及业务管理的层次目标，调研和分析同区域/国内外区域、同等服务条件、同等服务要求的同行业自动化、网络化建设要求，从自身的投资规模、设备配置、服务对象、服务手段、服务平台等设计出发，提出和归纳适应于本图书馆自动化、网络化的基本服务设施及管理系统要求的基本需求。

需求分析与调研是图书馆自动化网络化项目建设过程中的最为基础的一项工作，只有经过细致、充分的需求分析，并对需求的实施效果、可行性等进行技术调研、应用调研等，对需求进行修正和不断的完善，才能够获取最基本的、切实可行的项目实施要求和项目建设需求。同时，需求分析与调研是一个反复循环的连续过程，在不断的分析、对比中无限接近最实际的、最切实可行的建设目标和需求的过程。

一、基层图书馆自动化网络化建设的设计目标

（一）自动化网络化的建设目标

在进行图书馆自动化网络化建设规划之前，需要了解自动化网络化的基本目标和含义。

1. 自动化

对图书馆而言，所谓的自动化，则是需要依靠相关的计算机设备、自动化设施和软件管理系统平台，实现图书馆各项基本业务的自动化管理，如采访、编目、流通、典藏、期刊、联合协作、业务办公等，同时在此基础上为读者提供全方位、多层次的自动化、自助化图书馆服务，如公共检索、文献检索导航、自助借还/办证/扣缴/查询/复印、非开放服务时间内的自动应答等，使图书馆的各项业务管理更加智能化，读者服务更加人性化，提高图书馆公共文化设施的服务质量和服务效率。

总结起来，广义的自动化以自动化、机械化、电子化等设施来替代工作人员处理图书馆的各项业务工作；狭义的自动化则是指充分运用自动化管理系统软件来辅助工作人员处理图书馆的各项业务工作。

建设图书馆自动化的目的是为了提高图书馆业务管理及服务的效益：提高工作效率，减少工作人力，提高作业速度，简化工作流程；提

升业务质量,降低作业错误率,提升管理质量,促进资源共享。

图书馆自动化范畴包括以下几方面内容。

技术服务:管理内部资源,如采访、编目、流通、期刊等。

读者服务:信息检索服务,如 OPAC、电子数据库检索等。

馆际合作:扩展信息服务,如合作编目、馆际互借、文献传递等。

电子文献:电子书、电子期刊、电子数据库、馆藏数字化。

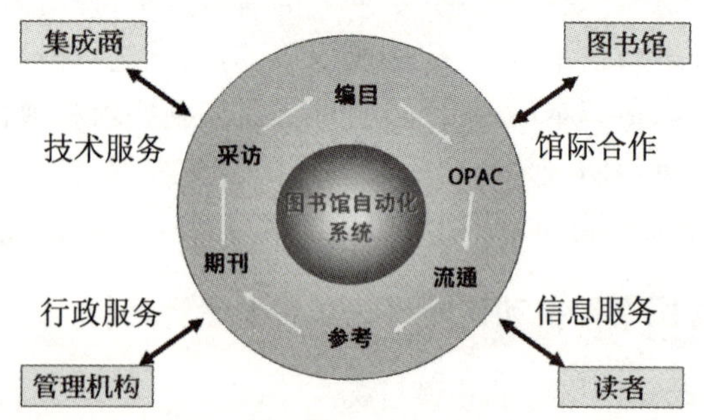

2. 网络化

对图书馆而言,所谓的网络化,则是借助于各种网络设施、网络管理平台和资源管理平台,对图书馆的物理链路网络、内部局域网络、资源网络、服务网络进行有效的、一体化的组织和架构,并通过技术措施、管理制度、实施规范等确保各种网络体系运行和开放服务中的安全,以期实现图书馆各种服务设施的管理网络化,如硬件设备统一管理、网络安全管理、存储设施的网络化管理,及各种图书馆资源的服务网络化(如门户网站、电子资源网络服务、网络在线式参考咨询等),使图书馆的各项业务管理更为便利,各种资源的共享和利用更为高效,具备实时应答和及时响应的交互式服务网络。同时,网络化也涉及与其他图书馆之间的联合与协作,要求图书馆的管理与服务网络是开放性的,图书馆之间可以依据统一、开放的网络化设施及网络化管理平台,组建起分布式的图书馆区域性服务团体和服务联合网络,从而确保服务资源的最大化利用和服务对象的最大化拓展。

网络化分建设为网络环境建设、信息资源网络化、区域协同网络化，在网络化建设的过程中须考虑相关的资源组织与建设、信息网络安全、计算机软硬件之间的兼容与升级、资源建设的标准化、图书馆之间的有效合作等问题。

（1）网络环境建设

对图书馆的基础网络硬件设施、网络通信架构、网络安全、网络化管理的建设，是图书馆网络建设的基础，因为良好的网络环境和先进的网络设备，可以保证网络服务的有效运行，必然会对图书馆的信息资源服务的各项服务功能及其利用效益产生良好的促进作用。同时，稳定、安全、实时的网络工作环境，可以推动图书馆各项业务工作的高效率实施，资源配置、信息共享、协调沟通等管理事务也将会有更快的执行效率。

（2）信息资源网络化

对信息资源进行收集、组织，通过网络化的技术手段和服务平台，为读者提供基于网络的信息服务。其主要内容为网络化的资源组织及整合，如标准化的电子资源建设、特色自建数据库建设等，网络化的信息服务提供与管理，如统一检索信息平台、门户信息网站服务、网上咨询与网络信息导航、网络电子公告等。

（3）区域协同网络化

在一定区域内，利用先进的计算机技术、通信技术、网络技术，在自身网络化建设的基础之上，实现同其他图书馆之间的网络合作，达到异地信息资源共享和服务协作。区域网络化建设，则是指图书馆之间依据其性质和任务，分工合作，通过网络，有计划的系统的规划、选择、收集、组织、管理各种图书馆服务资源，来建立一个全面满足读者多样化需求的信息资源体系的整个过程和全部活动。

区域网络化建设的规模有大小之分，依据地区规模，有全国区域级别、地区级、市级、县级；建设的类型可分为综合性的和专业性的，如全国文化信息资源共享工程、中国高等教育文献保障体系等，属于综合性网络建设，而全国医学图书馆资源共享网络和农业科技文献信息集成服务平台就属于专业性建设。

随着计算机技术、自动化技术及网络技术的发展，图书馆读者的需求越来越多样化，对图书馆所能提供的服务则要求越来越高，如便利性、及时性、有效性、可用性等，如何使得图书馆的自动化网络化建设更加贴近读者的图书馆利用需求，是我们在进行自动化网络化需求分析调研过程中须着重考虑的问题。图书馆的自动化、网络化建设是相辅相成的，自动化是网络化的实施基础和有力保障，网络化是自动化的管理手段和有效提升。

同时，无论是图书馆自动化建设还是网络化建设，都需要考虑同其他图书馆甚或是其他文献信息服务机构之间的协同工作和资源共享，这就要求图书馆的自动化网络化建设必须是一个开放性的项目工程，其建设的系统必须具有对外开放的端口，从而保证图书馆的服务在整个文化信息服务体系中的有效性和可持续发展性。

(二)自动化网络化的评估指标

评估是对图书馆自动化、网络化建设的状况、功能及其作用发挥的情况进行分析和评价，通过这种分析和评价所获得的信息来作为图书馆自动化、网络化建设制定发展规章的客观依据，从而建立更为有效的图书馆自动化、网络化服务体系，提供更为有效的图书馆信息服务和资源服务。

目前，基本的图书馆评估指标有《公共图书馆评估标准细则》《普通高等学校图书馆评估指标体系(试行)》等，各地区也都依据国家相关标准制定了本区域的图书馆评估指标体系，如《北京地区高校图书馆评估指标体系》《深圳市社区图书馆评估标准》《河北省中小学图书馆评估细则》《江苏省高等学校图书馆评估指标体系》。

就图书馆自动化、网络化的评估指标，主要有以下几个层面。见表3－1。

表 3 -1

类型	评估指标项	评估内容及要求
硬件设施	服务器及数据存贮	服务器性能和数量,安全及速度,是否具备在线备份功能
	网络	图书馆内部局域网连接图书馆网络出口、馆内骨干网、馆内工作站连接、信息节点,提供读者使用的无线网络环境,提供读者免费使用的信息节点,本馆人员可在校外访问本馆的电子资源
	工作站	读者用机、工作人员用机满足业务需要、现代化办公环境
	辅助设备	业务和服务用打印机、扫描仪、复印机等相关设备,UPS 设施
系统软件	服务器操作系统	类型选择合理,运行速度、安全性和稳定性,满足业务服务需求
	数据库管理系统	类型选择合理,运行速度、安全性和稳定性,满足业务服务需求
	网络管理系统	类型选择合理,运行速度、安全性和稳定性,满足业务服务需求
应用软件	图书馆自动化集成管理系统	有图书馆自动化管理系统,系统拥有完整的图书馆业务管理模式(采访、编目、流通、典藏、期刊、公共检索)和协作系统(联合采购、联合编目等)
	Web 应用	拥有独立的图书馆网站,基本网页功能完备,规划设计合理,可以提供 Web 检索,Z39.50 远程检索和馆际互借等服务,定期维护更新

续表

类型	评估指标项	评估内容及要求
应用软件	基于网络的办公自动化系统	提供人事管理、设备管理、图书馆业务决策管理等子系统，提供电子文件传送、消息发布以及电子邮件系统
	其他应用软件	类型选择合理，运行速度、安全性和稳定性，满足业务服务需求
	数字图书馆	有应用系统，正常投入使用，与自动化集成管理等系统高度集成

针对图书馆自动化网络化的相关评估指标体系而言，系统产品配备的全面性是主要出发点，其要求系统产品的规模配置、具备的功能等有较强的适用性。

(三)自动化网络化的层次与深度

地(市)级、县级以下的图书馆统称为基层图书馆，它包括县(市)、区图书馆与乡镇、社区图书馆等。由于各个图书馆在办馆宗旨、服务对象、建设经费、人员配备等的不同，图书馆自动化、网络化建设要求的层次、深度也就各有差异，基层图书馆在进行建设规划之前，应就自身的办馆环境做充分的需求分析和调研，选择合适的建设规模和建设层次，从而才能够保证本图书馆的长期可持续发展。

最普通的、规模较小的基层社区图书馆、图书室等，其服务量、处理量等较低，只需要最为初级的自动化网络化建设，配备最为基本的应用设计环境及技术工作系统，就可以满足本区域内读者的阅读需求，如ADSL的网络接入环境、图书/期刊的基本流通、条形码/磁条/安全门禁技术手段等。

而相对藏书量、处理量、读者需求较为多样性的图书馆而言，则需要中等规模的自动化网络化建设，如重视与读者的交互、建设较为实用的图书馆网络平台、电子资源服务，利用图书馆的实际服务需求，提

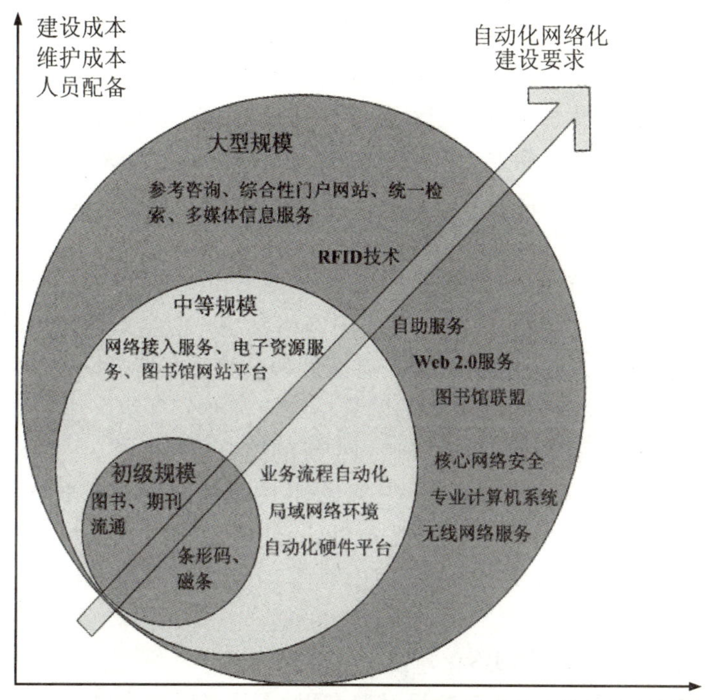

供相关的电子资源服务、局域网络组网环境等。

大型规模的自动化网络化建设则针对的是藏书量、读者服务需求、文献管理环境要求等较高的图书馆，此时，应将最新、最实用的图书馆相关技术设施与管理平台软件应用到项目中来，在配置及建设规模上以需求的最大化实现及可持续发展性为主要建设出发点。如采用 RFID 数字标签识读体系代替传统的条形码识读体系，提高图书馆文献的流通管理效率。

（四）国家及图书馆行业的相关法规及标准

依照 2008 年 11 月 1 日起施行的《公共图书馆建设标准》，公共图书馆分为大型馆、中型馆、小型馆，其与图书馆自动化、网络化建设相关的内容条款有：

“第二章规模分级、项目构成与选址”第十六条 公共图书馆的技术设备包括电子计算机、网络设备和相关外围设备，视听及音像控制设备，文献数字化加工与复制设备，图书防盗设备，文献消毒设备，流动图书车，缩微制品摄制、冲洗及阅读设备，视障和老龄阅读设备，装裱及文献修复设备，自助借还设备，书架、阅览桌椅、目录柜、出纳柜台等家具设备，其他设备等12类。

“第五章建筑设备”第四十二条 公共图书馆应按网络化的要求，建设由主干网、局域网、信息点组成的网络系统。信息点的布局根据阅览座位、业务工作的需要确定。有条件的公共图书馆可设置局域无线网络系统。大型公共图书馆的网络系统应与办公自动化、楼宇自动化一并考虑，根据实际需要选择适当型级的综合布线系统。

“第五章建筑设备”第四十三条 公共图书馆应设置安全防盗装置。大、中型公共图书馆的主要入口处、储藏珍贵文献资料的书库和阅览室、重要设备室、网络管理中心等均应设置门禁及电视监控系统。

（五）区域自动化网络化建设的统筹规划措施

目前，基层图书馆由于建设经费有限、人员素质有待提高、技术设备及资源匮乏、服务范围狭窄等原因，单个的基层图书馆难以满足和维持读者的服务需求，基层图书馆只有寻求区域性的服务协作、资源联合，形成区域性的图书馆服务网络，才能够得以长期的发展。

图书馆在建设自身的自动化网络化时，应遵循当地或所属区域、所管辖的文化服务单位的指导性建设原则和要求，有目的、有计划地进行规划和实施。如果为从属性建设单位，应在建设的过程中，结合本地的服务水平要求和建设指导方针，科学、合理地进行实施；如果为主管性建设单位，应统筹规划本区域的自动化网络建设目标和建设部署计划，实现同区域的协同建设和资源的合理规划，保证整个区域的图书馆资源建设及服务的同步。

二、自动化网络化建设的调研

（一）调研的意义

就图书馆行业，通过调研可以获取自动化网络化的基本概念、实现方法、实现手段、采用的技术手段等；就地区图书馆服务的规划，通过调研可以获取相关的基本服务要求与图书馆建设要求；就图书馆馆内而言，通过调研可以获取本馆的资源建设、业务管理、流程设计等基本内容。

多层次的项目调研，可以让项目建设人员对图书馆自动化、网络化的当前需求、建设步骤、长远发展规划等有整体的了解和认识，同时，多角度的深入调查和研究，也可以对项目建设的需求进行不断修正和完善，从而使项目建设人员得到最切合实际的自动化、网络化建设目标。

（二）调研的范围

自动化网络化项目调研的范围和内容可分为内部调研、经验调研、技术调研、区域调研。

内部调研是指针对图书馆自动化网络化，本图书馆期望提供的服务功能、服务类型、资源规模、内部业务管理模式等，期望改进和完善的自动化网络化的突破口和着重点等。

经验调研则指针对其他图书馆或文化服务单位，分享其图书馆自动化网络化建设的实施经验，以期对本图书馆的建设提供指导和参考意义。

技术调研则要求在充分理解和认识自动化网络化概念及建设目标的技术上，对涉及的计算机自动化、网络化相关技术设施、软件产品、技术手段等进行深入理解，考虑其在图书馆建设中的可行性及可用性。

区域调研指对所属行政区域主管单位或隶属图书馆联盟的自动化网络化统一建设目标、实施要求调查，在其主导的建设方针下，对本馆自动化网络化予以修正，充分共享服务资源，实现区域联合服务、网络服务。

表3－2

调研类型	调研的范围及内容
内部调研	• 本馆的资源规模预计:藏书量、资源的种类、网络信息提供 • 本馆的服务规模及服务对象:人次规模、服务读者类型、服务定位 • 本馆的服务类型:图书借还、参考咨询、电子资源、网络接入、多媒体视频阅览、虚拟图书馆等 • 本馆的业务流程:采购、编目、典藏、流通、参考、协作 • 本馆已有的自动化网络化设施、系统及服务平台的不足 • 本馆在自动化网络化管理模式及技术设施、管理手段、维护制度等方面需要增加和完善的方面
经验调研	• 该单位自动化网络化建设模式与投资规模 • 该单位自动化网络化建设过程中遇到的问题与解决办法 • 该单位自动化网络化建设规划与实施过程的优点 • 该单位自动化网络化迁移的具体实施步骤,系统集成方案是什么 • 该单位自动化网络化的建设及实施对本馆有什么指导意义 • 使用该项技术/该设施的文化服务单位,工作效率及服务效果是否有提高和改善 • 使用该厂家产品的文化服务单位与使用其他厂家产品,就功能实现、建设难度、投资预算、使用效果等方面的差异性体现在哪里
技术调研	• 自动化硬件技术设施 • 自动化管理系统平台 • 图书馆自动化服务技术手段 • 网络化硬件设施 • 网络化管理系统平台 • 图书馆网络化服务技术手段 • 自动化网络化的整合与优化

续表

调研类型	调研的范围及内容
区域调研	• 邻近区域图书馆建设的指导方针、服务类型、建设目标 • 行政主管单位就本区域图书馆建设的目标、原则和要求 • 所属图书馆联盟或联合体,就从属馆的资源建设、服务整合、自动化系统选型、开放接口等方面的规划要求 • 针对本区域图书馆服务存在的不足,本馆自动化网络化建设中该如何予以完善和拓展

(三)调研的流程

(1)指派调研顾问和调研人员,确定调研时间、调研内容以及被调研对象。确定调研的主体、对象、内容和最佳调研时间。

(2)确定调研方式。调研有现场调研、网络调研、电话调研及问卷调研等几种方式,针对需要调研的对象及调研目标,确定相关的调研方式。如对某种技术或软件系统产品,可采取网络调研的方式;对某种硬件设施的服务效果,可参观厂家或用户单位进行现场调研,分析和了解其实现的难度、服务效果及可持续发展等,最大化了解该技术的应用及实施;对服务读者的期望图书馆建设目标,可采取问卷调研的方式等。

(3)收集和整理调研信息。在收集被调研对象项目信息时,应该按照由表及里的原则,删除冗余的信息,透过信息的现象看到被调研对象在建设目标、建设方式、实施规划等方面的实际参考意义,力求获得本馆自动化网络化建设的最可行、最必须的需求。

(4)提交调研计划。调研计划确认采取量化的形式,避免出现模糊不清的需求和需求无限量化;制定调研的实施步骤,在调研实施过程中按照计划进行展开和总结分析。

(5)高层访谈。同本馆主管高层或本区域行政主管单位,就图书馆自动化网络化的总体目标、建设方针、改进完善意见等进行沟通。

(6)撰写调研报告。编写《项目调研报告》并报送至相关主管部门审核和修改，同时依据其他调研分析的结果对调研报告进行不断完善。

（四）项目调研报告

项目调研是对某一情况、某一事件、某一经验或问题，经过在实践中对其客观实际情况的调查了解，将调查了解到的全部情况和材料进行“去粗取精、去伪存真、由此及彼、由表及里”的分析研究，揭示出本质，寻找出规律，总结出经验，最后以书面形式陈述出来，这就是调研报告。

调研报告的核心是实事求是地反映和分析客观事实。调研报告主要包括两个部分：一是调查，二是研究。调查，应该深入实际，准确地反映客观事实，不凭主观想象，按事物的本来面目了解事物，详细地占有材料。研究，即在掌握客观事实的基础上，认真分析，透彻地揭示事物的本质。至于对策，调研报告中可以提出一些看法，但不是主要的。因为，对策的制定是一个深入的、复杂的、综合的研究过程，调研报告提出的对策是否被采纳，能否上升到政策，应该经过政策预评估。

项目调研报告应包括下述内容：

（1）调研的背景和目的。调研的背景介绍应简明、扼要、切题。如对自动化网络化建设的技术调研而言，应明确其具体应用环境、实施要求、基本构成。调查目的应阐述调查的必要性和针对性。如进行自动化网络化经验调研时，调研的目的是为了获取相关的调研对象在实施自动化网络化过程中的心得、体会及实施方案，以其能够为自身进行自动化网络化建设过程中提供指导意义。

（2）详细描述研究中采用的方法，使读者能评价资料收集方法是否恰当。这部分一般包括以下几方面：地点、时间、调查对象、调查对象的选择（抽样方法）、样本量的估计等。调研的方法一般有定性及定量调研两种，在进行调研的过程中应注意调研的质量控制。

（3）调研的结果。一般采用描述、对比分析、推断、讨论来撰写。如，描述某图书馆自动化网络化建设的基本实现过程、建设步骤；对比A馆与B馆在自动化网络化建设过程中实施应用效果的优缺点；在对比的基础上进行统计推断，确定某个馆所实施的自动化网络化系统产品是成熟的、应用效果可靠的；对自动化网络化的建设难度及实施的重点问题，提出可供讨论的参考点。

(4)结论与建议。用扼要的文句把报告的主要内容概括起来，文字结构应该准确、完整、精练，高度概括调研报告的主要目的和结果。在建议中应有实质性的较为科学的项目建设决策建议，从而能为项目的进一步推动和深入研究提供参考。

三、自动化网络化建设的需求分析

需求分析从字面上的意思来理解就是找出“需”和“求”的关系，从当前业务中找出最需要重视的方面，满足各业务部门提出的各种合理要求，进行充分沟通后提出项目建设的各种基本要求和设施；从已经运行的系统中找出最需要改进的地方，依据要求修改已经成形的方案。

需求分析需要从基层图书馆的战略、运作和技术层面对图书馆自动化网络化设施及系统的功能需求进行需求搜集、整理及深入分析，确定最切合实际、最真实的建设需求，并提交需求分析报告。

战略层面不仅要考虑图书馆的现状及近期建设目标，也要考虑图书馆未来的发展及长远规划。

运作层面对图书馆各业务流程及各服务功能的分析，特别是关键业务流程和核心服务功能的分析，明确图书馆在运作过程中可能会存在的问题和不足，找到运作层面对自动化网络化管理、实施、运行的需求。

技术层面则是从实施技术层面对系统的完善、升级、集成和整合提出需求。

(一)需求分析的对象

需求分析实施之前，要先确定需要进行需求征集的目标对象，也可成为用户需求。自动化网络化建设的需求分析的对象，主要有决策对象、管理对象、服务对象、建设对象等几类，每一类对象又有具体的实体及人。

表3－3

对象类型	对象人	对象实体
决策对象	图书馆的决策层/高层领导，对本馆自动化网络化有长远目标和具体实现需求	图书馆实体设施，包含图书馆的自动化网络化的建设需求
管理对象	图书馆的网络管理部门，负责项目的实施监管、运行维护和管理	管理平台和技术手段措施，实现设施的智能化管理
服务对象	图书馆的服务读者群体，是图书馆的最终服务目标	读者的具体文献需求、网络服务需求
建设对象	图书馆项目的承建商/集成商，负责项目的基础建设、设备供货和系统集成实施	能满足图书馆建设需求的设备产品、软件平台、系统集成及维护服务等

(二)需求分析的目标及重要性

需求分析是指理解用户需求，就系统功能、实现目标等与用户达成一致，估计系统风险和评估项目代价，最终形成建设需求计划的一个复杂过程。获取基本的、真实的、可行的需求，是项目进行方案设计与规划的最基本前提。需求分析之所以重要，是因为其具有决策性、方向性、策略性的作用，只有充分了解对象的基本需求，进行归纳和整理，并加以科学论证，取得最终的项目建设需求后，才能以此为基础，进行项目的整体规划。

需求分析的目的是完整、准确地描述用户的需求，跟踪用户需求的变化，将对象的需求准确地反映到项目的分析和设计中，并使项目的分析、设计和用户的需求保持一致。需求分析的特点是需求的完整性、一致性和可追溯性。完整性要求准确、全面地描述用户的需求；一致性是通过分析整理，剔除用户需求矛盾的方面，规范用户需求；可追溯性有两个方面的含义，整理和规范的需求，其一，需要不断的和用户进一步交流，保持和用户最新的需求一致，其二，和系统分析、设计保持一致。

需求管理人员在需求分析之前必须建立需求分析技术层面的基本框架，从技术上保证需求分析的要求，在此基础上进行的需求分析才能满足项目对需求分析的要求。

需求分析一般来说需要有一个需求分析的团队，如用户代表、需求分析人员、项目建设人员、需求管理人员等，他们的分工不同各有侧重点。在需求分析过程中，用户代表处在主导地位，需求分析工程师和项目建设人员要负责整理用户需求，为之后的软件设计打下基础。

需求分析在自动化网络建设过程中的作用十分关键，需求分析不到位将导致下述风险的产生：

(1)需求的膨胀会使项目延期或质量下降。

(2)需求的模糊和不完善的需求分析会导致选型不当、时间的浪费和项目返工。

(3)不必要的需求会导致无效工作量的增加。

(4)过分简略的需求说明会遗漏某些关键应用服务及业务管理需求。

(5)忽略某类用户的具体需求会导致其不满。

(6)模糊和不完善的需求分析使项目验收不严谨。

(三)需求分析的实施过程

需求分析在整个系统建设过程中，是要解决“做什么”的问题，把要解决哪些问题、满足用户哪些具体的信息需求调查、分析清楚，从逻辑上，或者说从信息处理的功能需求上提出系统的方案，即逻辑模型，为下一阶段进行物理方案设计、解决“怎么做”提供依据。

1. 需求意向提出

基层图书馆自动化网络化的建设是图书馆开展各项服务和业务工作的基础，其建设的需求意向在基层图书馆筹建规划时应纳入整体规划范围之内。相关主管部门和领导所提出的需求意向，可能是比较抽象的、概括的、前瞻性的，项目建设部门应对其需求意向进行深化调研和分析。

在意向提出阶段,图书馆业务部门发现需要由自动化网络化手段来实现的业务需求,并提出需求期望。

对于有集中业务规划、年度采购计划的图书馆单位,意向的产生经常集中在业务规划期间,比如:财年末,图书馆各业务管理部门、读者服务部门、行政办公部门对自身的业务运行和实施模式进行盘点时,往往产生业务模式、服务功能、服务设备、管理手段等的改进需求,从而对自动化网络化工具产生新的需求和改进意见。在这一时间产生的想法或需求,往往不是很成熟,不确定性很大,后期变化的风险也很高。但这一时期,也是意向最集中,最易于统筹规划的时期。项目建设部门应在这一时期,对所有的意向进行收集,分类整理,初步形成项目建设清单,并考虑图书馆的建设重点与资源投入的约束,对项目进行优先排序,以确定建设重点和先后次序。

对于不在集中规划时期提出的项目意向,往往会影响到原有的整体规划与计划,各方面的论证更应谨慎,比如,项目的必要性、投入的合理性、对已建和在建系统的影响等。

项目建设部门可通过建立一些制度与流程,对需求的意向进行引导,尽量使意向在集中规划时期提出。

2. 需求识别

就是从系统项目的角度来理解自动化网络化,确定对所建设系统的综合要求,并提出这些需求的实现条件,以及需求应该达到的标准。这些需求包括:功能需求(做什么)、性能需求(要达到什么响应指标和技术参数)、环境需求(如机型,操作系统等)、可靠性需求(不发生故障的概率)、安全性需求(安全漏洞、数据通信可靠性)、管理需求(制度、管理平台)、项目建设进度需求(各组件完成时间要求)、预算经费需求(建设经费、维护经费)等,预先估计以后系统可能达到的目标。

3. 图书馆的业务及服务构成分析

进行图书馆自动化网络化建设需求分析时,须对图书馆的各项基本业务及服务有充分的认识。图书馆的部门组织结构及分工、业务管理及流程、读者服务功能及类型等，是确定自动化网络化建设的规模及组成的重要因素。图书馆业务工作、服务读者群体对象的侧重点的不同，影响着图书馆自动化网络化建设的重点。

图书馆的自动化网络化系统在运行过一段时间后，业务部门会对系统运行的效果进行评估，对系统的功能完善、业务构成、应用技术等提出改进需求意见。同时，相关的读者服务部门，在统计分析图书馆服务效果的基础上，就系统在读者服务设施、资源提供、服务的安全性等方面提供改进需求意见。图书馆在进行长期目标规划时，也会依据自身的现有服务条件和状况，面对读者新的服务需求，提出图书馆可持续发展的改进需求规划意见。

4. 收集整理

(1)实地考察。实地考察是需求分析人员获得第一手资料采用的最直接的方法，也是必需的步骤。

(2)用户访谈。用户访谈要求需求分析人员与本馆的实际负责人或建设需求对象通过面谈、电话交谈、电子邮件等通讯方式以一问一答的形式获得需求信息。

(3)问卷调查。问卷调查通常对数量较多的最终读者用户提出，询问其对将要建设图书馆所提出的要求。问卷调查的方式可以分为无记名问卷调查和记名问卷调查。

(4)向同行咨询。就项目的基本需求，请同行进行评点和提出修改意见。

5. 归纳整理需求信息

用户必须对系统功能和性能提出初步要求，并澄清一些模糊概念。而需求分析人员则要认真了解用户的要求，细致地进行调查分析，把用户“做什么”的要求最终转换成一个完全的。精细的系统逻辑模型并写出系统需求规格说明，准确地表达用户的要求。

通过各种途径获取的需求信息通常是零散的、无序的，而且并非所有需求信息都是必要的或当前可以实现的，只有对当前系统总体设计有帮助的需求信息才应该保留下来,其他的仅作为参考或以后升级使用。可以将需求信息用规范的语言表述出来,或者对需求信息用列表的方式描述出来;需求信息也可以用图表来表示。图表带有一定的分析功能,可以对获取的需求进行直观的对比。

6. 分析与综合

逐步细化所有的系统需求,找出系统各需求元素间的联系、特性,分析其是否满足需求,剔除不合理部分,增加需要部分。最后,综合成系统的解决方案和需求方案。

针对开发及新建的软件系统,系统需求分析工作也是一个不断认识和逐步细化的过程。该过程将信息系统所确定的软件功能范围逐步细化到可详细定义的程度,并找到可行的解决方法。

7. 制订需求分析报告

即编制文档,将上述各个阶段的最终需求描述、分析结论等形成文档。

需求分析报告须具备:完整性(不能遗漏任何必要的需求)、正确性(要有客户参与)、可行性、必要性、无歧义(每项需求在文档中只出现一次)。

如对基层图书馆自动化应用管理系统软件的需求说明书的基本格式包含以下内容:

一、前言

1. 图书馆自动化应用管理系统的目标

2. 系统目的

3. 系统范畴

4. 未来建议

二、整体系统描述

1. 系统主要概念

2. 系统功能

3. 用户类别与特征

4. 操作环境

5. 系统限制

三、系统特征

1. 功能优先级

2. 功能间的关系

3. 功能需求

四、外在界面需求

1. 用户接口

2. 硬件接口

3. 软件接口

4. 沟通接口

五、其他非功能性需求

1. 绩效需求

2. 安全需求

3. 软件质量属性

8. 需求管理评估及完善

需求分析报告形成以后，还需要组织对需求的评审，以达成项目关系人对需求的一致认可。对功能的正确性、完整性和清晰性以及其他需求给予评价，评审通过才可进行下一阶段的工作，否则重新进行需求分析。这一过程可包括内容。

(1)制定评审计划：制定评审的工作计划，确定评审小组成员，准备评审资料。

(2)需求预审查：评审小组成员对需求文档进行预审。

(3)召开评审会议：召开评审会议，对需求规格书进行评审。

(4)调整需求文档：根据评审发现的问题，对需求进行重新分析和调整。

(5)重审需求文档：针对评审会议提出的问题，对调整后的需求文档进行重新审查。

9. 需求最终确定

需求分析所取得的资料经过整理后得到需求分析文档，但这种需求分析文档还需要经过论证后才能最终确定下来。参与论证活动的人员除了需求分析工作的负责人外,还要邀请其他部门的负责人,以及项目的高层领导或相关行业专家。

(四)可行性论证及分析

可行性方案的论证是项目启动阶段的关键活动,它的质量直接影响项目的实施效果。论证小组一般由图书馆内部的业务与技术两方面的人员组成,视项目的重要程度、难度与规模,可能还需要外部的专业顾问资源。可行性论证是就项目的背景、意义、目的、目标,项目的功能、范围、需求、可选择的技术方案、设计要点、建设进度、工程组织、监理、经费等方面做出可行性验证,指出项目建设中选择软硬件的依据,降低项目建设的总体风险。

可行性方案论证的目的是通过确认管理体系和系统技术构架,从而确认未来的管理和技术方案是否有效。它立足于项目从管理上、技术上、实现上的难点进行阐述,逐步理清需求。并在需求的基础上,规划总体解决方案,以作为项目投入产出评估的依据、产品选型的依据,以及后续实施方案的约束。此外,围绕可行性方案从管理上、技术上、实现上对难点进行的阐述,可以有效地开展项目的风险分析,制定项目的风险管理策略,为项目的成功提供保障。

项目投入产出评估的依据:建立在业务需求分析基础上的项目投入与价值分析,往往是比较粗略的宏观感受。业务部门在提出项目核算的需求时,并没有充分考虑它与其他系统之间的关系,这样得出的投入与产出分析也是很粗略的。如果在此基础上,通过设计可行性方案,考虑清楚该项目的定位与其他系统的关系,相信投入产出的分析将更有说服力。

产品选型的依据:可行性方案的制订是建立在业务需求的基础上,其不受任何产品的影响。因而它是后续产品选型的依据,它使图书馆可在产品选型过程中始终坚持从自身的需求和规划为原则选择产品与方案,而不至于受到供应商所提供的解决方案的误导。

实施方案的约束:可行性方案与实施方案是总体设计与详细设计

之间的关系。可行性方案描绘了总体的业务方案与技术架构，而实施方案是可行性方案在各方面的细化。

在编写可行性论证报告时，主要对下列项目逐条说明：

(1)系统建设的目的；

(2)技术可行性；

(3)应用可行性；

(4)人员、资金可行性；

(5)设备可行性；

(6)安全可行性。

可行性论证实施完成后，需要有相关的项目可行性分析结论，结论可以是：可以立即开始进行；需要推迟到某些条件(例如资金、人力、设备等)落实之后才能开始进行；需要对建设目标进行某些修改之后才能开始进行；不能进行或不必进行(例如因技术不成熟、经济上不合算等)。

(五)图书馆自动化网络化需求识别及归纳示例一

下面我们将针对"计算机系统设备"进行图书馆自动化网络化需求识别及归纳。

计算机系统设备是图书馆自动化网络化的基础硬件平台设施，对该类设备进行需求分析时，需结合图书馆业务工作、读者服务功能体系、应用系统模块等进行统筹考虑，对业务需求部门的期望值和预期实现的效果进行评估。

(1)应用背景分析

从图书馆自动化网络化建设的最基本需求出发，分析计算机系统设备在图书馆的应用和技术趋势，对系统构成、应用效果、建设难度等方面进行分析。

图书馆的部门组织机构设置有哪些？各部门的业务性质分别是什么？

图书馆计算机系统设备主要包括哪些系统设备？如计算机电脑、多媒体设备、服务器设施、计算机存储设备、打印机/扫描仪/复印机等终端设备、WINDOWS 终端查询设备、UPS 设备等。

图书馆采用计算机系统设备的目的是什么？提高业务的工作效率和自动化程度，改进读者服务工作的质量。

图书馆计算机系统设备的应用趋势是什么？以实用、方便为主，不追求最新、最贵的技术，立足于图书馆的基本业务管理需求和服务规模需求。

(2)设备类型分析

结合图书馆各业务功能模块和部门组织机构设置，分析实现其功能所必需的相关计算机系统设备的类型、种类。

业务管理部门、行政办公部门需配备的计算机系统设备有哪些？

为读者提供电子服务、多媒体服务、计算机检索等服务需要什么样的计算机系统设备？

图书馆信息资源存储、电子资源存储需要哪些计算机系统设备？需考虑存储需求的增加及拓展。

针对图书馆的基本业务应用，需要配备哪些计算机系统设备？

保证计算机系统设备的安全与稳定运行，需要配备哪些计算机系统设备？

(3)数量配置分析

图书馆各业务管理部门、行政办公部门需配备的计算机系统设备的数量、基本配置是什么？

为读者提供电子服务、多媒体服务、计算机检索等服务需配备的计算机系统设备的数量、基本配置是什么？

图书馆资源存储设施的容量是多少？预计每年的存储容量增长速度是多少？现有的存储设施规模是否需要进行扩容？

图书馆需配备的大型服务器设施、小型服务器设施的种类有多少？数量有多少？基本配置需求是什么？

计算机系统设备有哪些需要淘汰或者升级？

(4)管理需求分析

计算机系统设备的管理应用软件有什么样的要求？

计算机系统设备的操作系统软件有什么样的要求?

期望供应商对计算机系统设备的维护及故障响应要求是什么?

计算机系统设备的维护及备件有什么样的要求?

计算机系统设备的耗材有什么样的要求?

(5)安全性需求分析

计算机设备的防病毒网络安全需求?配备杀毒软件、防火墙等软件系统产品。

大型主机设施、服务器设施的操作系统安全、硬件安全需求有哪些?配备漏洞扫描产品、硬件检测产品。

大型存储设施的数据安全性需求有哪些?数据备份与容灾、数据快照、数据还原与迁移等。

读者使用图书馆计算机设施的数据安全性防护要求有哪些?配备还原卡设施、数据安全保护系统产品等。

(六)图书馆自动化网络化需求识别及归纳示例二

下面我们将针对“电子资源数据系统”进行图书馆自动化网络化需求识别及归纳。

以本馆读者用户的电子资源需求为向导,以提供服务为目的,充分考虑各种数据库的成本与使用效益,建立数据库资源建设的整体规划,并依照规划按步骤优化引进、筹建和组织本馆数据库资源。

(1)应用环境分析

电子资源数据库的类型、成熟产品有哪些?

电子资源数据库服务的倾向及发展趋势。

电子资源数据库采购的预算有多少?电子资源数据库会依据其资源的重要性、资源的种类、资源的使用服务期限、授权使用方式等,有不同的采购价格。

(2)资源的实际需求

现在多数数据库产品如:学术期刊数据库、报刊索引数据库、超星数字图书馆等都可以提供详细征订类目,而且容易获取电子版,图书馆可以分专辑、分类订购需要的数据,有些数据商甚至可以提供订购软件。在这种条件下，图书馆可以结合本馆网站的建设，将征订目录上网，让读者参与提出订购意见，收集到最终用户的需求后再有目的地选购引进数据库资源，不仅能够避免浪费，更好地满足读者需求；同时也保证了数据库引进后的利用率。读者需求也可通过读者问卷调查、读者走访和访问流量统计分析等途径来获取。

(3)数据库的管理需求

数据库资源的安装及数据的实时更新需求。如数据更新频率、数据迁移、数据服务提供的稳定性(冗余切换)。

数据库资源的访问控制安全性需求。用户口令登录、IP 地址授权登录、VPN 远程访问登录等。

数据库资源的数据统计分析需求。对资源的利用率、检索频率、下载率等进行统计分析，并可以提交分析报告，以便图书馆以此作为后续数据库资源选购和评估的依据。

(4)数据库的服务效果需求

数据库资源的服务方式。电子资源的提供商一般以两种方式向图书馆提供服务：通过用户口令授权、IP 地址授权或代理认证授权的方式，远程访问电子资源服务提供商的电子资源数据库，此方式资源利用率和并发数有限，资源无法长久保存；图书馆本地提供镜像服务，将数据库资源安装、部署在本地服务器，此方式数据库资源的稳定性、时效性及安全性较差。

资源的最终阅读方式。电子资源数据的最终文件形式有多种，无论哪种电子资源数据库，其服务的最终阅读方式都需要安装简便、易于浏览。

资源发布平台的性能。资源平台对用户方便有效地获取并使用资源是非常重要的，注重其功能性、方便性和易用性。在确认资源数据库的需求是，应明确资源检索的可用性、资源的命中率、资源导航的准确性等基本要求。

第二节 规划与设计

规划与设计要求在基本需求分析报告的基础上,结合图书馆自身的管理服务规模及层次,考察评估现有技术实现手段与成熟化的自动化网络化设施及服务平台,就相关设施的数量、类型、规格、结构、实现技术及服务平台的范围、功能、接口、流程设计等提出具体的总体规划方案,并考虑项目建设的长远性、逐步实施性、可持续发展性、技术的成熟性和应用的稳定性。

自动化网络化系统的几个可参考的层次模型:基础级(以计算机代替手工业务工作)、应用级(实现业务流程的自动化系统集成和读者服务的基本网络化)、核心级(利用高度集成的自动化网络化技术,全方位的集成和深入到图书馆业务的各个层面,并使读者享受到最高效、最实用的图书馆信息服务)。

(1)目的与意义

基层图书馆实施自动化网络化规划与设计的具体意义表现在:

①有计划、分步骤、可持续发展地实施图书馆自动化网络化建设;

②协调组织,有序实施,统筹考虑,节省投资;

③建立一个开放的、统一的图书馆自动化网络化长远规划目标和实施方案。

(2)项目规划与设计中存在的问题

软硬件发展不够协调:软硬件建设不同步,非协调的发展制约了自动化网络化的建设水平,并且带来了很大的浪费和重复建设。

信息缺乏有效共享:应用系统在不同时间由不同人员研发完成,缺乏全局的信息资源规划,应用系统间的数据共享与交换难以实现,形成了网络环境下的信息孤岛。

应用缺乏有效集成:应用系统采用不同软件平台开发,缺乏统一规划下的应用访问接口,各应用系统间也缺乏集成和有效的组织、管理。

一、自动化网络化建设项目规划与设计目标与步骤

（一）原则要求

（1）可用性。根据需求来确定规划，而不是根据技术来定规划；规划既要有宏观的方针、策略，也要有细致的实施计划；分步实施，均衡发展，解决问题，突出重点与效益。

（2）标准化和开放性。遵循统一、开放的标准来进行规划。

（3）可扩展性和升级能力。规划时要能适应当前技术的快速发展和新技术的有效利用，要能适应管理模式与工作模式的不断变化；须认真分析图书馆发展战略和长期战略目标与自动化网络化支撑技术之间的密切关系和影响度，要能根据新的情况不断调整规划。

（4）实用性和经济性。根据图书馆的经济状况和可投入经费情况，量入为出，不能做成过于理想而无法实施的规划；规划选用的产品要具有较高的性价比，以图书馆的适用性为主；规划应从图书馆的实际需求出发，而不是根据技术来定规划。

（5）全面性。规划的制定者一定要站在整体的高度来规划，包括建设、运行、服务与培训等；充分考虑图书馆的长远需求及未来的发展，不能站在某个部门的、某个业务的立场来看问题。

（6）技术与管理的相互结合性。必须有图书馆高层的管理人员参与，这样才能保证规划符合本馆的实际发展需要；必须有图书馆的自动化网络化支持部门参与，这样才能保证与本馆自动化网络化现状的衔接，保证规划的可实施性；还需要有资深的专家参与，这样才能保证规划与相关技术发展的统一；规划不仅要考虑技术方案，而且要考虑支持机构、运行维护队伍、规章制度与政策等管理问题。

（二）实施步骤

设计规划的组织实施队伍应由相关组织或部门领导、技术支持部门、自动化网络化规划专家等组成。规划人员应对基层图书馆的现状、需求及整体发展要有全面、清晰的认识，对自动化网络化技术的发

展要有充分的了解，在规划时采用成熟、先进而又可持续发展的技术来实施图书馆的自动化网络化。

(1)新建项目规划设计的关键步骤：

①在需求调研的基础上，确定自动化网络化的建设目标（近期、中期、远期）、总体实施方案。

②按系统进行子项目的建设内容、技术设施、实施计划等进行具体规划，在实施规划时应就技术应用及实现方式等进行调研，与各相关部门就建设内容与实施方案进行讨论。

③确定规划实施计划及步骤。根据需求的轻重缓急和基础设施的投入等，确定建设阶段与阶段目标；先做解决急需问题、见效快的系统。

④经费预算规划。包括建设经费、各阶段实施预算、运行经费等。

⑤完成规划最终文本，确认总体设计计划和详细实施方案。

(2)系统升级、转换规划关键步骤。系统升级转换的类型主要包括有：

①硬件工作平台的变更；

②更新应用软件，不论是由原系统商提供或更换不同系统；

③更换操作系统、程序语言或数据库管理系统；

④网络或通讯系统设备的更换。

系统更换决策工作是实现预期目标的保证，执行阶段控制是系统更换成败的关键。系统在进行数据转换、迁移之前，项目规划小组应与开发商反复地沟通与交流，列出问题清单共同探讨；科学地制定权责明晰的合同协议细则，明确系统安装的具体时间、内容、数据的数量质量要求、风险与控制等。

(3)在需求调研的基础上，明确系统升级、转换的主要内容、清单，拟增加的产品的类型、数量、配置、型号，拟进行完善的软件的接口、功能要求，或者是需要进行转换的自动化应用系统的具体技术指标、功能模块等详细说明。

①与各业务部门、系统集成商、实施执行部门就项目的建设内容、

实施难度、实施步骤、可行性等进行讨论和确认；

②制定详细的实施计划方案，明确在项目实施的各个阶段，如系统数据的转换与整合、系统的安装与试运行、系统的交接与切换等过程中，相关人员的责任、具体的执行任务及时间计划；

③系统升级、转换的预算规划，包括前期咨询及方案制定费用、升级/转换的实施费用等；

④完成规划最终文本，确认总体设计计划和详细实施方案。

（三）内容对象

规划与设计的具体内容对象主要包括以下内容：

（1）基础设施规划。基础设施规划是指对图书馆自动化网络化基础设施进行设计和规划，这些基础设施包括硬件设备、网络和基础软件。硬件设备指计算机及终端应用设施（计算机电脑、计算机外设、打印机/扫描仪/复印机、Windows 终端设备、条码扫描设备/RFID 阅读器设备）、自助服务设施（自助办证设备、自助借还设备、自助文印设备、自助查询设备等）、数据中心设施（服务器系统、存储与备份系统、UPS 系统设备）等；网络规划包括数据流量及约束条件分析、网络设备选型、拓扑结构设计、网络中心、IP 与路由设计、网络出口、无线网络设计等；基础软件规划包括操作系统软件、数据库软件等软件的规划。

（2）系统运行规划设计。系统管理体系（基础设施管理、网络运行管理等）、系统安全体系（基础设施安全、网络安全、数据中心安全、关键部门安全；安全策略、安全方案、安全技术、安全管理、安全实施等）。

（3）数据规划。数据规划是对图书馆的关键数据信息进行梳理和建模，从数据管理基础层面、基础应用系统层面和管理决策集成层面三个层面对这些信息进行整合和集成，建立图书馆标准化数据体系，同时确立数据存储的逻辑和物理方式。包括数据库系统软件规划及电子资源数据库规划。电子资源种类也比较多，像电子图书数据库、中外文电子期刊数据库、回溯期刊数据库、二次文献数据库、非书资料数据库等，各馆可根据实际情况选用适合本馆的电子文献资源。

(4)集成化管理系统及应用系统规划设计。对图书馆自动化网络化系统的应用架构、技术架构、功能架构、选型、建设阶段和初步预算等进行详细的规划,图书馆自动化业务集成系统、门户网站、电子资源管理系统、自助服务系统等,是自动化网络化规划的主要工作。

(5)组织和保障体系设计。组织是图书馆内部的自动化网络化管理部门,组织设计包括对其组成、分工、职能、工作流程的设计等。保障体系设计包括项目管理制度设计、风险防范/质量保障体系设计、培训制度设计等。

(四)规划与设计流程

自动化网络化规划内容主要包括:制定自动化网络化建设的战略目标、设计图书馆自动化网络化系统总体架构和标准、规划硬件构成/应用软件功能/网络平台、选择硬件软件产品/网络设备/服务商、子项目的分解、制定项目进度计划、分析与防范图书馆自动化网络化风险等部分。

1. 自动化网络化战略的制定

根据需求与调研的结果,制定和调整图书馆自动化网络化的规划纲领,争取以最适合的规模,最适合的成本,去做最适合的自动化网络化工作。

首先是根据图书馆的长期发展需求,明确自动化网络化的远景和使命,定义图书馆自动化网络化的发展方向。其次是起草图书馆自动化网络化基本原则。它是指为加强自动化网络化能力而提出的基本准则和指导性方针。自动化网络化基本原则代表着自动化网络化技术部门在管理和实施工作中要遵循的条例和规范,是有效完成自动化网络化建设、实施的保证。然后是制定自动化网络化的战略目标。它是图书馆在未来几年为了实现远景和使命而要完成的各项任务。对于所形成的每一个业务构想,要明确自动化网络化设施及软件对其支持的理想状态,即战略目标。

2. 确定自动化网络化的总体构架和标准

首先,从系统功能、信息架构和系统体系三方面对系统应用进行规划，确定自动化网络化体系结构的总体架构。同时，还需要拟定产品技术标准。这一部分涉及对具体技术设施和产品，技术方法和技术流程的采用，它是对自动化网络化总体架构的技术支持。通过选择具有行业标准、应用最为广泛、发展最有前景的技术为标准，可以使自动化网络化具有良好的可靠性、兼容性、扩展性、灵活性、协调性和一致性，从而提供高效、方便、更为可靠的读者服务，并且降低开发成本和时间。

系统总体结构设计是要根据系统分析的要求和组织的实际情况来对新系统的总体结构形式和可利用的资源进行大致设计，它是一种宏观、总体上的设计和规划。

3. 规划系统构成

按照基层图书馆的实际业务需求，考虑系统建设的合理性、稳定性，对自动化网络化的具体系统构成进行规划，包括硬件产品、软件产品、存储数据库、资源数据库及相关的运行服务等。明确各构成产品的具体类型、配置、数量，或服务的具体规范、任务等。

4. 对比选择系统构成的各产品、服务

通过市场调研，对比分析系统构成各产品、服务在效果、参数、性价比、实施难度等方面的差异性，结合图书馆自身的建设规模、预算规模，进行系统构成各产品、服务的规划。在规划过程中，应充分结合最终使用用户的需求及测试使用效果进行评估。

5. 系统子项目的分解

分析整个自动化网络化过程中的资源投入和工作重点中存在的问题，确定弥补差距所需要的行动，将整个自动化网络化过程分解成为相互关联、互相支撑的若干子项目，定义每一个项目的范围、业务前提、收益、优先次序以及预计的时间、成本和资源；并对项目进行分派和管理，选择每一项目的实施部门或小组，确定对每一项目进行监控与管理的原则、过程和手段。

6. 制定项目进度计划

按照各子项目的重要性、难易程度及相互关联关系，确定项目建设的先后顺序，制定项目的实施进度计划，包括项目的执行时间、完成时间、实施内容、项目之间的关联性等。

7. 分析与防范图书馆自动化网络化风险

自动化网络化的风险主要来自以下几个方面：

需求未真正实现的风险。业务部门、最终用户提交的需求一般是针对某种应用的具体实施效果，在进行规划时，须对达到这种效果的产品构成、服务构成等进行转换和分析，如果分析不到位，则有可能需求未得到真正的满足。

技术应用风险。某项新兴的技术手段，在该区域图书馆或国内图书馆领域，均无应用先例，如何更为有效、更为可靠地应用该技术，是在进行项目规划设计时应着重考虑和分析的问题；但是，无论怎样进行规划，一项新兴技术的应用，不可避免地会有在本馆应用的不可控风险。

采购实施风险。采购过程中，存在诸多不可控因素，如采购需求的模糊表述，导致不符合规格的产品中标；投标单位恶意进行投标导致采购实施的时间周期产生延误。

应用实施风险。在项目的应用实施过程中，项目建设各单位的协调与分工合作必不可少，同时，又由此而引发的建设各方因某种外在因素或内在计划因素等原因，而造成整体项目的时间进度、实施效果等方面的风险时刻存在。

（五）规划与设计方法

图书馆自动化网络化规划是按照一套基本规划方法开展的，可以归纳为从纵向和横向进行交叉分析的方法，横向设计是从基层图书馆的现状、目标、转型入手，以国内其他基层图书馆先进的自动化网络化实施效果为参考，结合图书馆自身特点，规划图书馆自动化网络化的长期发展目标和阶段性建设计划；纵向设计是从业务、业务流程、系统、数据、基础设施、组织架构、管控流程等方面，结合横向的三个阶段，分析和制定规划的具体内容。

1. 横向分析和设计

(1) 现状

现状的调研和分析是规划的基础，也是未来评估图书馆自动化网络化成果的参考点。在这一阶段采取问卷、访谈、讨论等多种形式，从业务、流程、系统、数据、基础设施、组织等多个角度，按照主管单位、本区域、本部门等多个层面收集资料，将收集到的信息按照业务、服务、管理、技术等几方面进行整理分析，找出图书馆面临的挑战和存在的不足，这些是自动化网络化规划和建设的原始驱动力。

(2) 目标

自动化网络化的目标设计有三个重要的输入：图书馆发展目标和战略、国内外先进的自动化网络化理论和实践、图书馆自动化网络化现状。自动化网络化是为图书馆的发展服务，因此自动化网络化的目标和战略应该和图书馆发展目标和战略保持一致，以保障图书馆发展目标的顺利实现；国内外先进的自动化网络化理论和实践是许多图书馆多年实践经验的总结，是当前最能代表未来发展方向的成果，通过借鉴这些最佳经验、成果和失败教训，图书馆可以最快地找到正确的方向；别人的成果不能拿来就用，因为每个图书馆处在不同的发展阶段，遇到的问题也不同，因此需要将先进的理念和图书馆自身的现状结合，通过对比，进行差距分析，帮助图书馆进一步明确自动化网络化的方向，最终形成图书馆自身的目标愿景。

(3) 转型

在认清图书馆现状、明确建设目标之后，还需要制定一系列系统建设和改造的过渡方案，来促进和完成图书馆系统向目标的转型。首先是从现状和目标的差距入手，制定弥补差距所要实施的重大工程，各项工程之间有比较明显的功能界限，然后对各项工程进行细化，分解为具体可操作的多个小的项目。由于系统建设是一个长期复杂的过程，各项目之间也不是毫无关系，因此不能凭主观臆断来安排实施，而应该根据项目间依赖关系、项目重要性、项目实施复杂性、项目风险、项目紧迫性等多项指标对项目进行优先排序，客观地形成项目实施进度安排。

2. 纵向分析和设计

(1)业务

业务发展是自动化网络化投资和建设的重要驱动因素,规划要从图书馆读者服务和业务管理的规模、层次、深度等出发,深入分析图书馆服务管理水平的要求,预测读者服务需求的多样性给图书馆自动化网络化带来的影响,在进行规划过程中应用最优化的资源配置和资金规模,应发挥图书馆自动化网络化的最大利用价值。

(2)业务流程

自动化网络化将图书馆的业务流程固化在系统中,以自动化的过程代替了手工流程,因此采用先进的系统,是促进图书馆业务流程优化的一个重要手段。衡量流程的指标包括关键流程覆盖率、流程自动化水平、流程相关联的组织和系统等,而进行这些分析的基础是对现有业务流程和图书馆运营本身应具有的业务流程的全面了解和掌握,业务流程的分析有助于找出图书馆业务流程中存在的问题和自动化网络化的支撑点,理顺流程和系统之间的关系。

(3)系统

自动化网络化的重点和难点是系统的建设,这也是规划的重点和难点。系统规划和设计的要素包括系统架构、系统实现的功能、系统内模块划分、系统间接口、系统的技术实现、系统对业务的支持水平、系统和业务流程的符合程度等。这其中关键是系统的模块化设计,系统内部不能是一个大而全的结合紧密的整体,而应是松耦合的模块化结构,这即便于开发设计,又便于解决由于业务变化而带来的系统频繁升级问题。

(4)数据

解决好数据共享和数据的一致性问题是很多图书馆面临的一大挑战。图书馆数据问题需要从数据流向、数据接口、数据展现、各系统中数据结构、共享数据模型等方面入手,分析数据的完整性、数据的一致性、数据的来源、数据的共享以及数据的使用。在此基础上,进一步设计图书馆的数据架构,制定图书馆数据策略,包括如何将数据转化为信息、知识和图书馆智能，充分挖掘图书馆数据资源的价值。

(5)基础设施

基础设施是系统的运行环境，是图书馆自动化网络化的保障，基层图书馆的基础设施可以从硬件设备、网络和基础软件等方面进行分析和规划。

(6)组织架构

自动化网络化建设离不开组织保障，图书馆应有专门的部门或岗位来负责自动化网络化工作。对于图书馆自动化网络化的目标组织架构设计，要从图书馆现有组织架构、业务发展方向可能带来的组织变更、自动化网络化在图书馆中的定位三个方面来分析，并和目标架构相结合。由于组织设置和人员调整会影响到图书馆员工和部门的利益，因此从现有组织架构过渡到目标组织架构要分阶段逐步实施，和架构一样，需要有相应的转型规划。

(7)管理流程

在制定自动化网络化组织架构时，应同时制定自动化网络化管理流程，要以如何定位和理顺自动化网络化部门和业务部门、自动化网络化部门和支撑部门、自动化网络化部门和厂商的关系，充分发挥组织和岗位的作用，保证自动化网络化组织架构的正常和高效运作为目标。自动化网络化管控流程应涵盖从业务需求提出、自动化网络化预算制定、项目立项、系统建设、系统使用到系统维护整个生命周期。

3. 自动化网络化规划方法举例

(1)现状调研方法

系统现状调研有多种方法，一般在调研过程中，会综合采用。

表3-4

方法	操作步骤
资料收集	收集现有业务、流程、系统、数据、基础设施、组织架构的各类电子文档、纸质文档等。
专题讨论	对自动化网络化相关主题展开专题讨论，如现有系统专题介绍、目标架构专题讨论等。

续表

方法	操作步骤
领导访谈	对图书馆中的领导层进行调研。
问卷调查	设计调研问卷,在图书馆内大量人员进行调查。

以系统现状调研为例,调研问卷的模板一般包括以下一些内容:

系统名称、系统功能、系统类型(内部开发、供应商产品)、系统使用状态(在线使用、已采购、在开发、待淘汰)、系统投产时间、操作系统、数据库、开发语言、硬件平台、数据处理模式等。

对问卷调研表结果,可以采用图表的方式从不同角度对系统现状进行分析,如各系统使用时间柱状图、硬件平台饼状图等。通过这些图表展示的当前系统评估结果,为业务流程分析、业务需求分析和系统规划提供了分析依据。

(2)业务流程分析方法

业务流程分析方法是采用流程分析模板,通过调研的方式实现。流程分析模板包括以下内容:业务流程(分为业务领域、业务功能、业务活动、业务步骤四个层级)、部门名称、人工工作(是/否/部分)。

根据流程分析模板中的调研数据,能够从以下这几个角度进行分析:

图书馆支持的流程;

业务领域中的流程自动化程度;

系统分别支持的业务功能;

各个业务领域所涉及的系统;

每一个组织部门分别支持的业务功能。

(3)系统的流程分析方法

系统的流程分析方法有多种不同的方法,如业务流程分析方法,另一种简单有效的方法是采用分层的方式,绘制出系统覆盖业务流程的层次图,以评估现有系统和业务流程的符合程度,找出系统覆盖业务流程的重叠部分、缺失部分,为设计和规划合理的系统提供依据。

系统的流程分析方法的具体步骤是：

• 将图书馆现有的系统按照实现的业务流程，划分到不同的层；

• 找出没有系统覆盖的业务流程、多个系统覆盖的同一业务流程或业务活动；

• 和国际最佳实践进行对比/或根据第 2 步找出的问题，对系统进行合理的规划。

(4)转型分析方法

访谈业务部门领导，从业务需求角度，了解业务部门对系统的需求和对现有系统升级、替换和长期发展的看法，总结归纳，通过系统转型分析表的方式表现系统转型计划。

对业务部门领导进行访谈，了解业务部门对系统的需求。

对访谈归纳总结，填写系统转型分析表。

通过系统转型分析表，整理出一份详细的系统转型、升级及引入项目表，并按需求紧迫性对系统进行排序，为系统转型计划提供依据。

(六)预算规划

对基层图书馆的建设而言，投资规模的大小最直接地影响到图书馆自动化网络化建设规模及服务预期，同时也是图书馆自动化网络化实施深度、范围及规模的最直观的外在表现因素。投资规模大，系统建设的范围、投入的产品设施的数量等将会比较大而广，预期想实现的业务管理及读者服务的运行效率、技术构成、管理程度、服务面等要求将会比较高；投资规模小，所能实施的自动化网络化系统，在投入产品规模、数量、配置等方面将会偏重基本的需求实现为主，以性价比为基本出发点，读者服务及业务管理将力求最为基础的图书馆自动化网络化建设预期。

在做预算规划时，要制定短期预算投入及长期预算投入，注重预算的持续性。

项目预算的内容主要包括：

(1)项目调研及规划费用。如项目前期的实地现场调研费用、邀请专业项目咨询机构制定项目投资建议方案、建设方案专家评审及鉴定费用等。

(2)一次性工程建设费用。如硬件产品、软件产品、数据库的购置实施费用、各类咨询及服务的采购费用、项目建设监理服务费用等。

(3)系统运行和维护经费。如系统硬件产品(网络交换机、防火墙)的运行维护支持费用、数据库产品的运行维护支持费用等。

(4)年度补充费用。包括读者证的数量的年度增补、图书标签材料的年度增补、设备保修期限外的续保费用、设备的耗材、备件费用等。计算机设备的零部件的替代、更新及升级,如存储硬盘、内存等的扩容;打印机、复印机的纸张耗材、硒鼓、墨盒等的消耗性材料的年度补充。

(七)区域联合建设与规划

基层图书馆在进行规划之前,应明确本地区指导性的建设意见,是否有统一的自动化网络化建设标准及要求;同时不能有攀比的想法,自动化网络化的目的是为了更好地管理图书馆,为读者提供更为优越的服务,基层图书馆在进行规划时应量力而行。

1. 流通标示体系及硬件的可互操作性

如地区区域均采用 RFID 标签进行图书馆的流通识读,在进行规划时应将 RFID 标签及日常标签的增补纳入规划实施的范围;相应的,针对本区域的各图书馆的 RFID 标签,是否是符合相关国际统一标准的,本馆须规划的 RFID 阅读器是被是否能够识读其他图书馆的 RFID 标签。

2. 服务资源的联合统一规划及实施

图书馆服务资源既包括图书、期刊、光盘等文献资源,也包括电子数据库、资源数据库等电子资源,其在图书馆的采购比例中占据着很大的一部分比例,是图书馆得以正常开展和提供服务的最重要的基础。如地区区域有既定的本联合体的资源建设方针,则在进行规划与设计时须遵循相关的指导意见及实施要求,结合自身的相关的自动化网络化实施的能力,进行设计。其起源建设及实施方针,大体应包括资源的类型、数量、题材、开放服务的权限、联合服务的实现模式、采购

实施方式等内容

3. 自动化应用管理系统软件之间的互操作性及联合服务的可行性

如采用同一种自动化应用管理系统平台，或支持同一种标准的数据通讯接口，各基层图书馆之间的数据应能相互进行整合，这样各基层图书馆之间才有可能提供真正意义上的联合服务。

二、硬件产品的规划与设计

在进行图书馆自动化网络化硬件产品的规划与设计时，应依据图书馆各部门的业务管理需求和读者服务需求，按照需求设备的种类、数量、技术性能参数等进行分类汇总，纳入系统总体规划方案的产品目录当中。

(一)硬件产品规划与设计的类型

新建。按照图书馆的整体规划目标中对图书馆自动化网络化的基本需求，统筹规划新的图书馆自动化网络化系统。此类规划要求在需求的基础上，对本馆进行长远规划与设计，确保图书馆自动化网络化的可持续发展及可升级性。

补充及升级。如在前期自动化网络化设施的基础上，应用新的图书馆自动化网络化技术，对原有系统在实施规模、技术设施、运行效果等方面进行改进、升级和完善。此类规划要求在上述“新建”筹备规划的计划上，设计好系统升级转换的实施流程及步骤，确保改进、升级系统的可行性和有效性。保证对原有系统设施、平台的投资利用率最大化，同时也要确保图书馆业务数据、运行数据、系统日志的安全性，将对读者服务、图书馆业务管理等的影响降到最低，使系统可以平滑升级、过渡及切换。

(二)硬件产品选择的指标

在满足实际业务需要的前提下，只要资金许可，应购置技术上成熟、性能价格较高的计算机硬件设备。由于目前计算机硬件技术发展太快，名目繁多，何谓好，何谓成熟，都很难笼统下结论。一般根据如下几个方面来评定：

- 技术上是否可靠。
- 维修是否很方便。
- 纵向，新老系统能否兼容；横向，本系统外系统能否兼容。
- 使用是否方便。
- 可扩充性，今后扩充系统或升档是否方便。
- 性能价格比越大越好。

1. 计算机及终端输入输出设备

确定网络和计算机设备配置的原则最重要的只有两点：一是应完全根据系统调查和系统分析的结果来考虑硬件配置和系统结构，即管理业务的需要决定系统的设备配置；二是一定要考虑到实现上的可能性和技术上的可靠性，这是设计方案是否可靠的基础，也就是说根据实际管理业务、读者服务业务和办公室地理位置来考虑配置设备。

据实际业务需要和读者服务需求，考虑须配备的计算机设备及终端设备的数量、规格及基本类型。

根据实际应用要求确定计算机及终端设备的性能指标，如速度、性能、功能、价格等。

对计算机硬件本身的选择还应考虑如下指标：

- 主机的结构是一般结构，还是优化自身处理命令的 RISC 体系结构。
- 主机的处理速度、响应速度、执行效率。
- 相对机器性能的总体拥有成本(TCO)。通过该指标，图书馆可以对投资在每一项技术的现行成本有一个整体的认识与了解。
- 内存、硬盘等存储介质的大小。
- I/O(输入/输出)接口。
- 系统的读写/存储周期。
- 外设的访问速度。
- 高速缓存器的大小。
- 兼容性及可升级维护性。

• 计算机设备及其对工作环境的要求。

2. 主服务器集群

主服务器集群可以设计为在主服务器上运行图书馆网络的WWW、FTP、DNS、OPAC 和图书馆核心应用服务，另外配置电子邮件服务器、数据库服务器、视频点播服务器、代理服务器等。所有服务器应带有 RAID 卡和可插拔硬盘，以提高系统的冗余和可靠性。主服务器群有 IBM、HP、SUN 等公司的产品可选。

为了充分发挥服务器群的作用，所有服务器和网管工作站应采用高速线路与核心交换机相连，从而保证服务器具有足够的带宽，为网络上的用户服务。

3. 图书馆应用服务器

图书馆在规划服务器中，通常会从应用系统的基本需求、服务器的性能和价格等方面进行综合考虑。首先，服务器的性能必须满足系统的基本需求，如海量数据的高速存取、对事务要求的快速响应以及系统的稳定性要求等。其次，考虑服务器的基本指标，如结构、CPU、内存、缓存、通道、磁盘、接口、操作系统、实用软件。再次，服务器还应当具有较佳的性价比。而且在采购活动中，经常要求对服务器的性能评估有明确的数值要求。

(1) 图书馆服务器常用类型

在图书馆信息化过程中，要达到合理规划图书馆服务器目的，首先要明确需求和应用的类型。从图书馆应用角度，图书馆常用服务器有：数据库服务器、应用服务器、Web 服务器、E-mail 服务器等。

其次对于图书馆服务器规划还要分清楚信息化系统哪些应用是核心应用，哪些应用是关键应用，哪些应用是访问量高的应用，从而对图书馆所有服务器提供的服务进行合并归类，为服务器选型提供一定依据。

(2) 服务器选型考虑因素

图书馆服务器选型除了要考虑售后服务、总体拥有成本、便于管理外还要重点考虑：

①性能

服务器性能指标以系统响应速度和作业吞吐量为代表。系统响应速度是指用户从输入信息到服务器完成任务给出响应的时间。作业吞吐量对于数据库服务器可以用TPMC值来衡量，是整个服务器在单位时间内完成的任务量，单个用户的吞吐量与响应时间成反比，即响应时间越短，吞吐量越大。

②可用性

"可用性"仍然是服务器的根本。单台服务器的可用性通常需要考虑到关键部件的冗余，多台服务器是集群技术。除了设备本身的可用性以外，要想提高整个系统的可用性，还要考虑方案是否合理，服务响应是否及时。若要求可用性大于99.9%，实际上就是要求服务器的每年停机时间不得超过9小时；若要求可用性大于99.999%，就意味着每年停机时间只有5分钟，这些仅仅依靠冗余是不可能达到的。

③扩展性

高扩展性是指用户随时可根据业务发展需要增加有关部件。服务器的高扩展性主要体现在处理器、内存、存储设备、IO槽的扩展能力上。这些部件如果不留有适当的扩展量就会使服务器过早地进入疲劳期，使得系统在运行一年半载后，就感到吞吐量与承载能力吃紧，理想的扩展性是在任何时刻扩展都不需要停机。

图书馆可根据自身的基本需求，选用双CPU架构的服务器，SCSI接口硬盘，百兆位高性能服务器网卡等。采用机架式服务器，其Web、E-Mail、FTP和防火墙等应用均采用负载均衡集群系统，以提高系统的I/O能力和可用性。数据库及应用服务器系统采用双机容错高可用性（HA）系统，以提高系统的可用性。服务器产品的知名品牌有Sun、HP、IBM、Compaq、Dell、联想、长城等。

4. 存储备份管理系统规划与设计

图书馆的数字馆藏资源主要包括：属于自图书馆系统、书目数据库组（含各类型索引）、目次数据库、期刊数据库、全文数据库、购买的商业化数据库、音视频数据库、软件开发及试运行环境数据等。就决定了必须建立一个完善的存储备份系统，以保证业务的连续性、可靠性。

在备份方案中可要求对所有存放在 NAS、SAN 等存储设施、运行在 oracle 数据库平台上的数字图书馆系统以及各个应用服务器上面的数字馆藏资源及业务应用系统用磁带库配合相应的备份管理软件进行全面的备份，最终实现能对整个异构存储网络系统的后端磁盘阵列、服务器文件系统、数据库以及所有应用系统进行统一存储管理、备份管理、恢复管理的目标。

针对以上存储备份规划要求，我们在存储备份系统规划设计方面充分考虑了当前存储技术的发展和完善程度。具体设备存储网络拓扑图下图。

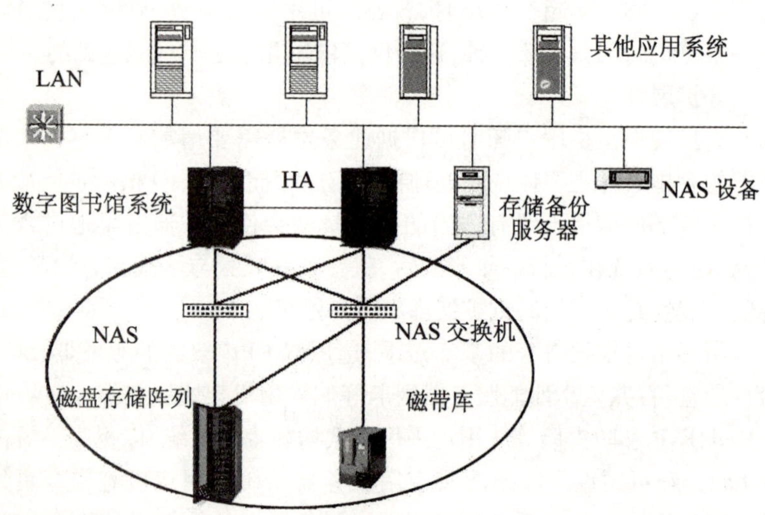

在备份方案中对所有存放在 NAS、SAN、运行在 oracle 数据库平台上的数字图书馆系统以及各个应用服务器上面的数字馆藏资源及业务应用系统用磁带库配合相应的备份管理软件进行全面的备份，最终实现能对整个异构存储网络系统的后端磁盘阵列、服务器文件系统、数据库以及所有应用系统进行统一存储管理、备份管理、恢复管理的

目标。

5. RFID 系统设备规划与设计

(1)确定图书馆 RFID 技术的应用种类、标准

图书馆 RFID 技术的应用类型有不同的频段,相关的 RFID 技术设施也有不同的产品标准和实施构成,基层图书馆在进行 RFID 系统设备的规划与设计之前,应在前期调研分析的基础上,评估 RFID 技术各类产品在图书馆的应用前景及应用的实施效果,选取更适合本图书馆的基本应用服务和实际需求的 RFID 技术产品,以此为基础进行系统的规划与设计。

(2)规划 RFID 系统设备的数量与种类

针对 RFID 标签,有图书 RFID 标签、光盘 RFID 标签、架标、层标、RFID 读者证等多种类型。图书、光盘 RFID 标签存储一本图书、一张光盘的基本流通信息,如条码号、流通类型等;架标用于存储一个书架的单面单联信息;层标用于存储一个书架的单面单联的一层信息;RFID 读者证存储一位读者的基本信息,如读者证号、读者证的类型等。RFID 硬件设施主要用于流通文献的高效率借还、工作人员的高质量归架及典藏工作,包括有 RFID 流通工作站、RFID 编写器、自助式 RFID 流通设备、查询终端、清点采集设备、安全检测设备、RFID 文献智能定位书车等。图书馆应依据本馆的文献流通规模及期望利用 RFID 设备覆盖的业务范围,选择和配备适度规模的 RFID 系统设备的类型及具体的数量。

(3)RFID 系统应用软件的规划

RFID 系统应用管理软件应由标识初始化系统、流通管理系统、文献定位系统、采集典藏系统等部分构成。标识初始化系统通过 RFID 的基本设施实现了文献的 RFID 标签粘贴、加工及初始化工作,读者证的加工及初始化工作;流通管理系统通过自助借还模块实现了读者对流通文献的自助借还操作,RFID 安全检测模块用以保证流通文献的安全保障等;文献定位系统通过 RFID 移动文献归架书车和书架 RFID 架标识,实现读者对文献的查询定位导航操作,流通书库架位的采集、

整理及更新，工作人员对流通文献的装车、归架、巡架操作；采集典藏系统通过馆藏清点设备，通过对书架的 RFID 层标识、文献 RFID 标识的数据采集、统计、对比分析，实现文献的精确清点和典藏。

(4)RFID 系统的应用实施规划

包括架位标识体系的建立、RFID 标识的加工处理、借/还流程的改造、定位导航与指引、RFID 安全检测系统、RFID 馆藏清点系统、RFID 智能定位书车、与图书馆自动化应用系统的集成应用等。

三、网络系统环境规划与设计

相对于大型应用群体而言，基层图书馆的网络化建设工程通常有规模较小、结构简单的特点，综合资金投入、专业人才以及未来发展等因素，网络的实用性、安全性与拓展性（升级改造能力）是基层图书馆实现网络化建设的主要要求。因此，成本低廉、操作简易、便于维护并能满足业务运作需要的网络环境是其真正需求。

（一）网络结构设计

从目前图书馆网络的应用情况来看，图书馆网络主要的性能受到交换机包交换能力的影响。千兆位以太网以其性能可靠、易扩充、符合国际标准、可支持设备多、性价比高等特点，成为图书馆网络光线主干的最佳选择。千兆位以太网不仅继承了传统以太网的特点，而且极大地拓展了带宽，增加了对 Qos 的支持，保持了良好的兼容性，并能在一定时间内保持网络技术的先进性。因此在图书馆网络的规划设计中可以采用千兆以太网作为主干，百兆交换到桌面的网络结构。

（二）网络拓扑结构设计

在绘制图书馆网络的网络拓扑结构时，应根据图书馆建筑的分布情况、楼层结构情况、网络节点需求情况等来进行设计。拓扑结构的设计一般可以分为三级：

第一级是网络中心，以千兆位交换机连接着主服务器群、路由器等设备。

第二级是通过多模光纤，连接到核心交换机上的各楼层、各办公区域、各读者服务场所等分布层交换机。

第三级是通过超五类双绞线上连到分布层交换机上的，直接连接计算机的接入层交换机。

分级化设计具有结构清晰，网络结构与实际应用组织结构相一致等特点。有利于网络管理，性能优化，增强扩展性。

(三)网络中心设计

网络中心是整个网络的核心层，其功能是提供高性能的交换和传输，实现不间断工作。

1. 核心交换机

它是网络的核心设备，提供与各级交换机的互联，其性能的好坏将直接影响到整个网络的性能，另外由于图书馆网络内的用户较多，在组织上需要规划多个子网。因此核心交换机应选择支持三层交换功能的千兆级或以上的交换机，并支持可管理，具有良好的扩充性能和容错性能。核心交换机有 Cisco、3COM、华为等公司生产的不同档次的产品可选。

为保证图书馆核心的通讯系统安全，可以采用两台同型号千兆级交换机作为核心交换机，之间通过两条 1000Mbit/s 以太线路连接起来，从而增加连接带宽。并且两条线路彼此互为备份，倘若任何一条线路连接出现故障，则可以自动切换到另一条线路上来。

2. 路由器

路由器是图书馆内部网络接入 Internet 的必备产品。在产品选择上，应根据整体设计中内、外网连接的方式及速率，选择适合于超高密度广域网和拨号连接、高密度局域网连接、数据上的中度语音等方面连接的产品。目前较为流行的品牌有 Cisco、华为等。

3. 防火墙

防火墙设施是图书馆网络不可缺少的安全设施，其技术的核心思想是在不安全的网络环境中构造一个相对安全的子网环境，以防止外部的非法侵入。防火墙分为软件防火墙和硬件防火墙两种。软件防火墙是基于操作系统的(如:Windows 2003 Server/Windows XP/SCO Unix/linux/Sun 等)安装在服务器上的软件,如 ISA、Symantec 等公司的产品。

考虑到图书馆网络的数据流量较大,也可选择硬件防火墙,通过其具有的包过滤访问控制、双向 NAT 网络地址转换、RADIUS 口令验证、网络实时监控、优先级控制、流量统计等功能实现网络的安全。硬件防火墙可以选择 Cisco、NetScreen 等公司的产品。

4. 分布层交换机的设计

分布层交换机即与核心交换机相连接的各二级交换机。由于每个二级交换机将组成自己的子网系统,因此分布层交换机应具有光纤接口,上连核心交换机至少提供 100Mb/s 的全双工连接速率;下连节点交换机应具有一定数量的 RJ45 接口,提供 100Mb/s 全双工模式。可采用的产品有 3COM、Cisco 等公司生产的产品。

5. 接入层交换机的设计

接入层交换机直接与用户端计算机相连接,一般可采用端口支持 10Mb/s/100Mb/s 的自适应桌面交换机。交换机应具有一定的端口密度,如采用 24 口或更多端口。支持 VLAN 及多链路隧道技术,支持远程设置与管理,支持图形化界面工具的配置,支持网络管理软件等。

(四)综合布线的规划与设计

为适应图书馆网络的未来发展和需要,综合布线系统应具有传送语音、数据、图形、视频信号等多种类信息的能力;能够满足千兆以太网和百兆快速以太网的数据吞吐能力,并有充分的冗余设计;具有系统的独立性、开放性、灵活性、可靠性、经济性和可扩展性。

1. 综合布线的设计依据

《TIA/EIA—568 标准》(民用建筑线缆电气标准);

《TIA/EIA—569 标准》(民用建筑通信通道和空间标准);

《AMP NETCONNECT OPEN CABLING SYSTEM 设计总则》;

《CESC 72:97 建筑与建筑综合布线系统工程设计和规范》;

《电信网光纤数字传输系统工程实施及验收暂行技术规定》。

2. 综合布线的设计方案

图书馆网络布线设计可采用多极物理星型结构，点到点端接，任何一条线路故障均不影响其他线路的运行。

对于室外布线：可采用 SX. 62. 5 内径的多模光纤（传输距离 275 米）或 LX. 62. 5 的单模光纤（传输距离 3 千米），采取架空、直埋和管道铺设等方式相结合的方法。

为了提高网络的可靠性和兼容性，光缆芯数均可采用 6 芯光纤，铺设两端预留 50 米。在采取挖沟方式时应注意避开地下管道，并用塑料套管保护。在水泥路面上通过时，可采取金属护套保护。采取架空方式时，应尽量远离已有的架空电缆。

对于楼内和室内布线：可以通过垂直竖井与各层连接，水平布线可以采用超 5 类非屏蔽双绞线，置于 PVC 线槽中进行铺设。

（五）无线网络系统规划

无线网络可作为有线网络的有效补充，它给图书馆的网络建设带来了新的选择。通过无线局域网，读者使用带有无线网卡的笔记本电脑接入网络，就可以在馆内任何位置方便地查阅图书馆的各种网络信息资源和其他网络信息资源，图书馆员也可方便地利用无线网络进行各种管理工作。

1. 无线设备的选择

构成无线局域网的连接组件主要有无线网卡、无线接入点（AP）、无线网桥（AB）、无线网关（AG）、无线接入控制器（AC）等。

选购无线接入点 AP 时要综合考虑 AP 的性能，注重 AP 的功率与并发数、标准性、兼容性，选择无线网卡设备时要注意与接口的类型、与无线接入点 AP 的标准的配套、Wi—Fi 认证保证兼容性等。

在选择无线网络设备时还应考虑到网络的可升级性。802. 11g 标准工作在 2. 4GHz 范围，能兼容 802. 11b，最大数据率可达 54Mbps，产品已经日趋成熟，且价格适中。所以，基层图书馆从目前应用需求和升级考虑，应选择 802. 11g 的产品。

2. 确定 AP 的数量和位置

针对图书馆建筑布局及各楼层无线业务接入服务的需求，确定的数量和位置，也就是将多个形成的各自的无线信号覆盖区域进行交叉覆盖，各覆盖区域之间无缝连接。一般来说，在室内的覆盖范围为30—100 米，也可根据实际情况设置部分室内天线，扩大信号覆盖范围。在保证服务正常进行的前提下，一个 AP 可接入 20—30 个计算机。数量还和无线局域网的服务范围有关，无线网卡会根据所处位置的信号强度和链路质量自动调整传输速度。不同传输速度下的有效作用距离有相当大的差异，位置应该以信号强度和链路质量两个参数来确定，同时墙体、楼板都会对信号强度和链路质量产生较大的影响。在进行无线网络建设时一定要对信道进行规划，否则就会出现信道间相互干扰的问题。总的设计原则是控制用户不要私自架设无线设备而干扰统一部署的无线网络；尽可能地利用不同特性的天线对每个 AP 的信号覆盖范围进行控制；调整每个 AP 的功率，做到信号覆盖范围既满足要求又不影响其他 AP。在实际应用中，在同一个地方一般应设置两个 AP，起到互为备份的作用。

3. 无线局域网用户管理与用户接入方式

在对用户进行管理时，可根据用户的特点、类型等设置不同的用户组，并对用户组所属的账号的有效期、并发数、带宽限制、其相对应的资源访问权限进行控制和管理。如对于无线网络的临时用户，可设置所属账户设置为时效性，如从第一次登录后一段时间内自动失效，或在账号到达规定日期之前失效。

在城域网的管理中心，可以设置统一的 RADIUS 服务器，用以对用户进行认证和计费，无线设备通过协议将用户的认证和计费信息传送至 RADIUS 服务器进行自动管理和分配。

在对用户进行管理时，可在图书馆公共区域用户比较集中的地点，如公共绿地、教室、读者阅览区等使用统一的 VLAN 和 SSID，并使用 Web + DHCP 认证方式进行安全认证，通过用户名和密码权限获取合法访问权限；如果对数据通信的安全性有更高的要求，则可以再额外地使用三层 VPN 拨号。而在一些特殊的地点，如书库、会议室等，则可以采用不同的 SSID，并独立使用和有线网络相同的 VLAN 配置，根据需要采用 802.1x 认证以增加通信的安全性。

4. 无线局域网的安全管理

为有效防止非法终端接入、虚假的 AP、中途数据截取等安全问题，应灵活地结合 WEP、VPN、IEEE802.1x 等多种网络安全技术手段，进一步加强了无线网络的安全性能。如使用各种先进的身份认证措施，防止未经授权用户的接入；利用 MAC 阻止未经授权的接入；使用先进的 WEP、TKPI 加密技术，使得非法用户即使截取无线链路中的数据也无法破译，同时加强密钥管理；利用对 AP 的合法性验证以及定期进行站点审查，防止非法 AP 的接入；在接入点 AP 之间建立虚拟专用网 VPN，不仅可以加强网络访问控制，还可以进行基于 Radius 的用户认证和计费；利用 ESSID，MAC 限制防止未经授权的跨部门使用等。

无线局域网的安全设置和配置应能够在 AP 接入的上一层进行统一管理，通过无线接入控制器和无线交换机设备实现对 AP 点的发现、管理和安全策略配置、分发。

5. 无线局域网管理系统

无线网络管理系统，是无线局域网的重要组成部分，它不仅能集中配置和管理无线设备的参数和控制软件版本升级，同时还应能实时显示各设备的运行状态、负载情况、用户分布、用户监控及历史记录、安装地点、信道质量和故障历史等，并具有故障报警功能。通过无线局域网管理系统可以方便网络管理人员对分散的无线局域网设备进行统一管理，集中监控无线局域网的运行状况，统一配置 WLAN 设备参数，及时发现网络瓶颈和设备故障，系统地优化网络资源，提高无线局域网的运行效率，降低系统维护成本，保障无线局域网的稳定运行。在实际应用过程中，无线网络管理系统应能够和有线网络管理系统相互通信和融合，从而实现网络平台的在安全、审计、监控的统一管理、维护。

四、软件平台的规划与设计

（一）规划与设计的原则

1. 经济型原则

对极讲求实际效能的基层图书馆而言，使用少量的、经济的投入而获得工作效率的巨大改善才是其真正所需。基层图书馆在选购软件平台时，必须注重产品的经济性和适用性原则。系统的经济性是制约图书馆选择自动化系统范围的一个关键因素，国外系统功能完备、性能优良，但所要投入的资金也高，国内系统价格相对较低系统按模块进行收费，图书馆可以根据自身情况分阶段购买。

2. 适用性原则

图书馆自动化系统开发商应把所开发的系统软件分为普及版、标准版、增强版等不同版本，根据不同的业务环境、不同的数据处理量而开发，面向不同类型的用户。图书馆应该根据自己的馆藏标准、读者数量、预期达到的业务水平来选择适合自己的版本。在兼容性上则能完成与总馆、上级馆进行快速数据交换，具备新时期图书馆大流通、通借通还、"一卡通"等全新发展需要。

（二）确定软件平台的建设模式

购买市场上成熟的软件平台。

依据自身管理服务要求需求软件开发商进行软件平台的开发。

对现有软件平台在接口、处理效率、功能拓展上的优化与完善等。

（三）设计与规划步骤

1. 系统需求建模

在前期需求分析的基础上，对各项基本需求进行建模和组织，确保软件平台需求的最终实现。如对图书馆自动化管理系统，需要满足来自三方面的需求，这三个方面分别是读者、一般工作人员和系统管理人员。读者的需求是查询图书馆馆藏纸质文献和电子文献、图书预约、超期通知、个人借阅情况及个人基本信息的修改；一般工作人员主要完成各类文献的采、编、典、流等传统业务流程的计算机管理工作，能够全面实现藏、借、阅、咨、管多层次、立体化服务；而系统管理人员的功能较为复杂，包括对系统运行环境的配置、各类用户权限的分配、系统的安全、数据的备份与恢复以及系统状态的查看与维护。因此，针对三种不同类型、不同权限的用户，设计图书馆自动化管理系统时要把友好的用户界面、翔实的帮助手段、简单的操作流程、专业的管理模式作为重点，使得系统的所有使用人员都能经过简单培训，就能很好地使用该管理系统，同时也使得图书馆的管理工作达到专业水平。

2. 系统应用架构设计

针对系统的各项基本需求，设计规划处设计对应的软件应用体系架构。如对图书馆自动化管理系统，基本结构由采访子系统、编目子系统、典藏子系统、流通子系统、读者子系统、连续出版物子系统、OPAC 子系统及馆际互借、参考咨询与文献传递子系统组成。系统要求高度集成，各子系统之间既相互独立又充分共享数据资源，能够完成图书期刊的采购、编目及入库工作，不仅能为读者提供借阅及多途径查询与咨询服务，还能提供远程访问及馆际互借与文献传递功能，完全能够满足图书馆现代化管理与深层次服务的需要。

3. 数据库设计

设计的流程步骤包括：根据系统设计原则，画出系统流程图；将系统划分为若干个模块，每个模块完成一个相对独立的特定功能，画功能结构图并说明各模块功能；依据图书馆的业务处理量的多少，确定数据系统所采用的数据库产品类型，然后开始进行数据建模；系统详细设计，包括代码设计、E-R 图数据库设计、输入输出机入机用户界面设计等。

4. 应用软件设计与实现

根据相关的开发语言及接口要求，寻找软件系统供应商进行系统的开发设计；或者依据形成的软件系统产品的系统需求、应用程序架构及数据库架构，对比市场上已有的各种软件产品，评估其在不同服务内容、管理层次上的优劣，制定采购需求计划后再进行采购实施。

（四）软件产品的规划与设计的应用要求

1. 采用先进的体系结构,支持多种通用平台

这种体系结构为软件产品系统的灵活配置提供了充分保证,同时这种体系结构,能够将大规模的事务处理分散到多个硬件平台之上,对于将来保持系统的高效运行,实现系统规模的进一步扩充有着重要的意义。

2. 采用大型数据库

提供全文检索和 MetaSearch 功能元搜索(MetaSearch)方式也已经引起了图书馆自动化系统厂商的注意。利用 Z39.50,SQL,HTML 分析以及其他相关技术,用户只需键入一次检索词,MetaSearch 引擎就会自动将这一检索词广播给多个信息来源,分别检索各个信息源的内容,将各个信息源的检索结果集中整理,最后给出一个经过重排序的检索结果。

3. 以 Web OPAC 为中心,构筑信息门户

"信息门户"的概念正在改变着图书馆自动化系统的发展方向。传统的 OPAC 仅提供一个图书馆的馆藏查询,或进一步提供一些外部的数字资源链接,在整个图书馆自动化系统中处于不起眼的地位。然而随着 Internet 的发展,OPAC 已从图书自动化系统的边缘产品成为了整个系统的核心。随着检索(Z39.50)、馆际互借(ISO 10160)、流通(NSIP)标准的应用,互操作成为可能,许多图书馆自动化厂商已经将越来越多的服务内容建立在 OPAC 之上,构筑一个个图书馆的"信息门户"。

4. 提供数字内容创建和管理平台,实现数字资源的收集加工整理和应用

除馆藏书目之外,图书馆还需面对类型众多、内容各异的数字资源。为了实现对这些图像、视频及其他多媒体内容的管理,并将这些内容与传统的书目记录进行集成,图书馆自动化厂商在其自动化系统之上,开发和创建了新的数字内容管理平台。

5. 提供开放链接和无线道路,以实现系统间的互操作

在越来越多的图书馆认识到链接是这一转换过程中的核心部分。

许多图书馆都在创建以期刊为纽带的链接数据库，通过它可以存取到期刊的存刊状况、期刊的 Web 站点，甚至进一步地存取到期刊目次，期刊文摘，乃至期刊的文章全文。随着网络技术的迅速发展和不断渗透，移动计算技术实现了任何时候、任何地点都能接入网络获取所需的信息这种服务方式。无论是用户从移动电话，还是从掌上设备进行检索，服务器都能给予应答。系统可以检测到任何需要查询的客户，从基于个人电脑的桌面浏览器，到移动电话或无线手提设备，例如掌中宝、便携式 PC 设备等。

6. 标准化和多语言支持及扩展性

系统应能体现先进的管理思想和管理模式，全面满足文献信息工作标准化的各项要求，具备处理和交换多格式、多语种数据和多种馆藏资源（如光盘、多媒体等）的能力。同时，系统还应适应日益发达的网络技术，支持各种网络通信协议，支持网络环境下的联合编目、采购、信息查询、馆际互借和网上原文传送等服务功能。

（五）软件产品技术指标

软件的指标必须与系统开发所采用的战略和方法学结合起来，在信息系统开发过程中，开发方法以及相应软件工具的选择对系统开发是否顺利都是重要的。软件指标主要从如下几方面考虑。

（1）操作系统。目前有很多，如 UNIX 以及其变种（如红旗 Linux、RedHat 等），Windows XP，Windows 2003 Server，Windows Vista 等。

（2）通常市面上关系数据库系统有 SQL Server，DB2，ORACLE 等。在微机上运行的有 dBASE-I，II，IV，FoxBASE，FoxPro，MySQL 等。

（3）一些围绕微机关系数据库软件工具，如 FoxPro，dBASEV，Visual BASIC 等。

（4）常用程序设计语言，如 C，C++，JAVA，BASIC 等。

（5）工具，如测试工具、需求分析工具、调试工具等。

（6）应用系统开发环境代表了未来软件工程的发展方向。在这样一个环境和计算机自身的支持之下，用户可以很方便地完成从需求分析、系统分析到系统设计、系统实现和运行管理的全过程。

(7)各种应用软件包,如统计分析软件包、多元分析软件包、数据规划软件包、运筹学软件包、预测分析软件包等。

第三节 采购与引进

采购引进要求以项目前期的需求调研、规划设计为基础,组织采购实施小组,拟定采购清单,按照国家、地区相关采购法律法规,采用规范的公开招标、公平竞争的招标程序,制订采购计划予以执行,并要求依据采购实施的结果签订相关的采购合同,确保项目的如期建设和实施,对项目的建设工期、施工质量、建设费用等进行有效监督,从而降低项目的投资成本和投资风险。

一、政府采购与实施

由于我国图书馆的建设经费绝大部分都依靠政府财政支出,故相关建所需投入物的采购均须实行政府采购。政府采购,是指各级国家机关、事业单位和团体组织,使用财政性资金采购依法制定的集中采购目录以内的或者采购限额标准以上的货物、工程和服务的行为。实施政府采购,均需遵循《中华人民共和国招标投标法》《中华人民共和国政府采购法》《政府采购货物和服务招投标办法》及各所属行政区域的政府采购法律法规。

(一)项目采购类型

(1)货物采购。通过招标或其他方式采购项目建设所需投入物。货物,是指各种形态和种类的物品,包括原材料、燃料、设备、产品等。如计算机专业设备、存储设备、服务器设备等及与之相关的服务,数据库系统、图书馆自动化管理系统、电子资源管理系统软件产品等及与之相关的服务。

(2)工程采购。选定承包商承担项目的建设任务及与之相关的服务。工程,是指建设工程,包括建筑物和构筑物的新建、改建、扩建、装修、拆除、修缮等。如网络布线工程等。

(3)服务采购。通过招标或其他方式采购相关的服务。《中华人民共和国政府采购法》规定:除货物和工程以外的其他政府采购对象称为服务。如项目投资可行性论证咨询服务、软件开发服务、项目建议书咨询服务、项目集成服务、项目技术支持服务、IT 管理外包服务等。

(二)项目采购方式

1. 公开招标

指招标机关或委托代理机构(招标人)以招标公告的方式邀请不特定的供应商(投标人)参加投标的采购方式。公开招标是政府采购的主要采购方式。采购人不得将应当以公开招标方式采购的货物或者服务化整为零或者以其他任何方式规避公开招标采购。

2. 邀请招标

指招标人以投标邀请书的方式邀请规定数量(3 家)以上的供应商参加投标的采购方式。《中华人民共和国政府采购法》第二十九条规定,符合下列情形之一的货物或者服务可以采用邀请招标方式采购:

- 具有特殊性,只能从有限范围的供应商处采购的;
- 采用公开招标方式的费用占政府采购项目总价值的比例过大的。

3. 竞争性谈判采购

指采购机关直接邀请规定数量(3 家)以上的供应商就采购事宜进行谈判的采购方式。《中华人民共和国政府采购法》第三十条规定,符合下列情形之一的货物或者服务可以采用竞争性谈判方式采购:

- 招标后没有供应商投标或者没有合格标的或者重新招标未能成立的;
- 技术复杂或者性质特殊,不能确定详细规格或者具体要求的;
- 采用招标所需时间不能满足用户紧急需要的;
- 不能事先计算出价格总额的。

4. 单一来源方式采购

指采购机关向特定供应商直接购买的采购方式。《中华人民共和国政府采购法》第三十一条规定，符合下列情形之一的货物或者服务可以采用单一来源方式采购：

- 只能从唯一供应商处采购的；
- 发生了不可预见的紧急情况不能从其他供应商处采购的；
- 必须保证原有采购项目一致性或者服务配套的要求，需要继续从原供应商处添购，且添购资金总额不超过原合同采购金额百分之十的。

5. 询价采购

指对特定数量(3 家以上)的供应商提供的报价进行比较，以确保价格具有竞争性的采购方式。《中华人民共和国政府采购法》第三十二条规定，采购的货物规格、标准统一、现货货源充足且价格变化幅度小的政府采购项目，可以采用询价方式采购。

(三)项目采购的业务范围

(1)项目采购计划的编制。

(2)组织招标、评标，确定最终招标结果。

(3)起草、修改、审核采购合同，合同谈判和签订合同。

(4)合同实施与监督，合同执行中对存在问题的处理。

(5)合同支付。合同执行完毕，可依据合同条款要求，由供应商提供正规的财政核销发票，采购人向相关的财政部门或财政单位申请合同款项的支付和结算。

二、项目采购计划的编制

采购计划是指项目中整个采购工作的总体安排，项目的采购过程首先是制定项目采购计划，然后依据计划开展采购工作，因而采购计划的编制是项目采购管理中最为重要的工作。项目采购计划的编制要求以项目的需求和分析为基础，确定需要采购的产品和服务，明确是否采购、怎样采购、采购什么、采购多少及何时采购等事宜。

表3-5

依据	分析和确认	结果
范围说明书 产品说明书 采购资源 市场状况 约定假定 其他相关的计划	采购方式分析 采购价格预算 项目分包 合同类型的选择	采购需求文件 采购管理计划 采购工作计划 采购评价标准

（一）制订采购计划需要考虑的问题

（1）将项目进行适当、合理地分解，确定各项采购的范围和内容。如所需要采购的货物、工程或服务的数量、规模、类别、规格、参数、性能指标等，形成基本采购需求文件；合理划分子项目，明确各子项目的范围。

（2）选择项目的发包模式，如采用平行发包、施工总承包、项目总承包等工程承包模式的可能性和利弊。发包的额度要适中，如果太大，会限制投标人的条件，导致够格的投标人数量太少；而如果太小，则许多承包商缺乏投标的兴趣，也会导致竞争不足。

（3）落实项目采购的组织机构，建立采购工作小组或者委托招标代理机构进行采购，确定采购工作流程等。

（4）落实采购工作的时间安排，制定采购工作进度计划。计划先实施的工程或先安装的设备要先采购，采购工作量要适当均衡，不能过于集中。

（5）选择适当的采购方式，如选择国际竞争性招标或是国内竞争性招标，公开招标或是邀请招标等。

（6）预测采购风险。采购过程中可能出现部分意外情况，如预算增加、延期交货等，这些都会影响到采购预期目标的实现效果。

（二）制订采购计划的依据

（1）范围说明书。包括对项目的描述、定义，以及详细说需要采购的产品的类别、数量、规格、参数等需求信息。

（2）产品说明书。提供有关在采购计划过程中需要考虑的所有技术问题或注意事项的重要资料，是项目的最终产品。

(3)采购资源。组织相关的采购工作人员，寻找相关的合同部门、专家以支持采购活动。

(4)市场状况。考虑所需要的产品、服务的市场能力，如种类、供货商及使用维护的支持能力等。

(5)约束、假定。约束指限制买方选择的因素，如资源充裕度。假设指在项目采购实施过程中，面对特殊的、多变的社会环境、实施条件等所假定的一些合理推断。约束和假定的存在限制了项目组织的选择范围。

(三)项目采购计划编制的文件

1. 采购需求文件

指需要采购的货物、工程或服务的数量、规模、类别、规格、参数、性能指标等详细资料。在采购需求文件中，应充分详细的描述采购要求的技术细节、服务内容、商务要求、验收标准、合同的主要条件等，提出项目。采购需求要按照一定标准格式编制，以便供应商能够便于理解和充分认识。

2. 采购管理计划

指描述如何管理从询价计划编制到合同收尾过程，以及维持采购过程的顺利。包括：项目采购工作的总体安排、合同类型、工作责任的确定、项目采购文件的标准化、多级供应商管理、与其他工作的协调实施等。

3. 采购工作计划

指依据项目采购计划与各种资源需求信息，制定项目采购工作的具体作业过程，规定和安排一个项目采购计划实施过程中各项具体工作的日程、方法、责任和应急措施等。如对图书馆无线网络设备的采购，何时申报采购计划和采购内容，何时拟订采购需求文件，何时开始发标、谈判、签约等事宜等，都需要在项目采购作业计划中安排和实施。

4. 采购评价标准

指对采购项目的合理、标准评判指标体系，用以确定最终的项目采购产品。既有客观评价的标准指标，也有主管评价的标准指标，在采购实施过程中均须进行定性化和定量化。如对技术指标的满足程度、供应商的实力及服务能力、项目实施计划及方案的先进性等。

（四）政府采购实施过程

在政府采购实施过程中，基层图书馆作为采购单位，其主要的任务就是编制采购计划、提交采购计划、参与项目评标及开标、确认中标结果及谈判签订采购合同，相关采购标书的标准化成文、采购工作的组织、实施均由政府采购部门予以执行。

在政府采购实施过程中，有以下两类特殊的采购方式。

1. 货物类协议采购

是指对纳入政府集中采购目录的部分货物事先通过公开招标或谈判等方式，统一确定中标供应商及其所供商品的品牌、价格、供货期限、服务承诺等内容，并用协议的形式加以明确，各采购单位在协议范围内进行采购的一种政府采购方式。采购单位在协议供货范围内自主选择供应商和产品品牌、型号，享受政府采购网上公布的优惠价格及协议供应商承诺的服务。基层图书馆的年度自动化网络化设备的更新、增加，在政府集中采购目录内的，均可以通过协议采购方式完成采购，可满足本单位的采购及时需求。

2. 自行采购

是指国家机关、事业单位和团体组织（简称采购人）使用财政性资金采购限额标准以上、未纳入集中采购目录的货物、服务的行为。采购项目可以由采购人自行组织采购，也可以委托集中采购代理机构如集中采购机构或社会中介机构代理采购。自行采购需要向相关采购主管部门提交申请，并或审批后方可执行，须遵循相关的部门或地区采购法律法规，按照相关的招标流程来组织实施。基层图书馆的年度自动化网络化设备的设备耗材、办公耗材、例行维护等，均可以通过自行采购方式完成采购，可满足本单位多样性的零部件设备、设备耗材等特殊需求。

政府采购的主要流程如下图。

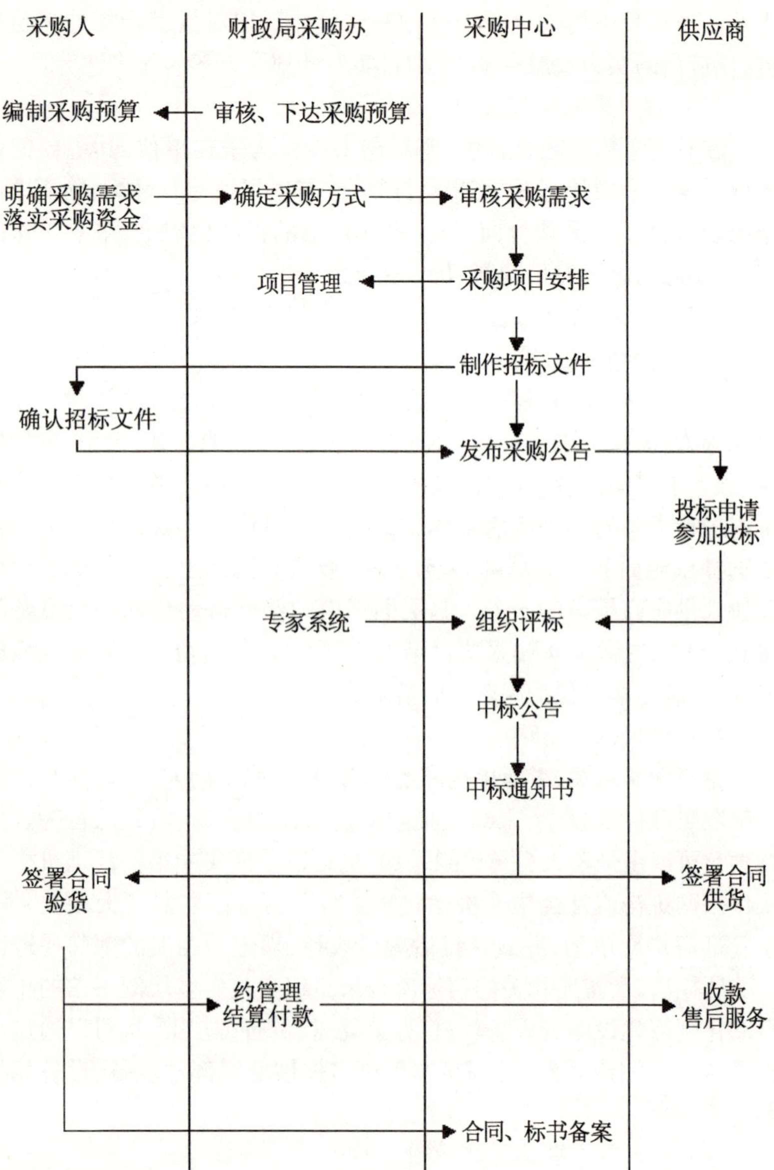
采购人
财政局采购办
采购中心
供应商
编制采购预算
审核、下达采购预算
明确采购需求
落实采购资金
确定采购方式
审核采购需求
项目管理
采购项目安排
制作招标文件
确认招标文件
发布采购公告
投标申请
参加投标
专家系统
组织评标
中标公告
中标通知书
签署合同
验货
签署合同
供货
约管理
结算付款
收款
售后服务
合同、标书备案

基层图书馆自动化网络化建设中，相关的建设项目采购可将相关的全部设备、产品、实施及服务以总包干的形式予以采购，也可依据项目的类型、建设标段，分包予以采购。总包有效节约了招标实施的时间及成本，但采取总包后会出现：一是有能力投总包的供应商很少，不能达到法定三家投标数量；二是即使总包价格低，但难以保证所有的项目价格最低，个别中标项目价格高于市场价。分包解决了上述总包的难题，可有效满足采购人的特殊性、日常性采购需求，但是却提高了采购成本，增加了采购单位的工作量。图书馆在进行项目的分包时，应依据项目的建设进度计划、实施难度，充分评估后，制定合理的、有效的采购项目分包方案。

三、货物采购

（一）招标需求参数的撰写

分析市场上同等档次不同生产厂家的产品，对比其各自的技术参数、功能差异，结合本馆的自动化网络化产品的实际功能需求、数量要求、基本配置要求等，进行需求的细化和参数的确定。在拟定需求参数时，以能实现需求的最基本功能参数为基础，结合产品的市场价格、应用成熟度、图书馆的适用性等，确保大部分厂家的产品能够满足所提出的需求参数，同时，在需求参数中要有差异化的体现，不能太宽泛，以免不适应图书馆需求的、不是本馆所需的产品也可以参入进行竞争投标。

招标需求的内容如下：

- 投标人要求：投标人资质要求，如注册资金要求、对应货物的供货资质、对应采购人所在地的分支机构要求等。
- 货物概要：描述货物的具体类目、数量、用途。
- 功能要求：描述货物的具体功能指标、构成要素、功能要求及预期达到的功能目标。
- 技术参数：描述货物的具体技术指标、性能要求及预期实现的技术目标，需满足的技术标准。

• 投标文件要求：投标人须提交的用以说明投标产品的技术性能、应用效果、应用规划等的相关文件，如产品彩页及说明书、应用实施方案等。

• 交货内容及进度：描述货物的交货时间及进度要求，交货时须提交的文件材料。

• 安装实施要求：描述对货物安装运输、实施测试及要求，与其他系统或货物的链接及调通等，遵循的相关技术具体的安装实施计划文档要求。

• 售后服务要求：描述对货物维修、保修等的年限、具体细则等要求。

• 培训服务要求：描述对货物具体使用、管理、维护等的培训内容、人次、级别要求。

• 合同主要条款要求：描述招标完成后签订合同的日期、供货、支付等内容。

• 其他描述：如保密要求、现场踏勘、招标答疑、履约保证金要求等。

（二）计算机硬件产品采购

采购计算机及终端硬件产品的时候，须在采购招标需求中明确以下问题：

• 硬件产品的品质要求，如要求投标人所投的产品在验货时须提供原厂出厂证明、正品行货证明及相关的保修凭证。

• 硬件产品的维修要求，如描述故障排除、处理的响应要求，备件库要求等。

• 硬件产品的安装实施要求，如安装实施计划、试运行测试计划，与其他硬件产品、应用管理系统的集成应用等。

• 硬件产品配套的系统软件及管理软件要求，如硬件设施对应的操作系统、管理系统、备份模块等要求。

（三）软件系统平台产品采购

采购存储类数据库、自动化管理系统、电子资源管理系统等软件产品时，需在采购招标需求中明确以下问题：

• 软件产品的规模需求，如自动化管理系统的用户数、存储类数据库的并发用户数/计算机 CPU 内核数等，投标人可依此来选定软件产品匹配的具体型号和规格。

• 软件产品的数据安装需求，如新、旧产品之间的数据转换、迁移、移植等具体要求，数据库的系统结构及模型要求。

• 产品的安全性要求，如产品的运行稳定性、数据的保护机制、异常状况下的自我保护及修复机制、系统崩溃后的恢复措施等。

• 产品的集成应用要求，如与其他业务应用系统之间的数据通信要求、产品须采用的标准化接口内容及类型等。

• 产品的完善或定制要求，如当项目软件运行出现异常或故障时进行的维护工作；当项目软件因为数据环境变更、硬件更新等原因需要变动时进行的维护工作；当用方因为工作需要提出新功能或新要求时进行的维护工作。

• 产品的文档要求，如安装文档要求、维护实施文档要求等，用于图书馆进行跟踪及反馈。

• 产品的先进性要求，如程序执行的处理效率、采用的软件技术等。

• 产品的人性化要求。如界面的友好性、可操作性，视窗操作，图形化的功能界面（图形化的业务流程、查询系统等）与桌面主要应用系统的集成（如与 Office 系统的集成等），简便的界面和菜单功能设计，界面操作直观、简单，符合现有的系统操作习惯，不需要额外增加软件学习成本。

（四）信息资源数据库采购

（1）采购电子资源、电子图书等数据库产品时，须在采购招标需求中明确以下问题：

• 数据库所涉及的学科领域，如综合类、理工专业类、工程技术类、经济管理类、人文社科类等。

• 数据库的内容，如文摘题录型、全文型、事实型等。

• 检索系统,如检索界面的易用性、多途径检索和逻辑组配、良好的数据输出机定制途径等。

• 并发用户,可根据利用率进行确定,不同的并发用户数,采购价格各不相同。

• 累计数据,有些数据库的回溯数据须额外收费。

• 知识产权,如数据库商队内容的打印、下载、拷贝是否有限制等。

(2)对电子数据库系统的选择标准:

• 价格因素。电子资源数据库会依据其资源的重要性、资源的种类、资源的使用服务期限、授权使用方式等,有不同的采购价格。图书馆在采购时,应调研和评估价格的合理性、真实性。

• 资源的占用情况。不同的电子资源数据对服务器的 CPU、内存、存储空间等资源的占用情况及网络访问下载速率要求各异,在进行选购时须明确电子资源数据库的资源占用情况,合理分配服务设施、网络带宽和网络存储空间。

• 数据库资源提供和使用的合法性。图书馆在提供电子资源信息服务时,应遵循数字版权保护的相关规定。在购买和选用电子资源时,应要求供应商所提供的数据是经过作者或出版社授权的,同时还应要求其提供包括身份认证机制、IP 地址限制、VPN 访问控制等有效的技术手段,保障合法读者使用资源,维护著作者的权益。

(五)评标因素

硬件设施、软件产品等的评标可依据下列内容制定评分标准:

• 投标报价;

• 交货期;

• 对招标需求文件规定条款的满足程度;

• 产品性能质量;

• 零配件和售后服务;

• 投标人的资金实力;

• 服务能力;

• 用户案例；

• 安装实施计划及组织。

相关的评分细则及评分指标可组合匹配，并设定一定的权重值予以实施。

(六)参考货物采购案例

下面我们将以××大学数据存储中心采购存储设备为例，详细描述项目采购需求。

一、项目说明

项目名称：××大学数据存储中心存储设备采购项目

交货时间：合同签订之日起40天内交货，一周内安装调试完毕。

二、背景介绍

××大学为满足信息化建设中数据安全和数据存储的需求，自2004年开始进行数据存储中心(以下简称数据中心)建设。在四年的时间内，已建设成较为完整的SAN FC架构，其覆盖范围包括计算中心、图书馆等区域，目前已提供业务存储、资源存储、数据备份、数据灾备等多种数据服务。

三、现状及需求

数据中心目前有完整的光纤环境，覆盖多个机房(包括计算中心三个、图书馆一个、××一个)、交换机和路由器若干(包括brocade 7620路由器两台、brocade 4100交换机两台、3250三台、Macdata 4500两台)、存储设备三台(富士通E3000 M600一台，M300两台，另图书馆有E4000 M500一台，新采购的Netapp 3140)。目前数据中心存储架构主要使用FC-SAN，并使用光纤网络实现异地数据容灾，比较好地完成了当初既定的数据安全存储保障的任务，随着技术的发展和进步，我校信息化核心部门对数据存储的需求量显著增加，如图书馆各业务、网管数据、大容量E-mail等，现有架构已无法满足未来发展的需要；存储技术发展了IP网络的功能，ISCSI等协议的使用大大扩充了存储设备的使用灵活度，在非大压力应用的环境下，ISCSI能够提供方便的接入、合适的性能，因此，××大学数据中心为保障未来几年的发展需要，在信息化专项资金的支持下，对数据中心主应用存储提出采购要求，并制定如下的技术指标要求。

四、项目要求

1. 投标商提供营业执照、银行资信等有关证明材料，说明图书馆概况、项目组织、售后服务、备品备件等情况。

2. 投标商必须出具各个产品厂商的产品授权书。

3. 投标商必须根据××大学信息化建设现状和发展趋势，利用数据中心现有存储设备、本次招标设备及其他相关设备构建新的××大学数据存储中心主存储设备，并提供详细设计思路、拓扑图及具体实现方式。此设计方案作为评标的一个重要依据。

4. 本次投标所有硬件设备提供至少三年7×24原厂免费保修服务（含设备、人工、运输等），报修后四小时内进行现场人员备件维护的免费服务，并且提供免费的每季度技术回访。

5. 签署原设备生产厂家加盖公章的三年金牌、7×24小时响应、4小时上门免费服务的协议书。在三年保修期内，如投标商所提供产品停产，投标商需向用户提供其后续产品更换，功能不能低于原产品，维修服务条款不变。

6. 本次投标涉及的软件提供至少三年服务（电话支持、免费升级和必要的上门服务等）。

7. 投标商必须提供相关产品的至少两个原厂培训名额（非现场培训，含培训教材，注明培训课程名称）。

五、招标采购货物清单及技术规范

设备采购清单

序号	名称	数量
1	业务磁盘阵列	1套
2	灾备磁盘阵列或现有设备扩展	1套

技术及服务占总分55分，其中基础项25分，

基本指标（总计25分，此指标为必须满足项，评标专家将依据网

站技术指标、产品技术白皮书、技术黄皮书等为评标依据，盲目应答将视为不满足，并扣除该基础分25分）。

	品名	序号	指标项	指标要求
1	核心业务磁盘阵列	1.	系统架构	支持全协议 FC,ISCSI 功能的存储平台，全冗余无单点故障设计。
		2.	支持协议	支持光纤通道 FC、ISCSI，并在本次采购的设备中配置支持以上协议的模块（含设备）或授权。
		3.	系统端口	配置 10/100/1000 以太网接口≥4 个（每控制器至少 2 个）；配置 4Gb 光纤 FC 接口≥8 个（每控制器至少 4 个）。
		4.	控制器	容错控制器，cache 镜像技术，cache≥16G。
		5.	Cache 保护	提供市电掉电后≥72 小时的数据保护机制。
		6.	后端磁盘系统硬盘	支持 FC 磁盘及 SATA 磁盘混用或 SAS 磁盘及 SATA 磁盘混用。
		7.	磁盘可使用容量要求	按阵列支持的 raid（raid5 5 +1，raid6 10 +2）计算，以 raid 后（按上述 raid 实际数据）的 RAID 卷容量统计，需标明 raid 类型。SATA 硬盘（1TB，7200RPM）70TB，光纤硬盘或 SAS 硬盘（300GB，10000RPM）30TB，两种磁盘分别要求配置热备盘各 4 块。
		8.	存储后端系统通道接口	后端磁盘系统通道至少八条全光纤 4Gb 通道结构或至少六条 3Gb SAS 通道。
		9.	后端磁盘系统扩展性	本次配置支持硬盘数≥400 个；磁盘阵列必须支持动态 RAID 组扩展、LUN 扩充等功能。
		10.	数据保护	支持多种 RAID 保护方式，支持全局热备盘。

续表

	品名	序号	指标项	指标要求
1	核心业务磁盘阵列	11.	管理工具和功能软件	免费提供网络化、集成化、图形化的配置和管理;免费提供基于实时数据的快照授权和相应的图形化工具。
		12.	灾备授权	提供该存储的完整灾备(不限容量、不限距离)授权(双控制器可用),提供阵列内部不受大小和容量限制的快照、镜像和同品牌存储灾备功能(含同步和异步支持)。
		13.	链路授权	提供对该存储的链路冗余技术授权,并提供链路管理软件(各操作系统 unix、linux、windows 等)。
		14.	冗余和在线维护	具有关键部件冗余配置(冗余电源、冗余风扇、cache 镜像等)在线维护的能力。
		15.	兼容性	必须支持 UNIX(Solaris、HP-UX、IBM AIX)、Windows2000/2003/2008、Linux 等操作系统和集群软件系统,设备具有良好互操作性。
		16.	实施	投标商必须提供由原厂商提供的客户化专业存储架构设计和安装实施服务。同时提供同设备品牌原产标准机架;提供所有连接线缆,包括电源接口和相应全套接口、数据连接线(光纤和网线)。如果该设施需要专门的管理平台,需提供相应的设备。
		17.	设备投标说明	投标方必须提供所投设备内部连接示意图和各项配置的中文说明及设备彩页;投标偏离表以网站技术指标、设备白皮书和黄皮书技术所示为标准,盲目应答将视为不满足。投标方必须提供所投设备的成功案例。

续表

	品名	序号	指标项	指标要求
2	灾备业务磁盘阵列	1.	技术方案	本设备可配置完整设备,也可利用目前数据中心范围内的现有设备实现。
		2.	系统架构	支持全协议 FC-SAN,ISCSI 功能的存储平台,全冗余无单点故障设计。
		3.	支持协议	支持光纤通道 FC、ISCSI,并在本次采购的设备中配置支持以上协议的模块(含设备)或授权。
		4.	系统端口	配置 10/100/1000 以太网接口≥4 个(每控制器至少 2 个);配置 4Gb 光纤 FC 接口≥4 个(每控制器至少 2 个)。
		5.	控制器	容错控制器,cache 镜像技术,实配 cache≥8G。
		6.	后端磁盘系统控制器	提供市电掉电后 72 小时以上的 CACHE 数据保护机制。
		7.	后端磁盘系统硬盘	支持 FC 磁盘及 SATA 磁盘混用或 SAS 磁盘及 SATA 磁盘混用。
		8.	磁盘实际可使用容量要求	按阵列支持的 raid(raid5 5+1,raid6 10+2)计算,以 raid 后(按上述 raid 实际数据)的 RAID 卷统计,需标明 raid 类型,SATA 硬盘(1TB,7200RPM)40TB,配备热备盘 3 块。
		9.	存储后端系统通道接口	后端磁盘系统通道至少六条全光纤 4Gb 通道结构或至少六条 SAS 通道。
		10.	后端磁盘系统扩展性	本次配置支持硬盘数≥400 个;磁盘阵列必须支持动态 RAID 组扩展、LUN 扩充等功能。

续表

	品名	序号	指标项	指标要求
2	灾备业务磁盘阵列	11.	数据保护	支持多种 RAID 保护方式,支持全局热备盘。
		12.	管理工具和功能软件	免费提供集成化、图形化的管理工具进行配置和管理;免费提供基于实时数据的快照授权和相应的图形化工具。
		13.	灾备授权	提供该存储的完整灾备(不限容量、不限距离)授权(双控制器可用),提供阵列内部快照、镜像和同品牌存储灾备功能(含同步和异步支持)。
		14.	链路授权	提供对该存储的链路冗余技术授权,并提供链路管理软件(各操作系统 unix、linux、windows 等)。
		15.	冗余和在线维护	具有关键部件冗余配置(冗余电源、冗余风扇、cache 镜像等),在线维护的能力。
		16.	兼容性	必须支持 UNIX(Solaris、HP-UX、IBM AIX)、Windows2000/2003、Linux 等操作系统和集群软件系统,设备具有良好互操作性。
		17.	实施	投标商必须提供由原厂商提供的客户化专业存储架构设计和安装实施服务。同时提供同设备品牌原产标准机架;提供所有连接线缆,包括电源线和相应全套接口,数据连接线。如果需要专门的管理平台,需提供相应的设备。
		18.	设备投标说明	投标方必须提供所投设备内部连接示意图和各项配置的中文说明及设备彩页;投标偏离表以设备白皮书和黄皮书技术所示为标准,盲目应答将视为不满足。投标方必须提供所投设备的成功案例。

特指技术和服务指标(总分30)

	指标	分数
1.	提供整体交换光纤结构(控制器、磁盘柜、磁盘)。	0—6
2.	提供控制器双激活(active-active)技术(主机单HBA卡接入时,可提供在线升级存储控制器,两控制器支持自动均衡负载)。	
3.	可支持32G或以上cache的控制器(两台存储)。	
4.	控制器支持NAS功能。	
5.	提供掉电后cache回写磁盘技术(设备掉电后cache自动回写系统磁盘,然后关机)。	0—2.5
6.	提供数据校存储验码功能。	
7.	提供原厂存储的链路冗余软件授权,并提供原厂链路管理软件(各操作系统Solaris、Linux、windows等),支持服务器数量不小于40。同时支持链路故障转移,负载均衡。	
8.	提供自动化分级存储功能,能够在高速低速磁盘中自动分配数据块,并能够自动调度数据块的存放。	0—3
9.	提供节能措施,能自动减速或对非使用磁盘停转。	
10.	业务阵列和灾备阵列同型号。	0—3.5
11.	www.storageperformance.org有同型号设备测试数据。	
12.	方案设计(合理性、投资保护)。	0—5
13.	支持服务(原厂工程师技术支持、历史服务情况)。	0—10

六、设备明细表(略)

七、技术规格偏离表(略)

八、原厂授权书(略)

四、服务采购

（一）服务项目的工作大纲

服务项目工作大纲是项目单位对服务工作的要求，是投标人编写项目服务建议书的基础，它必须界定服务提供者的职责和义务，可作为合同中关于“服务”的定义和内容的组成部分。其内容主要包括以下内容：

• 概述。简述项目情况、项目的由来、项目现有设施、组成情况及其他相关背景资料等。

• 目标。说明项目预期计划实现的目标、达到的效果。

• 工作范围。说明投标人应当完成的服务任务和具体要求。

• 培训要求。要求投标人对本服务项目所提供的相关培训细节要求。

• 进度与报告。关于服务执行的工作进度计划和工作进展情况报告的要求。

• 提交的工作结果。说明投标人应当完成的最终项目服务工作结果，如可行性论证报告、需求建议书、技术建议书等。

• 采购人的义务。说明采购人向投标人可提供的有关资料、人员配合、设施和服务支持等。

（二）服务类项目的采购预算计算

项目单位应就拟议中的服务任务做出费用估算。费用估算以项目的工作大纲为基础，视所要求的任务范围和目标以及各种人力、物力而定，包括人员的类别、水平、工作时间、物质投入、工作结果等。

常见的服务费用收费方式有按日计费法、成本加固定薪酬发、总价法、工程造价百分比法、顾问费等。

对项目建设前期服务收费标准，可参照国家发改委（原计委）“建设项目前期工作咨询收费暂行规定”（即价格［199］［1283］号）中的指导性收费标准计取，该规定明确了“按建设项目估算投资额分档收费标准”及其“调整系数”、“工程咨询人员共日费用标准”等。

对勘察、设计等服务的计算，可根据勘察工作和设计工作的内容，依据国家发展计划委员会、建设部发布的“工程勘察设计收费标准”计取。

对工程监理服务费的计算，可根据工程监理业务的范围、深度、工作的性质、规模、难易程度以及工作条件等情况，依据国家物价局、建设部《关于发布工程建设监理费用有关规定的通知》中的规定，按照所建立工程概(预)算的百分比计收。

(三)评标因素

1. 服务采购的特点

与工程、货物招标采购相比，服务单位的选择具有以下特点：

通常涉及无形商品的提供，其质量和内容难以像货物和工程那样定量描述，有时难以精确描述其技术规格。

重视投标人的能力和质量(这主要有咨询公司的技术和专门知识决定)，而不是价格。而且，越是智力投入高、对专业技术水平有特别要求的招标项目，价格因素在评审中占的比例就越低。

有的服务采购项目(如设计、专题咨询)涉及某些特定技术或艺术，往往与知识产权的保护息息相关，能够满足要求的咨询公司的范围受到一定的限制。因此，只能在一定范围内通过征求建议书，参加竞争性谈判方式进行。

2. 评标方法

对服务单位的评选可以采用两种方式：基于质量和费用的选择方法；基于咨询单位资历的选择方法。

(四)服务项目采购注意事项

对软件产品的开发、新建，项目前期规划、实施等过程中可能涉及的咨询服务等采购，其评标因素可以从以下几个方面予以考虑：

第一，服务提供商的行业经验。供应商目前实施的客户中与本公司生产和业务管理以及实施基础等方面是否有相似的类型，这可以为图书馆自动化网络化项目导入上的成功提供强有力的支持。

第二，服务提供商的实施力量。作一个管理项目，实施顾问的管理背景和合理的知识结构、丰富的项目经验非常重要。项目的实施团队应对图书馆的业务和管理运作非常熟悉，有过类似项目实施经验等。

第三，软件系统的实施方法及文档管理规范。服务提供商是否能够提供完整的实施方法论体系，作为双方项目导入和实施工作的指导。好的系统必须要在科学的方法论体系的指导下实施才有可能取得真正的成功。

对服务采购，其在采购招标需求中须明确下述内容：

项目的最终成果的知识产权要求，如对软件开发产品，要求其技术成果为中标图书馆和用户共同所有，中标图书馆将拥有项目软件的自身版权，图书馆拥有自身长期使用权，若能够申请专利，应由双方共同申请。因专利产生的利益归中标图书馆所有，但图书馆应拥有署名权。

项目的保密性要求，如要求中标图书馆应对用方有关业务方面的情况和资料进行保密，不得向第三方泄露，若中标单位有意或无意泄密，给用方造成任何损失，应当承担损害赔偿责任。

（五）服务采购案例

下面是某图书馆总集成服务的采购案例。

×××××图书馆计算机及网络设备系统项目系统集成服务招标项目要求

×××××图书馆计算机及网络设备系统项目系统集成服务供应商应配合业主单位，在监理方的监督协调下，负责对中心图书馆计算机网络设备进行系统集成服务工作。

一、项目要求

1. 深刻领会和理解数字图书馆业务及数字图书馆建设的项目需求，全面实现本项目提出的建设目标。

2. 制定项目进度计划、目标；控制项目的进度、质量、投资以确保项目顺利的投产运行。

3. 围绕以上项目目标制定相应的系统集成技术和工程实施管理

规范。

4. 围绕以上项目目标提供具体的系统集成实施服务，负责到货验收、具体安装实施、测试和中心图书馆数字图书馆应用软件等系统集成工作。

5. 提供项目工程实施的项目管理服务，提供项目风险管理、项目质量保障等服务，规范工程实施的行为。

6. 图书馆计算机及网络设备系统功能说明请参照相关附件。

二、工作范围

1. 配合业主单位、监理方、设备供应商等各方进行系统集成工作。

2. 提供设备到货前的测试设备和测试环境，协同业主单位进行系统应用测试。

3. 督导所有设备试运转，进行设备现场测试验收。

4. 搭建主机系统，安装调试 PC 服务器和打印机、扫描仪等办公设备。

5. 保证本系统项目设施与系统前期网络设施的设备集成与连接。

6. 负责系统整体的设备连接、调试与配置，集成网络应用平台、网络存储平台、网络安全平台、网络维护管理平台。

7. 系统功能调试和系统性能调优。

8. 督导应用软件的安装、测试及验收。

9. 系统后续保障维护和培训。

三、项目原则

（一）先进性原则

1. 要求采用当今国内、国际上最先进和成熟的计算机软硬件技术，使新建立的系统能够最大限度地适应今后技术发展变化和业务发展变化的需要。

2. 采用的系统结构应当是先进的、开放的体系结构。

3. 采用的计算机技术应当是先进的，如双机热备份技术、双机互为备份技术、容错技术、RAID 技术等集成技术、多媒体技术。

4. 采用先进的网络技术，如网络交换技术、网管技术，通过智能化的网络设备及网管软件实现对计算机网络系统的有效管理与控制；实时监控网络运行情况，及时排除网络故障，及时调整和平衡网上信息流量。

5. 先进的现代管理技术，以保证系统的科学性。

（二）实用性原则

1. 能够最大限度地满足实际工作要求，系统总体设计要充分考虑用户当前各业务层次、各环节管理中数据处理的便利性和可行性，把满足用户业务管理作为第一要素进行考虑。

2. 全部人机操作设计均应充分考虑不同用户的实际需要。

（三）可扩充、可维护性原则

能够以参数化方式设置系统管理硬件设备的配置、删减、扩充、端口设置等，系统地管理软件平台，系统地管理并配置应用软件。

（四）可靠性原则

1. ××××图书馆计算机网络设备运行系统处理数据量一般都较大，系统每个时刻都要采集大量的数据，并进行处理，因此，任一时刻的系统故障都有可能给用户带来不可估量的损失，这就要求系统具有高度的可靠性。

2. 要求采用双机备份、Cluster 技术的硬件设备配置方案，出现故障时能够迅速恢复并有适当的应急措施；每台设备均考虑可离线应急操作，设备间可相互替代。

3. 采用数据备份恢复、数据日志、故障处理等系统故障对策功能；采用网络管理、严格的系统运行控制等系统监控功能。

（五）安全保密原则

要求采用操作权限控制、设备钥匙、密码控制、系统日志监督、数据更新严格凭证等多种手段防止系统数据被窃取和篡改。

四、技术支持

（一）系统总体设计

1. 系统集成服务供应商必须要在理解数字图书馆建设的基础上，提供系统总体集成方案建议。

2. 系统集成服务供应商必须为本项目提供系统集成咨询和设计的服务，提供相关集成技术及后续招标的设备产品选型的方法和建议，保证与已完成招标设备、网络环境和应用软件的集成实施。

（二）系统前期测试

1. 系统集成服务供应商必须在设备到货前期提供相关测试硬件设备和相应测试软件环境，进行系统前期方案测试和后续调优。

2. 设备到货后，系统集成服务供应商要保证应用系统从测试设备到已到货设备的平缓、安全迁移。

（三）系统安装调试

1. 系统集成服务供应商参与对设备中标方所提供的硬件设备进行到货验收和质量控制验收。

2. 系统集成服务供应商负责调试设备中标方和业主单位所提供的所有软件、硬件设备。

3. 系统集成服务供应商必须协同网络中标方，搭建网络工作平台和网络软件平台，保证招标设备、网络环境和应用软件的集成实施。

4. 系统集成服务供应商应从整体角度，对基础应用设施、信息平台及资源等进行结构整合。

5. 系统集成服务供应商须提供相关系统应用软件、系统硬件设备的整合方案及实施意见，并对后续系统管理如安全管理平台、资源管理平台等提供管理实施意见。

6. 系统集成服务供应商应对系统运行效率进行测试，并提供调优建议。

7. 系统集成服务供应商须向用户提供必备的日常网络管理、维修工具，并列出详细清单及报价。

（四）系统验收

1. 系统集成服务供应商以书面形式正式认可系统安装调试成功，本项目业主单位即可进行系统验收。

2. 系统集成服务供应商参与系统验收，共同进行测试和诊断所有部件和整个系统。

3. 接收过程中出现任何软件、硬件故障，整个验收和诊断流程将重新开始。

4. 系统集成服务供应商须提供完整的系统诊断流程。

5. 系统集成服务供应商须提供所有必要的系统软、硬件测试、诊断工具。

6. 业主单位不接受部分验收合格的系统。

（五）系统维护

1. 系统集成服务供应商应督导系统运行，发现系统运行过程中存在的问题，并协调供货商、监理方、业主方解决问题。

2. 系统集成服务供应商应向购买方提供5年的技术支持，保证系统运行后的正常运转。要求投标方每季度由技术经理到现场对本项目中的各个软硬件系统进行检测评估，对网络的运行现状提供分析报告和建议报告，根据实际情况提出性能优化方案，并参与方案实施。

3. 提供24小时的热线支持，保障系统正常运行，在系统发生重大故障时，中标方技术人员应在24小时内到达事故现场。

故障类型	支持方式	响应要求	修复时间
网络或主机系统瘫痪	立刻专人应答及处理	立即出发，保持远程技术支持	8小时内系统恢复运行，2天内系统全部恢复正常。
系统严重故障、部分重要服务不正常	立刻专人应答及处理	保持远程技术支持，1天内出发	8小时内服务恢复运行，2天内系统全部恢复正常
系统个别服务不正常	保持电话联系，远程技术支持	1天内作出修复方案	2个工作日内修复

（六）培训要求

系统集成服务供应商应负责提供有关主机系统设备及网络维护管理的培训。要求培训后应使买方受训人员掌握：

1. 系统软、硬件的日常操作管理与维护，并对一般性故障进行诊断、排除与恢复。

2. 能熟练使用所提供的各种工具。

3. 能建立网络、修改拓扑结构、配置相关网络设备。

（七）文档要求

1. 系统集成服务供应商提供详细项目实施方案和工程日志。

2. 系统集成服务供应商提供质量保证计划（项目组织管理及保证措施）。

3. 系统集成服务供应商须提供完整的网络系统安装、操作、使用、测试、诊断、控制、维护文本（中或英文）。

五、其他

1. 系统集成服务供应商一旦中标，立即介入集成项目周期，直至整个深圳中心图书馆计算机及网络设备运行系统项目安装、调试、集成及验收完毕。

2. 系统集成服务供应商必须要在理解数字图书馆建设的基础上，提供系统总体集成方案建议和详细的系统集成方案、实施意见及进度安排。

六、注意事项

1. 中标人不得将项目非法分包或转包给任何单位和个人。否则，采购单位有权即刻终止合同，并要求中标人赔偿相应损失。

2. 投标人若认为招标文件的技术要求或其他要求有倾向性或不公正性，可在招标答疑阶段提出，以维护招标行为的公平、公正。

3. 投标人使用的标准必须是国际公认或国家、或地方政府颁布的同等或更高的标准，如投标人使用的标准低于上述标准，评标委员会将有权不予接受，投标人必须列表将明显的差异详细说明。

4. 如投标人提交伪造资质证书、合同文件，一经发现将严惩。

五、采购合同管理

合同是平等主体的自然人、法人、其他组织之间设立、变更、终止合法的民事权利义务关系的具有法律效力的协议，一个标准的项目采购合同应包括以下内容：

(1)产品名称、商标、型号、厂家、数量、金额、供货进度与日期；

(2)产品的质量要求，技术标准，供方对质量负责的条件和权限；

(3)交货地点和方式；

(4)运输方式及到达站港和运输费用的承担方式；

(5)合理损耗及计算办法；

(6)解决合同纠纷的方式；

(7)终止理由与责任；

(8)付款方式；

(9)奖金或罚款。

(一)合同类型

按签约各方的关系分类，可以将合同分为总承包合同、分包合同、转包合同、货物供销合同、劳务合同、联合承包合同等。

按计价方式分类，可以将合同分为固定总价合同、成本补偿和单价合同 。

按承包范围划分，可以将合同分为"交钥匙"合同(又称"一揽子"合同)；包设计、采购、施工合同；包设计、采购合同；单项合同(如设计合同或施工合同或技术合同等)。

(二)合同管理的依据

1. 合同文件

2. 工作结果

3. 变更请求

4. 供应商或承包商提供的单据

(三)项目合同管理的方法

(1)项目合同变更控制系统，规定了修改合同必须通过的程序，并根据该系统对合同的变更进行管理。

(2)进度报告，为管理者提供了有关承包商为实现合同目标的工作效率情况。

（3）承包商付款系统，在对承包商进行付款时，必须经过项目组织上层领导的审查和批准，经认可后，方能对其支付款项。

（四）项目合同管理的结果

（1）合同函件，在项目管理过程中，合同条款和条件通常要求合同双方之间使用一系列的书面文件。

（2）合同变更，包括提出、批准并执行有关项目范围或进度计划的变更过程的规定。

（3）承包商付款请求，承包商按照合同约定履行供货义务后，向项目组织提出的付款申请。

（五）项目合同的实施

1. 合同履行

项目合同的履行是合同双方当事人根据项目合同的规定，在约定的时间、地点，以适当的方法全面完成自己所承担的义务，实现合同所要达到的各类预订的日标。

• 实际履行，项目合同的实际履行是必须按照合同规定的标的来履行，这是我国合同法规的一个基本原则。

• 适当履行，项目合同的适当履行是指当事人按照法律和项目合同规定的标的按质按量按期的履行。

2. 合同的违约责任

当合同的一方当事人未能按照合同的要求履行义务时，另一方当事人有权要求其支付违约金或赔偿损失，承担合同的违约责任。对违约惩罚的方法主要有违约金、罚款、业主接管、终止合同以及取消承包资格。

3. 项目合同的变更、解除与终止

• 合同的变更。合同的变更是指在合同当事人双方协商一致的前提下，基于一定的法律事实而改变、调整合同的内容和条款。

• 合同的解除。合同的解除是指合同当事人双方达成一致，消灭即存的合同效力的法律行为，从而解除合同双方的债券和债务关系。

• 合同的终止。当事人双方依照合同的规定，履行其全部义务或双方一致确定合同的目标不可能时,合同即行终止。

4. 合同纠纷处理

• 协商。这是一种常见的、首先采用的解决纠纷的方法。

• 调解。这是由双方都认可的第三方(上级主管部门、合同管理机构等)出面从中调停,以事实、合同条款和法律为依据,通过对当事人说服,促使双方当事人和解,使合同双方自愿地、公平合理地达成解决协议。

• 仲裁。仲裁是仲裁机关对合同争执所进行的裁决。

• 诉讼。诉讼是指司法机关和案件当事人为解决案件依法定诉讼程序所进行的全部活动。

(六)合同案例

下面是某图书馆无线系统项目采购合同。

甲方:××××

乙方:××××

依据××××政府采购中心2008年3月6日组织召开的无线网络系统项目公开招标(项目编号:××××)的中标结果,甲方、乙方经友好协商,达成以下合同:

【第一条】定义

除非本合同另有规定,否则本合同使用的下列词汇具有如下含义:

产品:本合同产品系指实施本项目所需要的设备、软件及其他设施,具体见附件一《产品具体规格参数》。

服务内容:本合同服务内容指本合同第三条、第四条、第五条、第六条、第八条、第九条所约定之服务内容。

【第二条】合同产品内容

2.1 甲方同意乙方进行××××图书馆无线网络系统项目(项目编号:××××)中约定的"无线控制器、无线接入点、无线系统安全管理软件、POE供电交换机产品"的供货、安装、调试、施工、培训和售后服务等工作。具体产品内容详见本合同附件三《产品配置与报价单》。

2.2 本合同附件三《产品配置与报价单》为乙方向甲方提供的产品清单。乙方保证附件三《产品配置与报价单》中所列产品符合政府采购招标文件(招标编号:××××)的内容要求,如附件三的《产品配置与报价单》所列产品出现缺项、错项或数量误差,乙方将承担所有的责任。

2.3 合同总金额(人民币大写):陆拾捌万伍仟元整(人民币小写:¥685000.00)

【第三条】交货方法、交货期限及到货地点

3.1 乙方应在合同签订后 20 日内(日历日),将上述产品交付最终用户所指定地点。

3.2 运输及保险费:由乙方承担

3.3 到货地点:××××××××

3.4 乙方应于产品到达交付地点前72小时书面通知最终用户,并在通知中载明交付的具体产品及其包装尺寸和乙方指定的交付人,具体交货时间由乙方和最终用户共同商定。

【第四条】产品包装及质量:

4.1 乙方提供的产品(包括零部件、配件)必须是全新的、未使用过的中国区正规销售正品产品。进口产品应符合我国相关业界产品标准,并在交货时提交产品的合法有效的文件,如产地证、出厂合格证、质保书、进口材料有关证明、中国商检部门出具的商检证书等;国产产品须有产品合格证和国家质检标志,并应提交国家相关部门的质量检测报告书。如包含软件产品还需提供该产品的正版光盘电子介质及授权许可证明,产品须为最新稳定版本。

4.2 乙方向甲方提供的全部产品,均应采用国家或专业标准保护措施进行包装,使包装应适应于远距离运输、防潮、防震、防锈和防粗暴装卸,确保货物安全无损运抵现场。由于包装不善所引起的货物锈蚀、损坏和损失均由乙方承担。每件货品应附一份详细装箱单、产品说明书和质量合格证等文档。

4.3 本工程的安装质量必须完全满足中华人民共和国国家质量标准及现行规范要求，乙方应根据企业实际能力在系统方案书中对工程质量予以承诺。

4.4 乙方确保合同中的软件产品的授权许可有效期为永久合法，在有效期内产品能正常使用。

【第五条】产品安装及验收

5.1 产品到货后，最终用户将组织相关人员，按照乙方提供的产品清单和项目到货验收报告，检验产品合格证、使用说明书和其他的技术资料，检查产品及附件是否完整无损，技术资料是否与深圳图书馆的招标要求相符，如有遗漏或系统功能不完善等情况，乙方应负责进行优化和最终解决。到货验收完毕合格后，双方签署到货验收报告。

5.2 如果产品验收不合格，最终用户向乙方提出书面意见，乙方确认产品确实存在质量问题后，应于 10 个工作日内换货，并重新进行验收，乙方未按期换货或重新验收仍不合格的，视为不能交货。

5.3 乙方在产品到达目的地后的10天（日历天）内必须派人到现场负责安装和调试，并须提供全面的现场产品安装服务（包括软、硬件的安装和连接）、布线服务、调试服务（硬件、软件产品的测试、调试）等一系列工作直至正常运行，提供技术支持以及详细的文档材料，并须自觉接受项目工程监理单位的监理，积极配合系统集成商、最终用户进行相关工程的实施。

5.4 乙方应负责提供安装必备的线缆、配件、安装材料、辅助材料，包括铺设的网线、水晶头、供电交换口连接模块、光纤连接线缆、AP布设时所需的安装支架、天线等，用户不再承担本合同金额外的任何费用。

5.5 项目的安装及实施应依据××××图书馆的最终实际应用环境来实施。乙方在进行项目安装和施工前，应在充分踏勘现场的前提下，依据深圳图书馆的最终需求，提交项目安装、规划及实施方案。该方案在经过最终用户的许可和签字确认后，方可实施。

5.6　本项目中的AP实现天花吊顶安装或靠墙体安装，网线铺设采用天花顶端走线。无线AP安装及网线铺设等辅助材料及施工工程，采用六类线缆及六类配线架构，并须保证无线AP与POE交换机之间的正常连接和工作。

5.7　项目布线施工、验收时，乙方需提供详细的走线图、布线图、信息点位图、测试报告等相关文档。

无线AP的布设及施工工程要求达到以下标准：

(1)《用户建筑布线安装规范CENELECEN50174》

(2)《建筑于建筑群综合布线系统工程施工及验收规范》

(3)《智能建筑设计标准GB/T 50314－2000》

5.8　本项目的完工期为合同签字之日起40天（日历日）内。项目实施完成后，乙方应提供项目最终验收申请及详细的项目验收方案和产品的原厂保修服务证明文件。最终用户负责组织相关人员进行项目最终验收。

【第六条】对产品提出异议的时间和方法

6.1　双方在验收中，如果发现产品的品种、型号、规格、数量、质量、功能与本合同规定不符，双方应签署书面文件，该文件视为甲方的书面异议，甲方有权拒付不符合合同规定部分的货款（如该部分影响整个设备正常使用，甲方有权拒付全部货款）。

6.2　如甲方未按规定期限提出书面异议的，视为所交产品符合合同规定（乙方拒签文件的情况除外）。

6.3　乙方在接到甲方书面异议后，应在3日内提出处理意见，否则，即视为默认同意甲方提出的异议和处理意见。

【第七条】付款方式

7.1　项目最终验收合格并经双方签字完毕后，甲方在收到本合同产品的原厂保修服务证明文件及合同价款的全额发票后，在__10__个工作日内向市财政局申请办理付款手续，由市财政局将全部合同货款，计RMB（人民币小写：￥685000.00元）：陆拾捌万伍仟元整，一次性支付到乙方资金账户。

7.2 户　名：××××

开户行：××××

帐　号：××××

【第八条】培训及售后服务

8.1 项目实施完成后，乙方应为最终用户提供现场培训及原厂标准授课培训（5人），使用户有关人员能熟练的操作和使用本合同产品。培训所需要的经费（包含食、宿、交通、资料费、考试及认证等费用）均包含在本合同金额范围内，甲方不再支付任何额外培训费用。具体培训计划及方案详见附件四《无线网络系统项目培训及实施方案》。

8.2 售后服务：乙方对本合同产品（包含零部件）提供3年原厂现场免费保修服务，并在项目验收合格后提供产品的保修服务证明文件，保证系统正常稳定的运作。

8.3 乙方负责提供相应的技术支持服务。在保修服务期内，产品出现非人为因素故障（不可抗力除外），乙方负责提供相应服务，在__0.5__小时内响应，__4__小时内到达现场，并__24__小时内解决问题。

8.4 在产品保修期内，对硬件产品（包含零部件），乙方须提供以下维护工作：

（1）预防性维护：对系统进行预防性维护，预先主动检修产品及系统并为用户更换所需配件。预防性维护包括检查各部分是否正常工作，及时更换所需的零配件及耗材，做全面的标准清洁工作，保证产品的最佳状态。

（2）定期维护：用户提前3个工作日书面通知乙方，乙方定期对产品进行全面的检查及维护工作，以保证如期完成用户工作。

（3）在保修服务期内出现的产品本身质量问题（包含零部件），由乙方负责进行免费上门维修，按照上述要求进行快速响应和故障排除，并承担修理、调换的实际费用。

（4）如产品遇重大问题，在乙方收到相关书面通知后3个工作日内不能修复的，乙方须提供相当的备用品替换，以保证在维修与维护期间不影响甲方的正常使用，维修与维护完毕后再换回原产品。

8.4 在产品保修期内，对系统软件产品，乙方须提供以下维护工作：

(1)系统软件版本免费升级，包括系统软件的大版本号的升级、系统补丁的更新等；

(2)免费技术支持和上门升级维护支持；

【第九条】乙方的违约责任

9.1 乙方不能交货的，应向甲方偿付全部货款5%的违约金，并退还甲方已经支付的有关货款。

9.2 乙方所交产品品种、型号、规格、质量不符合合同规定的，如果最终用户同意使用，应当按质论价；如果最终用户不能使用的，应根据产品的具体情况，由乙方负责修理或调换，并承担修理、调换或退货而发生的实际费用。乙方不能修理或者不能调换的，按不能交货处理。

9.3 乙方提前交货的，最终用户接货后，仍可按合同规定的交货时间付款。乙方逾期交货的，乙方应在发货前与甲方协商，甲方仍需要的，乙方应照数补交，并负逾期交货责任；甲方不再需要的，应当在接到乙方通知后五日内通知乙方，办理解除合同手续，逾期不答复的，视为同意发货。

【第十条】甲方的违约责任

10.1 甲方中途退货，应向乙方偿付全部货款5%的违约金。

10.2 甲方违反合同规定拒绝接货的，按中途退货处理。

【第十一条】不可抗力

甲乙双方的任何一方由于不可抗力的原因不能履行合同时，应及时向对方通报不能履行或不能完全履行的理由，在取得有关机构证明以后，允许延期履行、部分履行或者不履行合同，双方对此互不提出赔偿责任。

【第十二条】其他

12.1 按合同规定应该偿付的违约金、赔偿金和各种经济损失，应当在明确责任后十天内，按银行规定的结算办法付清，否则按逾期付款处理。但任何一方不得自行扣发货物或扣付货款来充抵。

12.2 解决合同纠纷的方式：执行本合同过程中发生争议，由当事人双方协商解决。协商不成，双方同意由深圳仲裁委员会仲裁。

12.3 本合同未经双方同意，任何一方不得以任何形式公开本合同及附件内容，以确保双方的商业机密。

12.4 本合同一式玖份，甲方执捌份，乙方执壹份。合同及附件均具有同等法律效力。

12.5 本合同条款及其附件构成当事人就本合同标的的基本约定，在本合同及附件中未明确和详细描述的部分，可按照政府采购招标文件（招标编号：××××）和投标书中条款执行。在投标、答疑、复议过程中甲方和乙方（包括“产品”原厂商）所出具的任何证明或承诺等文件均作为本合同的附件。本合同及附件、甲方的政府采购招标文件（招标编号：××××）、乙方的投标书具有同等的法律效力。上述文件中的未尽事宜，双方当事人可以以书面方式对本合同条款及附件进行修改和补充，该书面修改及补充构成本合同的有效组成部分。

12.6 本合同自双方授权代表签字、盖章之日起生效，合同执行期内，甲乙双方均不得随意变更或解除合同。如本合同有任何条款被司法机关视为无效、被撤销、不合法或不可执行，不影响本合同其他条款的效力。

【第十三条】双方签字

合同相关附件一：《中标通知书》（项目编号：××××）

附件二：《招标书货物清单及具体要求》

附件三：《产品配置与报价单》

附件四：《无线网络系统项目培训及实施方案》

第四章　基层图书馆自动化网络化的实施与管理

第一节　系统集成

一、图书馆系统集成的作用

图书馆自动化网络化系统集成指的是通过结构化的综合布线系统以及计算机网络技术，将各个分离的图书馆相关计算机设备、业务功能子系统和海量数据等集成到相互关联的、统一协调的系统之中，实现使资源达到充分共享，实现集中、高效、便利的管理。图书馆自动化网络化系统集成集中体现在应用软件集成、计算机系统集成、网络集成、数据库系统集成等多种集成技术。

图书馆系统集成的实现包含两方面的问题：一方面在于解决系统之间的互联和互操作性问题，因为计算机系统是一个多厂商、多协议和面向各种应用的体系结构。另一方面，在于解决针对图书馆行业应用与计算机网络系统结合的问题。图书馆行业具备它的特殊性，并不是所有的产品可在图书馆直接投入使用，因此我们必须去解决集成过程中各类设备、子系统间的接口、协议、系统平台、应用软件等与子系统、建筑环境、施工配合、组织管理和人员配备相关的一切面向集成的问题。

图书馆自动化网络化系统项目要对计算机软件、硬件、操作系统、数据库、网络通讯等进行系统集成。系统集成所要达到的目标是：整体性能最优，即所有部分组合在一起不仅能协同工作，而且保证整个系统是低成本、高效率、高性能、具备开放性、可扩充性和易维护特性的系统。

由此可见,系统集成是一门综合性很强的技术。当不同厂家的计算机产品、网络产品、操作系统、数据库产品组合在一起时,常常会遇到很多具体的、有些是深层次的技术问题。而系统集成就必须解决各方面问题,形成一体化的解决方案。

对基层图书馆而言,要实现自动化网络化,必须通过系统集成将所有计算机网络资源紧密连接,进而将各应用功能与计算机网络系统相连接,最后将业务工作与自动化网络化系统相连接三个阶段。

当然,在基层图书馆实现自动化之后,更多的时候是针对不同时期的读者服务需求,引进某项具体服务方式的需要,这种服务方式我们可以把它称为服务子系统,比如要引进图书馆自动化系统、OPAC 检索系统、多媒体点播系统、某种电子数据库、语音服务系统、无线网络等。这些子系统最好是作为图书馆行业用户解决方案整体引进,而不是将它分拆,该买硬件的买硬件、该买软件的买软件,因为硬件供应商不了解你要买什么软件,而软件供应商也许对硬件有特殊需求。任何一个系统都需要与图书馆有机地结合在一起,作为图书馆的一部分,给读者一个整体的印象。

二、图书馆系统集成的分类

图书馆系统集成包括设备系统集成和应用系统集成。

1. 设备系统集成

设备系统集成,也可称为硬件系统集成。它指以搭建图书馆的自动化网络化管理支持平台为目的,利用综合布线技术、通信技术、网络互联技术、多媒体应用技术、网络安全技术等将相关设备、软件进行集成设计、安装调试、界面定制开发和应用支持。计算机网络系统集成(Computer Network System Integration),指通过结构化的综合布线系统和计算机网络技术,将各个分离的设备(如个人电脑)、功能和信息等集成到相互关联的、统一和协调的系统之中,使资源达到充分共享,实现集中、高效、便利的管理。系统集成应采用功能集成、网络集成、软件界面集成等多种集成技术。系统集成实现的关键在于解决系统之间的互联和互操作性问题，它是一个多厂商、多协议和面向各种应用的体系结构。这需要解决各类设备、子系统间的接口、协议、系统平台、应用软件等与子系统、建筑环境、施工配合、组织管理和人员配备相关的一切面向集成的问题。

2. 应用系统集成

应用系统集成，以系统的高度为客户需求提供应用的系统集成模式，以及实现该系统模式的具体技术解决方案和运作方案，即为用户提供一个全面的系统解决方案。应用系统集成已经深入到用户具体业务和应用层面，在大多数场合，应用系统集成又称为行业信息化解决方案集成。应用系统集成可以说是系统集成的高级阶段。

企业应用集成主要分为用户界面集成，流程集成，应用集成，数据集成几个层面。

- 用户界面集成，用户人机交互界面的集成。
- 流程集成，应用系统的业务流程的集成。
- 应用集成，多应用系统间的交互集成。
- 数据（信息）集成，保证多个系统中的信息保持一致。

三、图书馆系统集成与项目管理

图书馆系统集成包括了人员集成、组织机构集成、设备集成、系统软件集成、应用软件集成和管理方法的集成等诸多方面的工作，其负责程度可想而知，所以系统集成要获得成功，就必须熟悉并能够运用现代项目管理方法。

图书馆项目管理是自动化网络化工程的保护性活动，它先于任何技术活动之前开始，且持续贯穿于整个自动化网络化项目建设过程以及维护过程始终。

系统集成项目建设包含项目启动、项目计划、项目执行、项目监控、项目结束5个阶段。在这5个阶段融合项目管理的方法，可以有效地控制项目的质量、时间和成本。

现代项目管理包含如下9方面的管理内容。

(1)项目范围管理:要保证项目成功地完成所要求的全部工作,而且只完成所要求的工作。

(2)项目时间管理:要保证项目按时完成。

(3)项目成本管理:要保证项目在批准的预算内完成。

(4)项目质量管理:要保证项目的完成能够使需求得到满足。

(5)项目人力资源管理:尽可能有效地使用项目中涉及的人力资源。

(6)项目沟通管理:保证适当、及时地产生、收集、发布、储存和最终处理项目信息。

(7)项目风险管理:对项目的风险进行识别、分析和响应的系统化方法,包括使有利事件机会和结果最大化和使不利事件的可能和结果最小化。

(8)项目采购管理:为达到项目范围的要求,从外部企业获得货物和服务的过程。

(9)项目集成管理:保证项目中不同的因素能适当协调。

项目管理首先是一门管理学的分支。其9方面的管理内容有效且全面地管理了系统集成的方方面面,当然不一定每一个项目的管理都需要涉及全部的内容,管理时可以根据实际需要进行有选择性的重点管理。

四、图书馆如何选择项目管理者

对基层图书馆来说,在引进一个IT项目时,由于往往处于合同甲方的有利地位,因此,项目管理的工作通常是由供应商或者服务商来负责完成,包括项目的实施,质量的控制,实施及维护文档的编写等等都由专业人士完成,那么疑问就来了,为什么图书馆还需要一名项目管理者。

这个问题的确有道理,我们可能不是项目管理的专才,甚至不是IT方面的专才,但是别忘记了最重要的一点,我们比任何人都了解需求,简单点说——了解当下什么才是图书馆最需要的。

绝大多数供应商、服务商在IT项目实施方面很有经验，实施过各种行业的各种项目，但他们始终不是图书馆人，不可能深入到咱们最终用户的根本需求中去。而图书馆方面的项目管理者则可立足于这一点，在项目招标时形成科学的需求，在合同谈判时，把握谈判的方向，维护图书馆的利益，在项目实施时，提出合理化建议，在项目验收时，参与验收测试，甚至在今后的工作中，持续不断地跟进该项目的发展。这些就是图书馆方面项目管理者的作用，虽然与传统项目管理者的工作内容有些不同，但对项目的质量有着决定性的作用。

(1)项目管理者的作用体现在：

• 符合图书馆具体业务需要的需求制定。

• 加强图书馆对项目质量、项目进度、售后服务等方面的控制。

• 协调图书馆内甚至图书馆间相关资源的协同工作(包括软、硬件资源、人力资源)。

• 推动该项目持续发展。

(2)以下是选择项目管理者的参考条件，具体可视人员情况而定：

• 有责任心。责任心理所应当排在第一位，“世上无难事，只怕有心人”，有强烈责任心的人能高质量地完成工作，并持续不断的推动工作向前发展。

• 了解图书馆的特殊需求。熟悉业务，每个行业都有它的特殊性，图书馆行业尤其如此。项目成功与否，在需求制定时就已经决定了，万不可轻视。

• 具备一定职位、从事相关工作。项目管理者经常需要协调馆内各部门资源、代表图书馆与供应商谈判，因此最好是部门的管理者、组长等职位的人担当，而且这样该项目就自然融入其部门的日常工作中了，这就保证了引进项目的可持续发展。如果碰上如图书馆间通借通还、联合采编、电子资源共享之类的大型项目，还必须要由馆领导担当，方可保证实施过程畅通无阻。

当图书馆自身需要承担系统集成项目管理任务的时候，对系统管理者的要求就相对较高，为建造一个计算机网络系统，并在其上开发各种应用,与业务需求相结合,进行项目的管理,就需要系统管理者具备计算机网络硬件和软件,要懂得计算机操作系统,要懂得数据库技术,要懂得项目管理的相关理论。这对基层图书馆的人才储备是个考验。

五、系统集成计划的确定

图书馆自动化网络化系统集成项目的设计计划书是整个项目的指导性文件,计划书定位的准确与否,直接关系到项目的成败。在这个阶段有三点需要注意。

(一)全面地、系统地了解图书馆需求

定义清晰的需求是整个系统成败的关键。应该采用科学的方法从事用户需求的调查,这种需求调查不仅应该包括图书馆管理者和系统维护者意见,而且应该包括最终用户(工作人员、读者)的意见,从而保证用户需求的完整性。

(二)充分讨论系统设计方案

系统设计方案描述了被建系统的抽象模型,因此设计方案的科学性和合理性对被建系统的质量具有极其重要的影响。因此,系统设计方案应该与集成商、监理机构充分讨论,提高系统设计的质量。其中,系统设计过程中应该注意:用户需求的符合性、技术成熟性和先进性、系统的安全性、系统的可扩展性、所选产品的质量符合性、法律法规的符合性等。

(三)项目实施进度计划

项目有时效,项目进度直接关系到项目各方的成本,没有进度管理,项目就像一盘散沙毫无组织。进度计划是对项目的各个环节进行分解,按项目的逻辑进行合理安排,以反映项目顺序和各阶段工程面貌及完成情况,是项目管理的最基本内容。

系统的进度计划是项目计划的重要组成部分,资源计划、物资计划及费用计划的编制都是以进度计划为基础的,因此项目进度计划是项目计划编制中的一项重要工作,也是项目计划的主要内容。

下面给出一个计划书编写提纲的范例。

基层图书馆项目计划书编写提纲

一、项目提出的背景和必要性

包括国内外现状和发展趋势;技术突破对图书馆事业进步的重要意义和作用;项目可能为图书馆及读者带来的收益与便利。

二、项目主要开发和建设内容

包括项目的主要科技攻关内容、项目目标及开发任务。

三、项目实施的技术方案

包括项目的技术路线、技术的合理性和成熟性,关键技术的先进性和创新点;技术性能水平的横向比较;

四、项目组织机构和人员安排

包括项目的组织形式、运作机制及分工安排;项目的实施地点;项目负责人、项目开发的人员安排。

五、项目实施进度计划

包括项目阶段考核指标及时间节点安排;项目的验收指标。

六、项目资金需求及来源

包括项目总投资估算、使用计划。

七、项目效益分析

包括项目未来三年或五年维护成本,社会效益分析。

八、项目风险分析及应对措施

包括项目技术、资金等风险分析及应对措施。

九、其他需要说明的事项

六、图书馆系统集成的实施管理

系统集成实施的具体任务按照每个项目的不同而变化,实施管理一般按照先硬件集成再应用集成的顺序。

(一)勘察设计和设备订货

在设备安装实施前,要进行必要的现场勘测工作。要求供货方提出设备、材料订货清单和设备图纸。勘测内容要与设计阶段相适应,设计阶段的划分可根据不同项目区别对待。

勘察内容包括机房环境，机房布置规划、机房承重、布线、电源供给等，同时要注意安排项目的设计进度要充分考虑设备的订货时间，订购设备要考虑设备到达时间和安排顺序。

（二）实施阶段和生产准备

1. 实施阶段

• 一般按照先基础设施部分，如综合布线，强弱电工程，机房建设，承重加固，配电改造、UPS 不间断电源实施、机房环境监控实施等。

• 然后是网络子系统实施部分，如外部运营商接入，内部核心层、汇聚层、接入层交换机安装、配置、联调，网络安全设备安装、配置、IP 地址规划等。

• 服务器子系统实施部分，服务器部署规划、操作系统安装、应用环境搭建、与网络子系统的联调，集群系统的实施等。

• 存储备份实施部分，如存储备份设备的安装、存储网络的规划与实施、存储容量的分配规划、备份策略的制定、与服务器子系统的联调。

• 硬件环境的整体联调测试，如集群的故障切换测试，网络的链路容灾测试，服务器存储网络的 IO 性能测试等。

• 网络管理子系统的实施部分，可以根据需要部署针对网络、主机、存储、备份的网管系统，将来也可集成应用监控部分。

2. 运行准备

• 建立专门的管理机构，建立图书馆 IT 管理运维部门。

• 组织收集相关技术资料，制定必要的管理制度和各种操作规程。

（三）竣工验收

这个阶段通常包括以下各项活动：

• 项目运行前检查；

• 试运行；

• 压力测试；

• 竣工验收、交付使用。

硬件设备集成完毕，并经运行前检查、试运行、压力测试合格后，可进入设备验收阶段。由实施单位向图书馆办理移交固定资产手续，交付使用。

项目验收前，图书馆应组织实施单位以及监理单位进行初步验收，提出验收报告，系统整理技术资料，提交网络拓扑结构图。

（四）应用的集成

完成硬件集成工作，可以说只是完成了项目的初步验收，项目完成还依赖于硬件系统与应用系统的结合。应用系统集成首先是数据集成，然后是应用集成，最后是业务集成。

数据集成是应用集成的最初阶段，数据集成是指将不同来源与格式的数据逻辑上或物理上进行集成的过程。如，数据库技术将分布在多个数据源的数据统一集中到一个中央数据库中，实现数据的集中与共享。

应用集成可为多个应用的数据和功能提供集成，比如，图书馆的Web网站服务于内部的办公自动化系统以及图书馆集中管理系统的集成，这种架构可以实现充分利用多个应用系统资源的多功能门户网站系统。

业务集成则是要将应用系统与图书馆的业务过程紧密集成，业务过程的集成工作将实际业务的工作流用应用系统进行体现，以达到改进操作、减少成本、提高效率的目的。

应用集成与技术重点研究的内容包括：应用集成技术、统一认证技术、门户平台以及信息系统部署和管理机制、监控和管理平台、开发过程管理等。

七、图书馆系统集成技术要求

（一）系统开放性

系统开放性是计算机技术发展必然趋势，也可以理解为标准化。在系统集成过程当中，产品选型、软件选型或开发等一系列的工作都应采用国际流行的标准,系统开放性好的系统肯定是一个长寿命的系统、应用软件可移植性好的系统。

在设计阶段就因广泛收集标准要求,例如,为加强电子信息系统机房的工程设计质量,住房和城乡建设部发布了国家标准 GB50174《电子信息系统机房设计规范》,于 6 月 1 日起正式实施,基层图书馆则可参照该标准来规划设计机房。

(二)可扩充性

由于应用系统需求的发展和网络规模的扩大,网络应采用具有良好可扩充性的方案,以保证网络节点的增加、业务量的增长、多媒体的应用,在网络规划时,采用标准的接口和协议,采用具备良好可扩充性的网络设备和网络拓扑,采用结构化布线的方法等。

(三)系统性能

系统性能是系统集成工作最重要的因素。系统性能包括两个重要指标,一个是系统的响应能力,二是网络的吞吐能力,当然还有一个重要的考量因素——成本、性能和成本必须要进行平衡。

(四)系统可靠性

对于核心系统尽可能多地考虑可靠性,包括使用 UPS 不间断电源,核心部件冗余配置,服务器集群、冗余的网络和存储网络链路等。

八、系统集成的质量控制

在计算机自动化网络化系统的实施阶段,质量控制的主要措施体现在以下几个方面。

(一)慎重选择系统供应商

计算机自动化网络化系统实施过程的任何部分都会对整个系统的质量产生影响,基层图书馆应该慎重选择供应商,选择具有相应产品资质、有丰富集成实施经验的、有技术保障的供应商。

(二)遵循科学的实施流程和技术要求

计算机自动化网络化系统的实施过程应该遵循科学的流程和有关技术要求,坚持按照标准的实施流程完成系统的建设。系统实施流程应只与系统的需求和类型相关,而不能因人而异。例如:软件系统的开发过程应该参考软件工程的具体要求进行科学的开发。

(三)合理进行阶段性测试

计算机自动化网络化系统实施的各个阶段应该遵照质量控制方案的要求,分阶段地进行系统测试,逐步地实现质量控制目标。例如:综合布线系统施工过程中,应该及时利用网络测试仪测定线路质量,及早发现并解决质量问题。测试发现应用系统经常性报错,则要逐一排查操作系统、软件环境、网络丢包率等可能存在的问题,并给出最好的解决方案。

(四)确定可行的质量控制方案

为了保证系统实施的质量,图书馆应该要求供应商依据系统设计方案制定一套可行的系统质量控制方案,以便有效地指导系统实施过程。该质量控制方案应该确定系统实施各个阶段的质量控制目标、控制措施、质量问题的处理流程、系统实施人员的职责要求等。

(五)形成表述规范的设计文档

为了保证系统实施的可操作性和系统的可维护性,项目文档应该采用规范的表述形式。准确全面地反映项目的整体框架和具体细节。

九、图书馆自动化网络化系统实施与集成实例

随着数字图书馆的脚步日益逼近,国内外图书馆都张开了双臂迎接数字图书馆的到来,数字图书馆是数字化、网络化发展的产物,它以信息资源的数字化加工、存储、管理与传输为主要特征,采用多媒体存取、远程网络传输、智能化检索、跨库无缝链接等方式,实现了超时空信息服务。

图书馆服务由最初的纯手工模式,进入自动化网络化模式,其内涵发生了根本的改变。如今,图书馆提出了越来越多新的服务模式如个性化服务、音视频服务、图像检索、分布式检索、数据仓库等。这对图书馆的系统集成带来了前所未有的挑战。

图书馆自动化网络化集成至少包含如下平台的搭建:网络平台、

数据库平台、应用平台、安全平台、用户平台以及网络管理平台。

（一）核心数据库与核心应用系统平台

核心数据库与核心应用系统是图书馆的关键系统，其系统集成的要点在于高性能与高可靠性。在设备分配上应该将性能最好、可靠性最高的服务器供其使用，在项目实施前仔细思考以下方面：

- 关键部件冗余，所有链路如网络链路与存储链路冗余。
- 数据库与应用系统对操作系统及硬件的要求。
- 为了提高可靠性主机应为集群系统。
- 为了提高可靠性数据部署在存储上并要定期备份。
- 为了保证服务器安全性，网络上应与工作人员电脑和读者用机划分不同的网络区域，并对区域间的访问设定访问规则。

就服务器设备硬件要求来说，关键部件包括 CPU、内存、硬盘、网卡、存储卡（HBA 卡）、供电与散热部件必须冗余配置，其中硬盘单台可配置 4 块，两两做磁盘镜像，系统盘与数据盘分开。一般情况下，数据库与应用系统对操作系统及硬件都有特定的要求，在产品引进前一定要做详细的市场调研。另一方面，对图书馆来说也不宜采用多种不同的操作系统环境，不同的操作系统带来很大的管理难度，最好只有一种至两种不同类型的操作系统。

数据库的数据文件是最为重要的关键数据，应存放在存储系统中，为保证数据库性能，对存储系统要求很高，一般会采用光纤 SAN，配置高性能磁盘，如转速可达 15000rpm 的光纤盘或 SAS 盘。

就集群规划来说，无论采用哪种操作系统平台，Windows、Linux、Unix 均有相应的集群软件，为了提高集群的利用率，可在集群的两个结点上，一台运行数据库系统，另一台运行图书馆自动化应用系统，将集群的方式设置为双机互备，也就是说平时作为集群的两台服务器各自运行一种应用，当某台需要停机维护或出现故障时，两种应用就移至一台处理。

就备份系统而言，首先是实现系统级别的备份，可采用磁带对操作系统，集群配置，应用软件进行备份，保证一旦出现故障可以迅速恢复生产环境。然后就要实现数据库级别的备份，如果核心数据库是不间断系统（全天候 7×24 小时服务），则必须采用备份管理软件的数据库在线备份功能模块，若不是不间断系统，备份时应注意，先关闭所有链接数据库的对外服务、再关闭数据库服务，然后才进行离线的数据库冷备份，备份介质可采用磁带或磁盘。

网络可区分为服务网络和存储网络，服务网络也就是我们的内部局域网，可以用 vlan 的方式，甚至使用如防火墙的 DMZ 区域，将服务器网络与客户端网络隔离开，对需要访问的机器或网段用访问控制列表进行控制，充分保证核心系统的安全性。认识到内网安全也是不容忽视的，这样规划可避免局域网内部受病毒攻击时，核心服务器系统不受影响。

部署完成之后，要进行细致的测试与试运行工作。

- 应用软件和数据库与硬件环境集成后的运行效果测试。
- 服务器故障切换测试，测试如网络/存储链路断开、硬件故障情况下，应用是否能顺利迁移。
- 备份还原测试。
- 客户端访问测试。

（二）流媒体服务规划

随着 Internet 和 Intranet 应用日益丰富，视频点播也逐渐应用于数字图书馆的局域网。人们已不再满足于浏览文字和图片，越来越多的人更喜欢在网上看电影、听音乐。而视频点播和音频点播功能的实现，则必须依靠流媒体服务技术。

就目前来看，最流行的流媒体点播服务器只有两种，即 Windows Media 服务和 Real Server。Windows Media 服务采用流媒体的方式来传输数据。通常格式的文件必须完全下载到本地硬盘后，才能够正常打开和运行。而由于多媒体文件通常都比较大，所以完全下载到本地往往需要较长时间的等待。而流媒体格式文件只需先下载一部分在本地，然后可以一边下载一边播放。Windows Media 服务支持 ASF 和 WMV 格式的视频文件，以及 WMA 和 MP3 格式的音频文件。考虑到价格的因素，图书馆 VOD 点播系统可以使用 Windows Media 服务。

VOD 点播系统的功能应包括内容管理和分发，用户管理，点播（内容点播、直播），用户认证，点播统计等功能。支持的媒体格式为：包括 RM、RA、AVI、ASF、WMV、MPEG、MPEG-2、MPEG-4、VOB、MPV、VCD 等，音频播放支持 Mpa、Mp3、Midi、AC3 等。

系统集成时，应充分考虑：

- 流媒体服务器处理性能，流媒体服务对服务器要求相对较高；
- 网络性能，流媒体服务对网络带宽要求很高；
- 存储容量与性能，流媒体资源容量大，但性能要求一般；
- 客户端部署。

流媒体服务器主要负责处理前端用户请求和视频资源的储存播放，其工作能力极大地影响着视频点播系统对用户请求的响应能力的服务质量。因此在选择流媒体服务器时要充分考虑服务器的并发输出能力对整个系统运行的影响。一般点播系统均有负载均衡策略，可对客户端点播请求进行职能分发，因此可部署多台服务器以满足要求，点播服务器数量视图书馆点播客户端的具体规模而定，供应商也会给出相应的配置建议，如每 25—30 台客户端配置一台高性能 PC 服务器。

另外由于点播时对服务器系统的 CPU、内存、网络带宽资源有相当高的占用率，故每台 VOD 服务器均配置了双路 CPU，大容量内存，同时配置了多块千兆网卡对其进行以太网通道绑定，增加了服务器的服务带宽。对于存储系统要求不如数据库那么高，很多视频点播系统具备一定的调度机制，将常点播的资源置于本地磁盘，而不常点播的资源则置于后端存储系统，这样性能很大程度上还是取决于前端服务器的处理能力，对存储系统的要求相对较低。

客户端配置比图书馆的其他系统要求较高，多媒体处理能力为考虑重点，还需配置如耳机等配件，点播服务一般通过 IE 页面进行检索和点播，根据片源的格式不同，客户端还须安装部署相应的编码解码器。

（三）电子数据库服务规划

图书馆电子数据库资源丰富，如 CNKI 全文数据库、维普、万方等国内数据库，还有外文库如 LexisNexis、OCLC、INSPEC 等。在集成时因考虑如下问题：

- 数量众多的数据库如何部署到有限的服务器上；
- 存储量需求大，选择性安装全文和索引；
- 如何方便读者使用，引进或开发统一检索平台。

数据库数量众多，是服务器规划的难点所在。不可能为每个电子数据库配备一套服务器，而且电子数据库服务对服务器的性能要求不高。

可以使用少数几台高性能 PC 服务器作为电子数据库服务器，将重要数据库和常用数据库与次要数据库在服务器上按安装要求进行统一整合，这样既达到了节省服务器数量的目的，也保证了服务质量，同时在后端存储上采用相对廉价的 NAS 或 IP SAN 设备，可以非常方便地与电子数据库服务器通过以太网络相连，也符合了电子数据库服务对流量要求较低的特点。当然有必要时也可采用虚拟化技术，即在一台物理服务器上虚拟多台逻辑服务器以安装不同的电子数据库，还有近期出现的刀片服务器，也是不错的选择。

统一检索平台是一个数据库检索平台，配置了一系列数据库检索引擎。其设计思想是用户能够面对诸多的数据库，通过一个页面统一提交检索请求，由平台分发并进行同步检索，其结果以统一的格式返回。图书馆可以根据自身的数据库情况引进或自行开发，统一检索平台是简捷实用的电子数据库整合解决方案，为读者直接检索和参考咨询工作提供了十分便捷的途径。

图书馆系统实施与集成的例子还有很多，不能一一列举穷尽，系统实施完毕后如何集成是最为重要和关键的，基层图书馆应充分考虑自身业务需求，对项目提出切实的实施目标与集成指标，这才是系统质量最根本的保证。

第二节 技术培训

图书馆的业务发展对员工队伍的知识结构和整体素质提出了新的更高的要求。在目前新技术应用越来越广泛的情况下，图书馆事业的发展更加依赖于图书馆管理水平和员工综合素质的提高。技术培训是实现图书馆与馆员双赢的最佳举措。发展人力资源培训，让员工与组织共同成长，有利于提高员工的敬业精神，形成良好的职业道德，最终有利于图书馆自身的发展。

（1）图书馆的技术培训工作应致力于实现以下目标：

• 满足图书馆管理和各项业务工作的需要。管理技能、态度和综合素质的提升，有利于提高工作任务完成的效率，增加各项工作目标实现的可能性。

• 员工需要。通过提高员工的岗位技能，使其增加工作信心，从而有动力在工作岗位上应用这一技能，从而促进部门目标的完成。

• 塑造图书馆学习型组织的形象。开展员工培训有助营造集体学习的氛围，有利于图书馆的持续发展。

• 规范和加强培训管理，是促进岗位绩效提升的重要方式，应进行适当的规划和引导。

培训的内容包括图书馆理论的方方面面，当然也包括新技术与图书馆业务的结合与发展，当计算机系统项目顺利实施完毕之后，就要将成果落实到具体使用部门，如读者服务部门或采编部门等。在项目实施过程中，不可能让所有的相关工作人员参与实施，所以这就出现了信息不对称的问题，具体操作人员必须通过一定的技术培训，方可适应新的工作流，新的工作方式，从而感受到新系统带来的种种便利性，这一定有一个过程需要跨越。

（2）那么技术培训能带给我们哪些好处，如下：

• 技术培训可以帮助工作人员更快地进入工作状态，将项目实施成果落到实处。项目完成后的实际工作都要交由各相关部门的员工来承担,技术培训给员工提升自身素质和工作能力创造了条件。

• 技术培训搭建了一种沟通平台。一方面,员工可以通过培训过程充分了解设计者以及实施者思路,消除了自身的疑惑,从而在心理上接受新的工作方式。另一方面实施者也可更深入地了解原先设计的工作流与服务方式是否科学合理,如何改进。

• 技术培训搭建了一种反馈机制。给工作人员培训的同时,还可深入到具体工作的前线中,了解他们的想法和实际操作中的问题,对项目的长期发展有良好的促进作用,所以技术培训在项目的试运行阶段以及日后的项目维护阶段都可以起到非常重要的作用。

• 技术培训有利于员工参与感与积极性的提升,更有利于项目质量的提升。

既然技术培训如此重要,那么技术培训内容是否丰富实用、培训过程是否切合实际,决定了培训的效果,培训的效果反过来也直接影响实际工作的效果。因此,我们必须提高对技术培训的认识,在项目实施的后期,作为重点来抓,这关乎整个项目的实施效果。

同时我们也应该更加认识到,技术培训是一项长期工作,并不能一蹴而就、一劳永逸,培训者和培训对象,乃至组织培训的单位都从中获益,科学地制订培训计划,把科学的态度贯穿至我们日常工作中,累积知识与经验,一定会得到丰厚的回报。

一、培训对象、内容、目标的确定

培训的三个关键要素:培训对象、培训内容、培训目标。培训对象指的是接受培训的人群,究竟是哪些部门的人接受培训;培训内容指的是到底培训些什么;培训目标指的是培训对象在接受培训后能掌握哪些技能,达到什么样的培训效果。只有这三项要素确定了,培训项目的设计就有了基础。

要达到好的培训效果,就必须对培训对象进行区分,并针对不同的培训对象制定相应的培训内容与培训目标。这样每次的培训就有了鲜明的针对性，不再枯燥无味，都是大家工作领域的相关内容，在培训起点上就能很快让培训对象进入状态。

所以上述的三个要素是紧密联系、相辅相成的，培训不是简单的交流，要求我们用科学、严谨、务实的态度来认真对待。可以遵循先确定培训对象，再制定培训内容，最后根据培训内容定义培训目标。

要对培训对象进行区分，一开始可以不用过于细致，可以先进行粗分，然后再根据具体需要细分。

举个简单的例子，比如图书馆开通无线上网（WiFi）服务，则可将培训对象分为两类：一类是读者服务部门，一类是维护部门。

相应的培训内容就可以进行区分了，针对读者服务部门则可侧重介绍如何连接，如何使用，使用时要注意什么，以及读者使用无线网络时的行为规范等。而针对维护部门则可侧重于故障快速定位、日志分析、常见故障处理、无线网络安全策略等。

那么培训目标也就很好制定了，读者服务部门的培训目标，可定义为：(1)理解无线网络的概念。(2)掌握无线网络连接设置方法。(3)熟悉馆内无线网络管理规定并可遵循执行。维护部门的培训目标，可定义为：(1)熟悉馆内无线网络架构，如胖/瘦 AP 架构、无线通讯协议标准、无线管理方式、无线接入点物理位置分布等。(2)具备快速定位故障点、快速处理的能力。(3)具备一定的网络安全知识，能独立处理类似 ARP 攻击等危害大、扩散快的病毒攻击。(4)严重故障的报障流程（如何告知读者、如何向原厂保障、并跟进解决问题）。

这是个典型的例子，但只涉及一个相对独立的子系统，实际情况可能复杂得多。当一个基层图书馆从无到有新上一套办公自动化系统，那情况会复杂得多，当然也不可能单靠一个部门，就能完成这项复杂的培训。这时就要求助于你的供应商，一般他们都有丰富的项目实施经验，并且可能已有成型的员工培训计划，可让他们来帮助我们达到培训目的，与他们就培训的三个要素进行详细的沟通，以期获得最大的培训效果。

二、培训方式与学习原则以及培训效果评估

图书馆自动化系统涉及图书馆日常工作的方方面面,内容十分庞大,如果是从无到有的全新规划,那么技术培训要做的事就不仅仅是简单的技术培训了,培训的内容还应包含业务工作,因为新的自动化系统已经替代原有的手工作业,在工作方式上有了或多或少的变化,员工要适应新的工作方式,必定有个过程。

(一)培训的方式与学习原则

在明确了培训的三个要素之后,我们就要开始关注培训方式了,培训方式也在很大程度上直接决定了培训效果。当然,技术培训形式多样,常见的有:课堂培训、专题讲座、角色扮演法、案例研究法、头脑风暴法等。实际培训过程中可针对不同时期、不同程度的培训对象灵活运用。

无论选择哪种培训方式,都必须让培训对象明白学习原则是什么:

• 以目标为导向。从一开始就向培训对象解释该项培训活动的主要目的是什么,可以让员工在学习时更有导向性,更加有动力。

• 以生动的方式表达培训的内容。任何知识或技能如果以枯燥贫乏的表达形式展示出来的话,相信接受程度是相当低的。

• 实际体验。仅仅通过授课来传授知识技能,其效果远比不上让培训对象亲自操作一遍。

一套完整的图书馆自动化系统至少应包含如下功能模块:采访管理子系统、编目管理子系统、典藏管理子系统、连续出版物管理子系统、流通管理子系统、信息开发与参考咨询管理子系统、终端检索子系统。

每个子系统对应着相应的培训对象,在这里既是培训部门,培训的步骤可以从功能模块整体介绍开始,然后再深入到每一个具体工作流,细化介绍新系统带来的改善,可以让培训对象对比自动化前后的工作场景,这样切入让员工很快就进入到状态中来,然后再回到人机

交互界面进行实际操作培训。

以图书馆的流通功能子系统为例，可以先进行功能模块讲解，包括读者事物、流通事物、预约预借事物、流通统计、数据维护等基本业务模块，每个模块完成哪些功能，这样工作人员就有了一个整体的印象，原来这些工作都可以通过自动化系统来完成，接着就可以对日常业务工作流进行详细讲解，如读者办证、退证、换证，书籍借出、还回、续借等，最后让培训对象进行上机操作，采取边操作边提问的方式给予解答。

在理论讲解后，可以配合具体的场景进行模拟演练，这样可以让培训内容更深入人心。在培训中可以强化自动化系统与传统方式的对比，使培训对象从心里尽快接受新的工作方式。

（二）培训效果评估

完成一个培训项目之后，它究竟能给员工和企业带来什么，必须对其进行效果评估，以确定培训项目的效果和质量，具体达到了什么效果，取得了哪些成绩。培训评估既是对上一个阶段培训取得效果与利弊进行测量，为培训成果有效运用提供标准和依据，也是如何改进和完善以后的培训工作的重要步骤。

培训效果评估在一定程度上反映了新的项目运作的情况，可参照作为项目的总结报告的一部分，对项目的持续发展有指导性的意义。

培训效果评估的数据收集，可采用以下方式收集分析数据。

• 培训对象的反应：主要是了解培训对象受训后的总体感受，对培训内容、教学方法、材料设施等方面的评价。可采用的方法有问卷调查法。

• 培训对象的学习效果：学员究竟掌握了多少课程的内容。可采用笔试方法。

• 培训对象的行为改变：培训后，对培训对象的工作行为和在职表现方面的变化进行评估。可采用的方法为关键人物调查法，即培训对象直接领导、同事对其的评价。

• 培训产生的效果：培训是否对工作产生直接或间接的影响，可通过部门指标来衡量,如工作效率是否提升、读者投诉率下降等。

收集的主要资料有培训评估调查表,笔试考核结果,部门工作效率的相关资料和数据,可结合培训实施前的相关数据进行比较。

经过数据收集之后就要完成培训报告了,培训报告由培训概况,包括培训投入、时间、参加人员和主要内容,评估报告等组成。

三、模拟演练

模拟演练是培训重要环节,也是最容易发现问题的环节,培训效果也在一定程度上可以从这个环节反映出来。

模拟演练的目的有四个:

- 模拟业务工作现实场景,提高员工对该项工作的客观认知。
- 协助发现工作流中存在的问题,可以帮助我们改善工作流,改善自动化系统。
- 模拟错误示范,减少实际工作中出错的概率。
- 模拟紧急故障处理流程,让员工在紧急状况下不慌乱,减少故障损失,可以得到最佳的处理效果。

前三种的效果非常好理解,那么什么是紧急故障处理流程,我们可以模拟如下场景:

- 正在业务办理过程中,计算机出现故障,如何向读者解释并继续办理业务、如何请求援助。
- 在数据维护过程中,工作人员出现误操作,如何应急处理、如何抢救数据。
- 出现全馆范围内某计算机应用系统瘫痪,服务人员如何应对,维护部门如何快速恢复业务系统的正常开展,行政人员如何协调等。

是不是感觉像消防演习,在这个过程中,每个员工都身临其境对工作有了更全面的认识,所有的部门机构都运转起来了,如何协调工作已达到最快、最好的效果,对我们的工作流也同样是个考验,当然重大故障的演练不能多次,一般半年或一年一次为宜,这三种场景从轻到重,模拟演练这些特殊状况有非常重要的意义,让每个图书馆员对可能发生的故障都心里有数,可以增加馆员对工作流程、工作效率、工作安全的更深程度的认知。

四、技术培训的管理

(一)固定的机构保证

技术培训作为一项长期的工作,必须要由固定的机构来制订计划并严格执行,图书馆可安排人事部门对全馆人员的技术培训工作进行统一的规划,固定的机构、固定的人员是这一重要工作得以长期推进的有力保证,基层图书馆必须认识到人员素质需要提高、图书馆服务需要提升,业务知识必须有效传承,唯一的途径就是技术培训。

(二)确定培训师资

在技术培训前要确定讲师人选,讲师可以是内部讲师,也可以是外聘讲师,基层图书馆来确定讲师的选择标准,例如可拟定《讲师手册》以规范对讲师的基本要求。确定讲师之后就要确定技术培训的时间、地点、培训课程的周期、培训课时设计等具体问题。

(三)培训的组织实施

组织实施阶段是工作量最大的阶段,从这个阶段的工作内容包括制订培训计划书和实施方案,编制、印刷培训教材,通知培训对象和讲师,落实培训场地,布置培训场地,发放培训教材《技术培训计划书》《技术培训实施方案》等;这阶段的工作包含很多其他因素,一开始需要花费大量的时间精力,但整个体系成型之后就不会太繁琐了,重点又该重新回归技术培训的质量本身,这才是我们最关注的。

(四)培训过程的监控

技术培训过程是需要监督的,如果监督不严,在全馆范围内形成坏的风气,那影响是极其恶劣的,监控的工作主要包括:现场签到,现场效果监督,培训结束时安排考试测验,这个阶段包含的文档包括《培训签到表》《培训现场纪录表》《培训考试试题》;适当的监督能让员工体会到技术培训是件严肃的工作,是自身发展以及业务发展的需要,馆内广泛的开展技术培训并不流于形式。

（五）培训效果的评定

培训效果评估阶段主要工作就是要完成《培训效果评估表》，这需要结合培训评估调查表，笔试考核结果，部门工作效率的相关资料和数据汇总得出。

（六）总结与修订

总结与修订阶段主要是分析培训效果评估表，总结不足之处，针对原因，修正培训方案。

（七）培训效果的延续

培训结束之后，组织核查培训对象技术培训后的业绩表现，检定培训的实际效果（消化、吸收、应用情况），配合馆内的业绩考核方案，将培训结果列入岗位考核内容。

第三节　系统完善

一、系统完善的作用

系统完善是指在计算机自动化网络化项目实施完成之后，根据基层图书馆具体的应用需求，定期地对各应用系统进行评估，制订方案提升其服务质量，并采用长效推进机制来保证该项工作持续发展的过程。

对于计算机自动化网络化系统，我们首先要有一个清醒的认识，计算机科学以及网络发展日新月异，目前图书馆实施的任何项目成功与否都是阶段性的，是需要不断改进的，因此系统完善是必经的过程。同样从基层图书馆的业务需求来看，基层图书馆的服务方式和服务理念也在不断完善和进步，自然会对计算机自动化网络化系统提出更高的要求。

系统完善是一个业务需求与技术发展相互促进的过程，是图书馆在新的形势下寻求发展的一种模式，在 Web 2.0 时代，图书馆的战线已经不再是传统的阵地服务，与网络相连，提供全面的信息导航服务是新时代对图书馆以及图书馆员的新要求。

系统完善又是一项系统工程，如果说系统集成仅能实现一定阶段内的目标，那么图书馆自身必须对系统未来是否仍然能满足需求有个精确的估算，并提前做好规划，这是一项长期工作，是我们服务质量不断得到提升的保证。

系统完善也是一项工作流，具体来说，希望完善是应该由具体业务部门发起，由图书馆业务办公室进行协调与监督，具体的技术问题由技术部门负责解决，再回到具体业务部门反馈效果的一整套过程。透过这个过程的描述，我们也不难发现系统完善工作，切切实实提升了工作效率与服务质量，是图书馆业务发展的原动力。值得注意的是，在这个阶段业务办公室（或类似部门，视具体机构设置而定）的作用凸显，打通了馆内部门设定的壁垒，协调整个组织架构共同运作，贯穿始终的监督执行，是这项工作的有力保证。

二、定期的系统评估

（一）系统评估的目的与重要性

系统集成可以把图书馆内与项目相关的资源紧密结合，使之协同运作，但这只是开始，还远谈不上结束，因为计算机自动化与网络化系统已经融入进了我们的业务工作，成为图书馆的一部分，计算机自动化网络化系统做的只是替代我们的传统工作方式，如何利用好这一工具和平台促进图书馆事业发展才是图书馆员的主要任务。

图书馆系统评估是衡量图书馆信息化水平的刻度。从宏观上，指导图书馆信息化整体水平的提高；从微观上，引领图书馆更准确地认识信息化的内涵，明确信息化的目的，制定正确的发展策略。通过系统评估，图书馆能对自身自动化网络化系统现状有一个比较深入的了解，对系统的业务支持能力有清晰了解；对于图书馆的技术部门来说，能够对系统的性能方面存在的问题与不足有全面了解。通过系统评估能为该系统的完善与后续系统建设提供参考，包括系统功能完善与扩展、系统运行性能、系统维护等方面。

系统评估要定期进行，我们对系统的定期评估一方面是对计算机系统整体情况的评估，另一方面即是对我们自身工作情况以及未来工作需求的评估。系统评估应该贯穿整个项目的生命周期，对系统的评估也是图书馆业务工作的知识积累过程，定期的评估应留下完整的档案材料，帮助我们了解某项工作的来龙去脉，为规划项目今后的发展提供依据。

系统评估需要采用科学的评估方法，要求评估小组成员对图书馆的业务工作有深刻的理解和发展的眼光，要紧密结合计算机自动化、网络化技术的发展趋势，评估的过程必须是严肃的、科学的，所作出的评估结论是严谨地、能立竿见影地看到实际效果的客观全面的评价。

系统集成项目完成以后，我们便要定期展开对项目的系统评估，分析评估结果发现存在的问题，并给出解决方案予以解决。系统评估分为整体系统评估和局部系统评估两种类型。整体系统评估通常是由评估小组定期主动发起的，针对图书馆整体业务情况以及整体计算机网络系统运行状况的评估。而局部系统评估，通常是由具体业务部门提出系统运行过程中发现的问题，而进行的业务子系统被动评估。这两种类型的评估都有各自的着重点，整体评估能够主动发现系统运行时的重大问题，如功能的缺失，了解全馆的业务面貌，横向比较各业务子系统找出薄弱环节等。而局部的评估，时效性较高，针对性强，可以弥补整体评估效率上的不足。

基层图书馆事业要发展就不能被动地等着别人来评估，而应该从自身入手，通过定期的、主动的评估才能认识到自身的缺陷与不足，才能够有所进步。

（二）系统评估的内容

图书馆自动化网络化系统评估的方法是指根据一些关键要素对系统功能、性能、扩展性和易用性等方面进行评估。

1. 系统功能评估

对于自动化网络化系统来说，特别是图书馆系统，是十分庞大的，其系统功能评估可以从功能支持、业务模式优化、业务效率改善、业务协作、读者服务5个方面进行。

• 功能支持方面：评估系统的应用对图书馆的业务发展、业务体系、资源整合等方面的支持与适应状况。

• 业务模式优化方面：评估系统的应用是否促进业务模式优化和规范化，对业务模式变革的促进作用、对图书馆管理层决策支持方面的作用如何等。

• 业务流程效率方面：评估系统的应用所带来的图书采编和读者服务的工作质量与效率改善程度。

• 业务协作方面：评估系统的应用对馆内各部门之间在业务与管理上的信息交互、信息共享、业务协作方面的作用体现如何，以及由此而带来的时间节约、成本节约。

• 读者服务方面：考察系统应用后，图书馆在读者满意度、图书馆形象的提升程度。

2. 系统的性能评估

性能评估主要是指对计算机系统的软件、硬件、安全方面的性能进行评估。

• 软件技术性能：包括系统整体技术架构、操作系统、数据库系统、应用服务系统、中间件等。

• 硬件技术性能：包括图书馆广域网、局域网、服务器系统、存储系统的性能评估。

• 系统安全性能：包括系统的物理安全、网络安全、主机安全、系统安全、数据安全各个层面的安全状况。

性能评估主要从稳定性、响应时间、技术先进性、扩展性4个方面着手，系统上线后进入正式运行阶段，一般会强调两个指标，一个是稳定性，即发生故障的频率，另一个就是系统的响应性能，即系统响应速度的快慢直接决定读者的使用体验。比如，对响应性能的要求一般不能超过10秒，否则读者无法忍受，因此需要对系统未来的数据量进行一个评估，判断系统是否能够支撑。同时随着系统的使用，数据量会逐渐增加，因此系统应能提供专门提高数据库性能的工具，例如定期自动对某些数据表进行清理。技术先进性和扩展性则是为系统未来发展做充分的考虑,这两个因素的评估,一方面是要结合自身需求,一方面要紧密结合计算机系统的发展趋势。

3. 系统投资价值评估

计算机自动化网络化系统通常为引进系统或合作开发系统,所以作为用户方必须要衡量系统的建设与应用对图书馆带来的效益,本项评估应从效益和成本两方面进行考察。

• 效益方面:由于图书馆为公益性单位,不存在任何形式的收入,那么效益应该主要考察图书馆在应用信息系统后业务工作效率的提升程度,并计算由于系统应用而带来的管理成本、办公成本、信息交互成本、人力成本降低的额度。这两者累计形成系统应用的总效益。

• 成本方面:计算图书馆在自动化网络化系统建设中投入的硬件、软件资产成本,每年的维护成本,以及相应的人力成本。

4. 系统使用性评估

系统的使用性是决定系统应用成功的关键,一个操作比较繁琐的系统是很容易让用户产生抵触心理,从而导致实施失败。对于系统的易用性评估可选择用户操作频率比较高的几个功能点来测试,可以从以下三个方面来评估。一是系统的界面,界面应可根据用户需求和偏好进行个性化定制,从而使用户频繁使用的功能能够在鼠标点击 2—3 次后呈现;二是系统的可操作性,即能够符合操作习惯,如对于终端数据录入用户会更倾向于使用键盘操作;能与其他桌面应用集成以支持数据的批量导入导出等,评价的标准就是操作是否简单、直观、易学。三是对某项业务支持的深度,即系统对该业务的处理方式的设计是否细致、周到,在进行某一决策或操作时,是否能方便的获取到其他相关决策信息,提供多少方式或策略选择等,这将直接影响系统在处理各种业务时的灵活和方便性。

通过以上的评估方法可帮助图书馆员对系统有一个整体的评价,其中性能评估方面设计大量的计算机专业方法,在实际测试时可要求供货商或系统集成方配合进行，先进行单个系统的性能分析，再对整个系统用软件模拟进行压力测试。以检测整体性能是否满足我方需要。

（三）系统评估的步骤

基层图书馆评估计算机自动化网络化系统并不是单纯去评判采用的相关计算机技术是否先进，采用的设备、软件是否知名，而是从实际工作的方方面面去对该系统进行客观的评估，这样图书馆才能根据评估得出有意义的、全面的结论。

图书馆自动化网络系统评估可采取如下步骤进行：图书馆业务调研、图书馆自动化网络化系统调研、应用效果调研、综合分析评估和建议。

1. 图书馆业务调研

即图书馆业务与管理状况调研，自动化网络化系统是为业务与管理服务的，为了对信息系统有更好的认识与评估，需先从业务与管理的调研分析开始。通过对图书馆的业务与管理调研分析，掌握系统建设的背景、目标、业务需求，为评估奠定基础。业务调研内容包括：图书馆业务的发展规划、图书馆业务体系、组织架构、业务流程体系、图书馆管理模式与特点等。

2. 图书馆自动化网络化系统调研

在这一阶段评估人员需通过文档资料收集、阅读，技术部门调研，对自动化网络化系统进行全面了解，作为评估的基础。调研内容包括：系统体系结构、系统分布模式、系统功能构成、系统性能状况、系统资金投入等。

3. 应用效果调研

对自动化网络化系统建设、应用效能进行全面调研分析，重点关注图书馆在应用该系统之后在业务开展、业务完善方面的效益，以及图书馆对该系统的投资产生的价值及项目建设的经验。调研内容包括：系统对业务的支持、系统的投资价值、系统建设运用对业务的促进作用等。

4. 综合分析评估

在业务、系统及系统应用效果调研的基础上，针对图书馆自动化网络化系统评估内容范畴进行综合分析评估。

5. 建议

基于对图书馆自动化网络化系统的分析评估，从图书馆发展规划、业务发展需求出发，分析其需求，为该系统的完善与后续建设提出建议，包括系统功能、系统性能、推广运行、运行维护、后续系统规划与建设。

具体包括如下方面：

- 系统功能方面：提出业务支持、系统功能改进建议；
- 系统性能方面：提出系统性能改进建议；
- 系统使用方面：提出系统使用规范化建议；
- 运行维护方面：系统运行维护建议。

三、服务质量提升工作

(一)服务质量的含义与作用

图书馆自动化网络化系统是基于计算机技术、互联网技术发展起来的，其服务质量提升是指利用计算机技术以及网络技术提供更高优先级服务的一种能力，包括通过优化网络的高带宽(甚至是专用带宽)、高可用、丢包率以及主机、网络、存储系统的高性能、高可靠性等，以实现服务质量的提升。

对于计算机技术和网络技术，其最初设计思路是满足每种业务的需要，并不会自发地主动发现图书馆重要核心业务的需要，因此只有通过与图书馆专门的业务需要相结合，才能更好地为图书馆用户服务。举个例子，在因特网上，数据包从起点到终点的传输过程中会发生许多事情，并极有可能产生如下有问题的结果：丢失数据包、延迟、传输顺序出错、数据包出错等。这些结果对于一般性的应用可能影响不大，但对核心业务是绝对不能允许存在的。

现代图书馆已经步入数字图书馆时代，其服务质量高低很大程度上依赖网络服务的服务质量(以下简称 Qos,Qulity of Service)。同时,Qos 的本质随着服务质量的提升外,也随时代被赋予了新的含义,比如科学设计硬件架构,以满足各种业务系统的需求,充分利用设备性能以达到节能减排的效果,进行安全加固、安全审计,给予关键业务充分的可靠可持续性等等。结合图书馆业务来说,一些特定形式的网络数据流需要定义服务质量,例如:多媒体数据流要求有保障的网络带宽;核心的数据库系统需要高可用性;图书馆总馆与分馆之间的业务交互要求有稳定的网络链接等。

(二)现代图书馆网络应用分析与 Qos 实践

1. 核心数据库服务

核心数据库服务系统是图书馆的传统业务以及目前的所有创新型业务围绕的基石,Qos 工作的重点在于同时满足高可用的持续服务能力,最高的安全性,最高的性能表现。

服务器:UNIX 小型机系统是最佳选择,UNIX 小型机性能强劲,且架构基于多任务和易于扩展,经费允许情况下可尽量部署高可用的双机集群系统,这样做即使出现核心部件故障,也可立即将业务切换到备机上继续提供服务,大大减少了非计划故障宕机时间。同时考虑到未来的业务发展,作为图书馆之城的核心,其性能必须超前规划,如配置多颗多核 CPU,大内存(可参照1:4的 CPU:内存比),安全方面为系统管理员及数据库管理员设定单独的账户,严格审计登录行为。如果考虑价格因素,也可以使用 Windows 系统和 Linux 系统的集群解决方案。基层图书馆可根据应用规模、服务需求和申请经费情况,具体确定如何构架服务器系统。

网络及网络安全:配置双光纤网卡,这样做可以达到故障冗余以及负债均衡的目的,在整个网络的防火墙端划分单独的网络区域 DMZ 区(非军事区),将核心数据库服务器放置在这个区域,严格控制访问 IP 以及端口,可以隔离来自外部网络以及内部网络的黑客入侵。

存储及备份:双光纤 HBA 存储卡多路径接入存储,这种情况需要在服务器端安装多路径软件,数据库用户表空间规划在存储系统上,安装数据库时采用裸设备方式，这样效率更高。

高端存储一般拥有快照功能，在存储系统内部指定的快照区域，快照分为指针快照方式和克隆快照方式，一般核心数据库出于故障快速恢复、数据备份、大报表生成、软件测试等目的，可以部署克隆快照，将快照卷挂接至测试服务器，进行以上业务操作，这样就能大大减轻对核心服务器的资源消耗。

备份是必不可少的环节，可以使用如 ORACLE 自带的 RMAN 管理器，编写自动备份脚本，并通过备份管理软件备份至物理磁带库。图 4－1 是核心数据库的 Qos 规划。

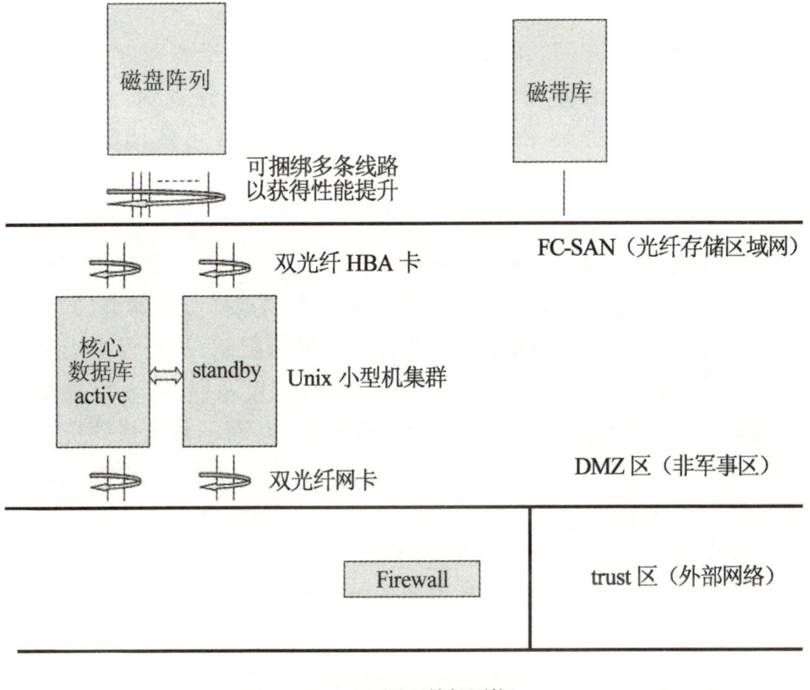

图 4－1

2. 多媒体音视频点播服务

针对目前图书馆音、视频资源越来越丰富的现状，图片、音视频，数字资源服务，点播服务，数字资源建设等工作日益繁重。如一些科普类、语言学习类、就业指导类的资源使用量巨大，IT 部门需要从纷繁复杂的资源中跳出来，从以下方面来考虑优化这一服务。

在存储网络方面，存储网络的门槛日益降低，目前市场上的 iSCSI 存储发展迅速，价格低廉，性能优秀，服务器连接存储仅需一张普通网卡，在数据中心机房中搭建独立的 iSCSI 存储网络，服务器配置单独的网卡连接存储，流量上与服务网络分离，这样做结构清晰，无论是网络架构，还是存储网络架构均很方便将来的扩展需求。

在服务网络方面，读者对音、视频服务的质量要求越来越高，因此视频点播服务占用带宽较大，服务器必须单独规划一网段，甚至可以在每台服务器聚合捆绑两条千兆链路，并可使用随服务器携带的多路网卡智能捆绑和负载均衡软件实现链路的冗余和高带宽。

在应用层面，视频点播软件通常具备多台服务器智能负载均衡功能，利用这一功能，将负荷自动均衡到多台视频点播服务器上，同时也可根据服务器实际负荷量，对并发点播数进行限制，从而保证点播质量。另外，优秀的视频点播软件会具备资源调度机制，对于点播量较大的资源，会优先保存在本地硬盘上进行缓存，而不常点播的资源可存放在存储中，综合利用这些策略，科学因地制宜的设置软件参数，同样可以在很大程度上提高服务质量。

在资源层面，对数字资源进行细加工，按照不同的编码格式存放，以便根据来自内网的点播和外网的点播请求进行区分，提供相对应的服务。

以下是针对音视频点播所做 Qos 规划的示意图：

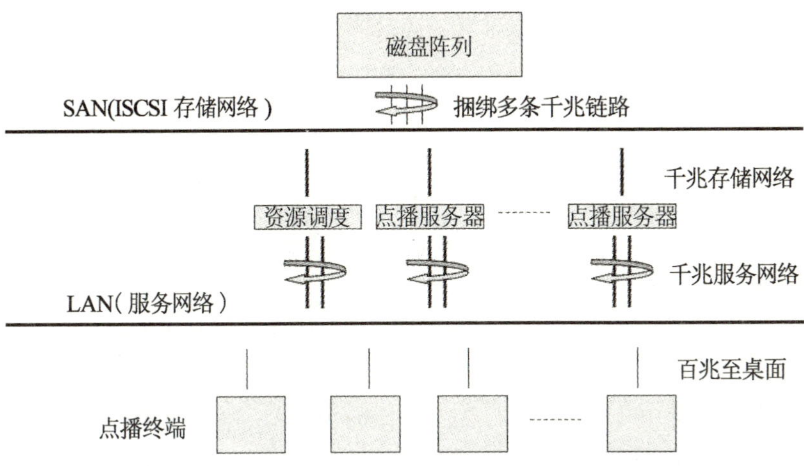

3. 电子数据库服务与数字资源长期保存

如何有效地提升数字资源服务质量呢？相信很多图书馆 IT 部门都有这样的烦恼，那么应该在规划时考虑如下几点：

网络通道：在设计网络架构时，面对使用量日益增大的专业数据库读者，基于性能及未来业务拓展的考虑，可为电子数据库服务网络应规划单独的 vlan，与其他服务网段隔离。而一般图书馆都会设立独立的电子数据库阅览区，这时候客户端最好也单独规划独立的 vlan，因为每个商业电子数据库都会在授权方面进行网络访问的 ip 控制。

服务器：这是 Qos 规划中的难点，为什么这么说，主要基于以下几种原因：(1)不少商业电子数据库对服务器环境要求不同，如有的需要服务器上安装 sql server，有的需要安装 Apache，有的则需要 IIS 等等，这就需要部署多台电子数据库服务器；(2)服务器负荷不均，根据电子数据库的使用率不同，服务器的负荷大小有非常大的差异，有些服务器繁忙无比，而部分服务器资源却在闲置；(3)存储量要求不同，在我馆引入的多种电子数据库中，数据量从几百兆到十几 TB 不等。种种的差异，造成服务器部署时的诸多困难。

如何解决这些困难,虚拟化技术是非常好的一个途径,如果存在的多个单独运行某一个电子数据库的服务器,那么可以发现许多服务器的利用率可能只有 10%—20%,虚拟化技术能大大减少我们需求的服务器数量,虚拟机的出现使得单个的服务器可以代替原先五台甚至更多的服务器,同时不会增加电力和制冷需要。专业的虚拟机软件如 vmware 还可以根据服务器负荷情况在服务器之间进行均衡,这种方式以充分发挥硬件本身性能为基础,并不会增加电力和制冷方面的消耗。

存储系统:对存储归档有较高的要求,作为图书馆采购的资源,必然履行图书馆保存的职能,同时电子数据库服务的特点对存储的性能无特殊要求,可以考虑使用高性价比的 IP-SAN 存储设备,存储量大(随着磁盘介质的价格不断下降,目前 SATAII 1TB 7200 转磁盘已逐渐成为主流),部署灵活门槛较低(服务器只需增配单独网卡即可接入 IP-SAN),且具备 SAN 的优点(避免对服务网络的性能占用),性能又相对较高,因此对于存放图书馆的电子数据库资源非常实用。

现在存储业界提出的存储虚拟化技术,也可引入图书馆的存储系统应用中,如 Thin Provision(自动精简配置)技术,以往系统管理员必须把存储空间分配给不同的用户和不同的应用,由于每个用户和应用都需要分配额外的空间来应对未来容量需求的增长,因此实际上用户的存储阵列中还有着大量的闲置存储空间。而 Thin Provision 技术则可以根据该应用或者该用户的容量需求现状,动态并且实时地改变存储容量资源的划分,因此能更加充分的利用磁盘阵列的有效存储空间,降低用户购买存储阵列的容量需求,大量降低用户在购置存储空间方面的成本。对图书馆而言,各种数据库不定期的数据更新,引入虚拟化新技术后,可以在很大程度上减轻 IT 部门规划存储时的烦恼。

应用系统方面:基于多种平台、结构各异的各种类型的数字资源成为了图书馆的重要收藏源。图书馆书目、题录、文摘、全文数据库、电子期刊数据库、电子图书数据库、网络数据库、自建的特色数据库等数字资源与传统的纸质馆藏文献共存，形成了丰富多样的数字图书馆馆藏体系。对此，基层图书馆可引进或合作开发电子资源统一检索，用于对图书馆购买的 CNKI 的中国学术期刊、博硕士学位论文、报纸全文数据库、重庆维普数据库、万方数据库、EBSCO、prouest、firstsearch、inspec 等数据库进行统一检索。

4. 基层图书馆之间的网络应用分析

若基层图书馆作为分馆，以下还设有街道、社区等基层服务网点，那么通常会有联合编目平台、“一卡通”通阅通借平台，以及数字资源共享、共享工程等具体业务需求，作为在广域网上提供服务的基础设施，为保证服务质量，必须为其设计单独的网络架构，Qos 工作考虑的重点是网络的高可用性以及数据传输过程的安全性。

网络通道：可采用租用 MPLS-VPN 加密专网服务。这样一方面保证了性能，另一方面考虑了安全性，以及各图书馆的管理成本。

MPLS VPN 网络即为多协议标记交换虚拟专网，这种服务可以结合服务等级、流量控制等，为各级图书馆在公共 IP 网络上构建虚拟专网，满足分馆与中心馆之间安全、快速、可靠的通信需求，并能够支持数据、语音、图像等高质量、高可靠性多媒体业务。考虑到数字资源共享的需求，可以充分利用 MPLS VPN 的特性，提高服务质量。

服务器方面也主要从高可用，高性能方面考虑，部署集群的应用系统以支持这项 24 小时不间断业务，考虑到今后的发展，服务器应关注扩展性因素；备份工作主要应针对服务的快速恢复，可以应用虚拟磁带库来备份系统及服务系统，虚拟磁带库数据传输速度快，连接方便，数据可靠性高，一旦服务端系统遭到恶意破坏，或者无法预计的故障，也可保证在最短的时间内恢复服务。下页是网络规划的示意图。

面对新时代的机遇，现代图书馆业务不断创新，图书馆的服务方式以及服务理念都在不断地向前发展。进入信息化时代，面对来自互联网的挑战，信息技术对于现代图书馆的作用越加显著。科学合理地利用信息化技术去提高图书馆传统与现代网络业务服务质量，进而带

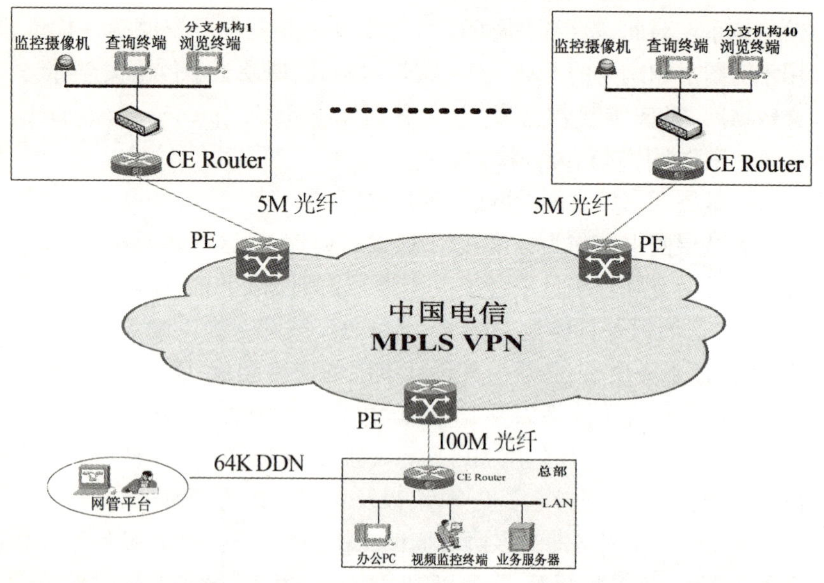

给广大市民更丰富、更便捷、更安全的图书馆服务体验，是现代图书馆服务面临的最新挑战。好的 Qos 方案能有效提升了图书馆的网络服务质量，根据图书馆实际应用的多样化需求，制订科学合理的 Qos 优化方案，正是图书馆 IT 部门核心价值的最直接表现。

四、长效推进机制的建立

系统完善既然是如此重要的工作就必须要有机制作为保证，这样才能长期的推动下去。基层图书馆要理顺管理体制，制定长效推进机制。尤其是要认识到图书馆计算机自动化网络化工作，涉及面广，工作量大，是一项专业性强的长期性工作，需要相关部门的共同努力，方可有效地落实下去。要理顺各相关部门的体制，发挥各部门管理、协调、监督的职能，充分调动各职能部门积极履行自身职能，形成计算机自动化网络化系统齐抓共管的良好氛围，以适应基层图书馆客观要求。

业务需求与计算机技术都在飞速地发展着，基层图书馆的管理机制也应与时俱进，适应新形势的需求。长效机制是能长期保证制度正常运行并发挥预期功能的制度体系。我们要意识到长效机制不是一劳永逸、一成不变的，因此随着配套制度的完善，我们的机制也在随着时间、条件的变化而不断丰富、发展和完善。

1. 构建完善责任落实机制

基层图书馆应将自动化网络化系统的所有工作分割到具体的职能部门，重点落实职能部门的具体责任以及管理部门的监督责任，做到每个项目责任明确、考评指标定量化、监督检查日常化、责任追究制度化。

2. 构建完善运行保障机制

各具体职能部门安排专人跟进，馆内加强业务与技术梯队支撑，业务与技术相结合，业务部门跟进业务的最新需求，技术部门了解最新的技术发展方向，保证通畅的沟通机制，为图书馆自动化网络化制定最理想的服务架构。业务办公室定期对项目进行评估，并对评估时发现的问题进行协调，监督各相关部门以及技术部门解决问题，形成通过系统评估发现问题，系统完善提升服务质量，真正实现计算机自动化网络化推动实际业务工作向前发展。

3. 构建完善协调配合机制

由馆领导挂帅，推行定期的部门联席业务系统评估会议制度，对评估总结中出现的问题进行专题研究，规划并制定解决方案，有效落实各项工作。设立专项的绩效考核，严肃工作纪律，加强系统评估与完善的工作力度，做到系统评估有实效，系统完善工作可以量化，方便监督与考核。

4. 构建完善激励

要建立健全科学合理的评价体系，实行定量定性考核，考核结果作为各部门的重要指标之一。在激励制度方面，要建立表彰、奖励制度。对系统完善工作突出、贡献大的部门和个人，对监督成绩突出的部门和个人，给予表彰和奖励。

基层图书馆的系统评估与完善带来的是思维方式的转变，我们并不完全依赖于计算机科学技术，因为计算机技术是服务于各行各业的通用技术，图书馆员是要把科学技术为我所用，让技术优势去与图书馆的具体业务需求相结合，所以关键还是要探索适用的管理制度，以及用有效的机制作为保证，才是解决图书馆事业发展问题的根本途径。

第五章　基层图书馆
自动化网络化系统的日常管理

第一节　制度建设

一、制度建设的作用

古人云："小智者治事，大智者治人，睿智者治法。"短短几个字充分说明了制度建设的重要性。在基层图书馆的制度建设中，制定制度的根本目的是消灭制度，制度不是意味着"管、卡、压"，一级压一级，一级管一级。因为如果在制度建设中过分强调控制，只会带来负面影响，只会影响员工积极性的发挥。好的制度应当通过对工作标准的规范，对馆员行为和工作标准化的规范，对工作权利、责任、利益的明确，对管辖范围内空间的明确，才能解放馆员的手脚，调动馆员的积极性。总之，通过制度建设，培养馆员的自控、自治、自觉和自我监督的能力，引导馆员做正确的事，提高馆员的积极性和创新能力，才是基层图书馆制度建设最根本的目的。

1. 为管理提供指导、规划和引导

基层图书馆通过规章制度规定工作的责任、权限、利益以及违章责任，达到引导馆员行为的目的。馆员可根据相关规章制度规范、约束自己的工作习惯，在规章制度规定的范围内最大限度地发挥馆员个人的潜能与主观能动性，促进馆员出色地完成工作任务。免除一些多余的工作流程甚至是工作误区，从而提高基层图书馆内部管理水平和处理事务的效率。

2. 为对馆员的评价提供依据

基层图书馆利用规章制度一方面为规范、评价馆员行为提供统一准则，用于对馆员的工作能力、工作积极性等进行公平的评价；另一方面，又为领导、馆员预先估计馆员之间的工作能力和馆员行为的后果提供了解、分析依据。

3. 对馆员提供间接的培训、教育

基层图书馆规章制度的颁布和实施，直接表现为规范馆员的工作范围和工作流程，但它的功能却不仅局限于规范工作本身，更重要的是规章制度所体现的价值观念、理念导向、组织精神等能够内化的影响力，并影响馆员的心理、意识、观念，促使馆员自觉遵守基层图书馆的规章制度。

4. 激励馆员发挥出色的工作状态

基层图书馆规章制度一方面通过授权调动馆员从事本职工作的积极性；另一方面，通过明确奖惩标准，使馆员明确努力方向和工作目标，激发工作热情和主观能动性。同时，还可消除奖惩中的机会主义。

5. 协调馆员之间的工作流程

规章制定是解决基层图书馆管理中协调工作任务过重的办法之一。它能够形成一套大家都能理解和遵守的规章制度，使得大家知道在发生某种情况时，应当如何应对，采取何种措施。这样能使图书馆各项工作的绩效达到最高。

二、制定建设的策略

1. 确定制定建设的指导思想

基层图书馆自动化网络化系统管理的指导思想应该是紧紧围绕为基层图书馆日常服务提供一个安全的、可靠的、稳定的软硬件运行环境。

2. 确定制度建设组成

基层图书馆制定制度时，应该紧紧围绕做什么（具体制度或工作流程）、为什么做（总则）、具体做法（细则）、补充说明（附则）进行描述，而在具体做法中，又围绕谁来做（流程责任人）、怎么做（标准、检查监督、奖惩）、怎么反馈进行描述。

3. 明确内容

基层图书馆有关自动化、网络化的制度建设内容包括设备管理、技术支持和安全管理。

这里的设备是指软件、硬件以及网络设备的管理。软件管理主要是软件安装、授权控制、版本管理等。硬件以及网络设备的管理主要有硬件及网络设备的添置、日常保养,以及报废、损坏后的替换处理等。

4. 明确不同事务工作流程

不同的管理内容有着不同的操作流程和应急机制,有着不同的操作规范。在制定制度时,注重不同管理事务流程的个性化,强调事务处理流程的有效性。基层图书馆面对的是软件、硬件和网络的日常事务管理。软件问题、硬件问题以及网络问题的处理方法、应急措施等大相径庭,应制定相应的管理维护制度。

5. 明确事务间的交叉地带

一个事务可能可以分成多个子事务。在子事务之间难免会存在交叉的处理过程,这就要求制定制度时,明确交叉地带的权限、责任和各自的职能。不能混为一谈,造成相互推诿,成为都可管、都可不管的尴尬区域。在基层图书馆中,不少事务存在这种情况,如是软件问题还是硬件问题,可能是硬件错误导致软件异常,也可能是软件错误导致硬件异常,网络问题也可能导致软件和硬件异常。在制定制度时,需要全面的考虑,做出合理的规定。

三、制定日常管理制度

在基层图书馆中,自动化网络化管理制度一般分为三类:馆员内部管理、软件管理和设备管理。在制定任何日常管理制度时,都必须强调记载日志的必要性和重要性。

1. 基层图书馆员工考勤制度

首先,需要明确上班的日子以及每天上班的时段。确定迟到或早退的处理原则、方法;其次,确定个人假期范围以及假期的休假制度;

再次,制定出馆员的请假方式以及批假方式;最后,规定出差和外派的考勤管理办法。

2. 基层图书馆员工值班制度

值班一般分为:日常值班和节假日值班。

(1) 日常值班

在制定日常值班制度时,一般需要确定值班时间、值班的职责和记载值班日志。目前,不少基层图书馆 7 × 24 小时服务,应用系统经过长时间运行,发生故障的可能性比较大。因此,日常值班中需要强调应用系统的巡查、问题发现机制,比如规定某一个时间段内需要对全馆的应用系统等作全面检查,以保证开馆后系统的正常运转。同时,还需要整理出全馆应用系统列表以及应用系统的巡查方法,以便值班人员有效地进行巡查和发现问题等。

(2) 节假日值班

这里的节假日值班是指值班人员通过远程监控或遥控而并不需要坐到办公室的值班形式。因此,除了日常值班的要求外,值班人员还应该具备如下条件:手机或电话保持随时能接听、能远程接入基层图书馆网络(现在使用 VPN 方式接入完全没有技术障碍)。

3. 应用系统技术支持制度

制定维护制度时,需要制定出一个有效的工作流程。下图是一个基本的技术支持模型。

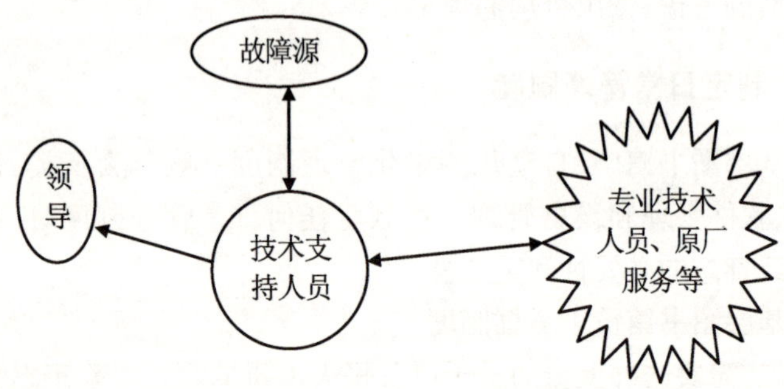

从故障源报告故障开始，技术支持人员就是故障处理的总调控人。如技术支持人员能直接解决处理，则故障消除。如不能直接处理，可能求助专业技术人员或原厂服务商等支持解决，故障消除。遇到重大故障，在处理解决同时，需要向领导报告相关情况。

4. 应用系统维护权限管理制度

应该针对不同的应用系统、操作事务应该制定不同的维护职责和管理权限。在同一个应用系统中也应该制定出不同的维护职责和管理权限。如数据库系统维护权限、数据管理权限等。在数据库维护权限中，可以分为：数据库开发的权限、数据库管理员权限等。

5. 图书馆机房管理办法

制定基层图书馆机房管理办法时，一般来说应该包括：

- 进入机房的许可机制；
- 系统管理员的操作规范，包括服务器的操作、数据库系统的操作等；
- 机房的防火防盗、防故障的规定，如定时温度、湿度、服务状况、网络状况等定时巡视；
- 无人值守的机房管理措施，下班前检查防火防盗的相关内容（关窗、关灯等）。

6. 安全管理

在基层图书馆中，安全管理包括：网络安全、数据安全、物理安全等。

四、确保制度的执行

在制度建设中，制度的执行是关键，有制度无执行等于没有制度。应当看到，新制度必然是对传统习惯、传统工作方式的改变，然而改变人的习惯谈何容易，从这个角度说，即使一个制度是符合时代发展、符合基层图书馆自动化网络化发展实际和大多数馆员的根本利益也会有巨大的阻力。因此，一个新制度从出台到顺利执行，必须解决如下的问题：

1. 制度要“以人为本”

“以人为本”作为一个文化价值观已经渗透到社会生活的各个方面和各个领域,也成为基层图书馆工作的宗旨,为基层图书馆事业发展注入了新的活力,增添了新的动力。

基层图书馆管理对象的主体是“人”,在基层图书馆管理中,单靠制度管理是远远不够的,还要以人为本,用人文精神管理图书馆,关心馆员和读者,构建和谐图书馆。图书馆管理者要善于把建章立制的硬管理同人文精神的软管理结合起来。既“管”且“理”,重“管”更重“理”,实现由制度管理向以人为本管理的转变。只有真正的了解,关心,体贴馆员才能制订出行之有效的制度。在制度设计时必须首先研究人(包括制度的执行者、检查者和被约束的对象),要从人的心理和趋利避害的本能来制约人性的弱点。制度是用来控制人的行为的,控制不是约束,约束含有限制的意思,而控制则完全不同,控制除了必要的限制外,还含有很多的含义,比如还有正确引导、确定目标、规范做法和约定准则等。

2. 制度建设体现以读者服务为中心的理念

基层图书馆的宗旨是以服务为中心,为读者提供服务。基层图书馆的一切工作都是为了这一宗旨而开展的,规章制度作为基层图书馆的一种管理手段,自然也不能例外,也就必须体现以读者服务为中心的服务理念。

以读者服务为中心的服务理念,是基层图书馆人对读者服务认识的深化,是对读者价值和权利的认同,体现图书馆人对读者的人文关怀。因此,基层图书馆在制定规章制度时,动因要符合目的。比如,制定系统维护时要充分考虑某些系统故障对读者可能带来的影响而制定出有效的可能的替代方案和采取最有效、最快捷的方法解决问题,将影响降低到最低程度。让每位读者都得到尊重,使读者能充分地利用图书馆。

3. 建立切合实际的制度

制订的制度要公平、公正。制度建设主要目的是培养馆员的自治能力、自觉能力，形成一种和谐的氛围，一种团结的精神，一种基层图书馆文化，最终促进基层图书馆事业的发展。制定制度时，一方面要从基层图书馆管理的需要出发，不能照搬照抄上级文件、规章制度，导致与图书馆工作实际相脱离；另一方面要注重馆员个人与团体的需要有机结合，不能注重团体需要、忽视个人需要。否则会使馆员感到压抑，产生逆反心理。

4. 具备可行性

只有可行的，才是有效的。制度建设必须从基层图书馆的实际出发，制定出具有可操作性、合理的规章制度。要避免规章制度形式上完备，却存在内容不确定、规定模糊和界限不清，管辖范围不明或交叉、程序不严密以及无法进行有效监督和考核的套话等缺陷。致使很多难以执行或根本无法执行，造成有章不循、有章难循的现象发生。这样，一方面降低了规章制度作为基层图书馆内部法规的作用；另一方面也使规章制度的信任度下降。

5. 不断创新

制度不是一经制定则成定律。而是根据馆员实际工作中的实践和执行制度过程中出现的问题、情况做出适当的修改或修正。

6. 从小事规范起

自动化、网络化管理日常管理中很多事务都是琐碎的事务。有必要规范化琐碎事务的工作流程，处理事务中职责、权限等。不防微杜渐则易酿出大祸。

7. 改变馆员的观念

改变馆员观念即“观念革命”。如果不能做到人人明白，再好的制度也是废纸一张，最终一定会被束之高阁。在馆员接受了新的观念之后，还要教会、帮助员工改变原来的工作习惯，而这一点对很多员工来说相当痛苦，现实中往往很多新制度就毁于员工的操作习惯不能改变上。工作不习惯、制度中可能存在的先天不足，很容易导致上下哗然，这时最考验执行制度的决心和信心。

8. 严格、公正地执行规章制度

规章制度的执行必须做到严格、公正规章制度的作用在于规范和约束。大量的有法不依、有章不循的事实都说明，再好的规章制度如果不切实执行的话，也就是一篇华丽的文章。因此，严格、公正地执行规章制度是当前基层图书馆规章制度建设的重要任务。在规章制度的适用中，要坚持“以事实为依据，以规章制度为准绳”，把规章制度作为评价和判断基层图书馆馆员行为正确与否的基本依据。要坚持“执章必严，违章必纠”，严格“依章办事”，消除基层图书馆各项规章制度执行中的“因人而异”的现象，坚持“规章制度面前人人平等”，促进基层图书馆管理的和谐发展。

第二节　技术支持

在网络化、自动化高度发展的基层图书馆中，技术支持是图书馆中不可或缺的一个重要组成部分。

一、技术支持体系

我们应该明确，在基层图书馆中技术支持体系的构成与如何有效地组织和培养自己的技术支持队伍。

1. 建立多级支持服务体系

基层图书馆为了实现自动化、网络化设备的全方位、多层面的技术支持，因此逐步建立和完善多级技术支持体系十分必要。技术支持体系一般分为三级：现场技术支持、专业技术支持和技术专家支持。

(1)现场技术支持

现场技术支持是技术支持的直接参与者，一般要求他们具有基本、熟练的专业知识和专业技术，完全能够处理绝大部分现场问题。当基层图书馆的自动化、网络化设备需要技术支持时，他们可以及时出现在现场处理问题。

(2)专业技术支持

当出现现场技术支持不能解决的问题时，将提交专业技术支持，由他们处理解决。专业技术支持是由精于应用系统、其他软件系统、硬件设备或网络设备的高级工程师提供。他们具有较丰富的现场经验和较高的专业水平与理论水平，每个人都能单独解决某个系统较深层次的问题。

(3)技术专家支持

技术专家是由项目、应用系统、其他软件系统、硬件设备或网络设备的技术专家提供，专家具有丰富的管理经验、行业经验，具有较高理论水平和行业前瞻能力。

2. 培养自己的技术队伍

基层图书馆拥有自己的技术服务队伍，对基层图书馆的有效运行有着至关重要的作用。

自动化网络化条件下，基层图书馆的系统繁多、庞大、运行环境复杂，干扰系统正常运行的因素变幻莫测，当系统长时间的运行出现错误、故障的可能性十分高，因此保持长时间不间断的监控和维护十分必要。

如果基层图书馆没有自己的技术力量，那么基层图书馆的软硬件资产就只能交给别人管理，存在很多安全隐患。而采用自己人管理才有安全保障，至少应该让最核心的设备、技术采取自己人管理的方式。而且，“远水救不了近火”，一旦出现突发性事件，技术力量可以判断出问题的所在，甚至有效解决。而不至于束手无策，无从下手。即使无法解决，也能更专业的描述问题，有利于问题的更快解决。

基层图书馆可以根据自己的实际情况，培养本单位的现场技术支持、专业技术支持和技术专家支持队伍。常见的有两种培养方式：培训和实践经验的积累。

培训可以是权威部门培训也可以是内部交流。权威部门培训是最直接、最系统的培养方式。通过培训，可以系统的、全面的了解、获取专业知识，从而达到培养现场技术支持和专业技术支持人员。而通过内部交流，达到知识共享，一齐成长的目的。

实践经验的积累是最有效、最深刻的培养方式。培训一般给人提供的比较书面的知识，亲身体会相对比较少，即使有也是模拟方式与实际存在一定的差距或缺少危机感。而实践是最可靠、有效的培养方式。产生问题是灾难，而解决问题则是宝贵的经验与教训。只有懂得吸取教训，总结经验，才会健康成长、走向成熟。对技术支持而言，经验积累是金钱买不到的技术。这也是成长为技术专家的必经之路。

二、技术支持方式

在基层图书馆的技术支持中，可以采取电话支持、现场支持、Web支持、电子邮件支持、远程技术支持、专家会议以及培训等方式。

(1)电话支持

电话支持是最基本的技术支持方式之一。设置电话支持时需要考虑以下几点：根据基层图书馆的开闭馆时间设置合理的电话支持时段；保持支持电话的畅通；保障支持电话始终有人应答。但是，电话支持范围有限，仅限于提供指导性意见、咨询性问题的解答以及报告故障等。

(2)现场支持

现场支持是最基本的技术支持方式之一。故障发生后，首先要保障现场支持的实效性，即技术人员需要在指定的时间内达到事故现场；其次要保证现场服务的有效性，即技术人员能有效地解决问题；最后要强调现场支持的现场恢复与权限控制。现场支持时可能会造成原来运行环境的变化、操作人员的权限变化，故障解除后要将现场恢复。现场支持也是最关键的技术支持手段之一，技术人员的专业水准直接决定现场支持的效率。

(3)Web 支持

Web 支持方式包括网站以及论坛。网站提供如常见问题、文档下载、在线帮助以及新功能发布介绍等。论坛则是提供处理问题的方法和意见、问题讨论以及技术咨询等。适合于咨询性问题的解答。

(4)电子邮件支持

解决不太着急或咨询性问题的支持方式。一般要求采取指定的邮件统一接受技术支持需求,需要在指定的时间内予以回复。

(5)远程技术支持

远程控制是在网络上由一台电脑(主控端 Remote/客户端)远距离去控制另一台电脑(被控端 Host/服务器端)的技术。

常见的远程控制技术有利用 VPN 网络和远程桌面技术、QQ、MSN 等辅助远程控制技术、RADMIN 等第三方提供的远程接入软件技术。

使用远程控制技术,技术支持人员就可以远程接入故障本地网络,进而控制本地网络内的计算机,就像直接操作本地计算机一样,只需要用户提供简单的帮助就可以得到故障存在的问题的第一手材料,从而帮助技术支持人员很快地找到问题的所在,并及时加以解决。

(6)专家会议

对于棘手的问题,会出现现场技术人员和专业技术人员解决不了或者不好解决的问题,这时候就需要多个专家共同商讨问题处理办法即专家会议。专家会议的方式有电视会议、多方电话会诊和普通会议。

(7)技术培训

技术培训是技术支持最直接的提升方式。技术培训内容包括:全面系统性的培训和新功能培训。全面系统性培训一般是新系统应用前的培训,包括新系统的如何部署实施、如果管理应用以及如何故障维护等。新功能培训是系统升级后新功能的说明、操作指导、故障维护以及新功能对系统的影响及应用。

三、系统监控

系统监控是技术支持的重要手段。在基层图书馆中,系统监控目的是将故障发生前发出警报以防止故障发生以及在故障发生后能及时发出警告。

1. 监控对象

监控对象一般是基层图书馆中无人或无法实时看管的软件系统、

硬件设备等。如机房、数据库管理系统、数据、应用系统、服务器等硬件设备以及网络设备等。

(1)机房

机房状况监控一般包括机房的温度、湿度等。市场上很多房间内温度和湿度监控系统。

(2)数据库系统

数据库管理系统监控包括数据库基本信息、数据库数据文件I/O、数据库关键系统参数、数据库进程(如最占CPU的前10个进程、最占内存的前10个进程)、检索等操作性能、数据文件大小、数据量、系统磁盘空间、占用CPU内存以及数据库报警日志等。

(3)应用系统

应用系统监控主要是针对应用系统的关键部件的关键进程和关键参数进行检测,实时监控关键进程和关键参数的是否有效和合理。这类监控一般需要应用系统开发商直接提供或根据其开放性接口开发第三方监控。

(4)服务器等硬件设备

服务器监控包括系统基本信息、CPU利用率、系统日志、系统负债、系统进程和生产业务进程、内存使用率、文件的存在性大小尺寸、文件系统存在性和文件系统的使用率、磁盘I/O、网卡的吞吐率以及网络通信状况等。

(5)网络设备监控

网络设备监控包括:网络设备的CPU的使用情况、网络设备内存使用的情况、网络设备端口的状态、网络设备的线路流量包括广域网线路流量和以太网端口流量的统计分析等。

2. 监控分类

监控按故障的甄别方式分为报警与预警。

报警(alarm)是报告故障的发生,是在故障或危害发生之后向技术支持人员发送警讯。及时发送警讯可以缩短故障修复时间(MTTR),最大限度地降低故障带来的影响,保障系统运行。报警是事后的，故障毕竟还是不可避免地发生了，而且也实际影响了系统的正常运行。

预警（alert）则是在故障或危害发生之前向技术支持人员报告潜在危机，提示相关人员进行处理。预警是事前的，可以防止或预防故障的发生。有效的预警可以增加系统平均无故障工作时间（MTBF），预警能给技术支持人员提供足够的时间，可能在故障真正发生以前将故障排除。而且报警可以根据故障将发生的状况自动转到报警。

预警与报警的区别就在于它是事前的，预防性报警。监控系统只有具有良好的预警功能才能侦测出潜在危机，并分层次逐步扩大预警、报警的监控范围，有效地防止故障的发生，并且在故障发生后能将损失降低到最小。基层图书馆应该充分认识到系统监控的重要性，重视监控系统的建设，建立健全系统监控并尽可能多的提供预警功能。

3. 预警、报警手段

利用现在社会发达的通讯技术和多种多样通信方式，监控系统的预警报警手段也显得异常的丰富多彩。虽然不同的监控系统可能提供不同的报警方式，在基层图书馆中一般可以采取以下几种报警方式，即手机短信报警、自动电话报警、电子显示屏、报警日志以及E-mail报警。

手机短信报警和自动电话报警具有及时性，预警报警发出后，技术支持人员能及时获得，适宜于紧急或关键性问题报警；电子显示屏则适合于实时性的监控，要求技术支持人员实时监控；而报警日志和E-Mail 报警具有被动性，还需要借助第三方才能获取报警信息，获得预警和报警的实效性并不好，适宜于一般诊断性故障以及非关键性故障的报警。

4. 监控策略

在基层图书馆中，我们一般可以采取技术支持人员巡视和搭建监控系统平台的监控策略。

（1）巡视

巡视是最基本、最廉价的监控策略，在基层图书馆中实行毫无障碍。巡视的目的是为了及时发现和消除各类型设备、应用系统的故障、缺陷以及不安全因素,预防故障发生和发现故障,巡视是确保设备、应用系统安全运行的一项重要工作。技术支持部门应该设置专门人员,定期对图书馆的各类型设备、应用系统进行巡视、检测和检修。

为了实施高效的巡视工作。首先,必须制定出合适巡视制度,规定巡视的要求(如路线、设备、应用系统范围等)、约定巡视使用的检测方法(如看到、听到、闻到、摸到、检测到等手段)等;其次,巡视应该是全面的,涉及全馆的所有软硬件设备;再次,巡视应该是有效的。通过对设备的巡视,及时发现设备缺陷和设备隐患;最后,巡视应采取定期化和非定期的方式,根据各个设备的特点和使用规律,制定出合理的巡视周期。

(2)监控系统

监控报警系统原理是通过设定某个设备或应用系统的某个属性的阀值,当系统检测属性值大于或小于阀值而自动触发发送预警或报警信息。

为了保障系统正常运转,建立监控系统也十分必要。通过监控,可以随时报告系统错误或隐患。通过监控过程的分析,可以分析系统性能、发现系统瓶颈,从而有效的调节系统以达到更好的系统性能。而且监控能弥补受巡视频率等条件限制。

监控系统一般要求:首先,可以通过灵活的阈值设置多种侦测方式,确保能及时地发现潜在危机;其次,通过设置多种预警、报警的方式,确保技术支持人员无论在何时何地都能收到预警、报警信息;然后,设置多个预警、报警流程,确保不同的技术支持人员在不同时间接收到不同程度的预警、报警信息。

四、技术支持外包

基层图书馆规模相对较小,如无必要不会建立庞大的技术支持队伍。因此,适当的技术支持外包也是合理的选择。

1. 含义

这里的技术支持外包是指图书馆将技术支持的部分业务外包出去，利用外部最优秀的专业化团队来承接技术支持业务，从而使基层图书馆达到降低成本、提高效率、增强图书馆服务能力的一种服务管理模式。

2. 作用与意义

基层图书馆毕竟技术力量有限，发展技术支持外包有利于提升基层图书馆的技术水平和服务水平，从而保障基层图书馆事业的顺利发展，其具体体现在：

• 为基层图书馆的技术支持力量提供强有力的技术支撑、技术后台，保障基层图书馆读者服务的有效提供；

• 提升基层图书馆技术人员的技术素养。外包技术人员可以为技术支持力量搭建学习交流的平台，提供技术指导，通过合作与交流，无形的提高基层图书馆自身技术力量的技术素养；

• 帮助基层图书馆制定合理的技术支持方案；

• 为基层图书馆的系统的灾难预防和灾难恢复提供有力的技术支持与技术保障。

3. 分类

基层图书馆中的技术支持外包一般有项目外包和人事外包。

(1)项目外包

项目外包就是由基层图书馆将整体项目或部分项目承包给外包公司承接，项目可以是软件项目、硬件项目或网络项目。

对于项目外包而言，以下几点十分重要。首先，选择最优秀的外包公司。需要考虑外包公司的规模、业界中的声誉、行业特色、实施特点、实施价格等多方面审查和考核后做出选择；其次，积极参与外包公司的项目实施。基层图书馆可以采取直接指派专门人员直接参与项目实施过程，保障在项目完成后，基层图书馆也可以有效地获得项目成果；最后，不能把最核心的业务外包出去。一方面可能会降低基层图书馆项目甚至整个基层图书馆的安全性；另一方面，把某个项目完全绑定在某个外包公司不是明智的选择。

项目外包在基层图书馆十分普遍。如基层图书馆的数据库管理服务的外包、核心系统维护服务以及系统服务器维护外包等。一般来说,项目外包公司提供的技术支持方式可以包括:电话支持服务、E-mail服务、Web 服务、现场救急服务、远程接入诊断服务、免费升级服务,甚至为基层图书馆提供包括获得相关刊物、参与技术研讨会和提供技术培训机会。

(2)人事外包

人事外包就是直接对功能或技术顾问实行借调或租赁,基层图书馆的事务直接由外包公司专业人员组队执行。人事外包一般针对基层图书馆的软件、硬件网络设备的维护等。

对基层图书馆的人事外包而言,需要考虑以下问题:首先,外包公司专业人员的个人技能和团队配合能力。这直接影响基层图书馆人事外包的成效。一般来说外包公司专业人员应该拥有较强的创新能力,快速的业务与技术处理反应能力,以及丰富的人际沟通与协调能力;其次,基层图书馆的相关部门应该积极配合外包公司的专业队伍的工作。特别是项目刚刚由外包人员接手时,基层图书馆相关人员应该尽量的多介绍情况,积极与外包人员配合,才能有利于外包人员更早地进入状态,保障项目的有效实施;最后,基层图书馆应该建立有效的人事外包评价体系,能及时对外包服务进行评价,为以后外包服务的引进、实施提供更多的科学依据。

现在基层图书馆自动化、网络化程度十分高,各类应用系统、末端硬件设备、网络设备等种类繁多、环境复杂,在技术人员有限的情况下可以考虑采取人事外包的技术支持方式。

第三节　安全管理

一、安全建设

基层图书馆作为一个面向市民提供公共服务性质的场所,安全问题是每个基层图书馆需要直面的头等大事。同时,随着网络应用的普及,在基层图书馆所提供的种种自动化、网络化服务中也可能存在种种的安全隐患。

在实施基层图书馆安全建设时,需要了解和遵循相应的国际安全技术标准。常见的有:《电子计算机场地通用规范》(GB/T 2887—2000)、《计算机场地安全要求》(GB/T 9361—1988)、《信息技术设备用 UPS 通用技术条件》(GB/T 14715—1993)、《电子计算机机房设计规范》(GB 50174—1993)。基层图书馆的安全建设时至少应遵循国标《电子计算机场地通用规范》和《计算机场地安全要求》等标准,并尽量参考《信息技术设备用 UPS 通用技术条件》《电子计算机机房设计规范》等标准。

基层图书馆的安全建设应包含物理安全、网络安全、数据安全三个部分,而每一部分都是安全工作的有机组成部分。

二、物理安全

物理安全又叫实体安全(Physical Security),是指保护计算机及网络设备的环境、场地、设备、通信线路以及其他媒体介质免遭地震、火灾、水灾、有害气体、电磁污染等环境事故、人为操作失误或错误以及各种计算机犯罪行为导致破坏的措施和过程。

物理安全技术主要是指对计算机及网络设备的环境、场地、设备、通信线路以及其他媒体免遭地震、火灾、水灾、有害气体、电磁污染、人为破坏等采取的安全技术措施。实施物理安全的目的是保护计算机、网络通信系统和网络服务器等硬件基础设施免受自然灾害、人为破坏和搭线攻击,确保网络系统有一个良好的工作环境。

物理安全包括:环境安全、电源安全、设备安全和通信线路安全。

(1)环境安全

环境安全强调的是对系统所在环境的安全保护,如区域保护和灾难保护。具体条款可以参考国家标准《电子计算机机房设计规范》《计算机场地技术条件》《计算机场地安全要求》。

环境安全内容包括安全保卫、温度、湿度和清洁度、防火与防水等管理。

基层图书馆安全保卫是环境安全的重要一环。安全保卫的目的是防止人为的计算机犯罪行为。常见的安全保卫措施无非是安装防盗门禁、提供防盗报警以及实时视频监控等。加强安全保卫，应尽量做到如下几个方面：首先尽量减少无关人员进入机房的机会，设置外来人员进入机房的准入手续等为门禁提供额外的安全保障；其次安全视频监控系统。视频监视系统是一种更为可靠的防盗设备，能对计算机及网络设备的周围环境、操作环境进行实时的全程监控；最后，加强设备管理。如在设备加上防盗标签（如磁性标签、RFID 标签等），当有人试图非法携带设备或物品外出时自动发出警报。

在环境安全中，温度、湿度和洁净度并称为三度。一般来说，基层图书馆机房温度应控制 22℃左右，机房的相对湿度一般控制在 50%左右为宜；机房尘埃颗粒直径应小于 0.5μm，含尘量应小于 1 万颗/升。由于三度对计算机元器件有较大影响，会使元器件参数变化，接插座接触不良，氧化断裂，产生静电等。因此为了保证计算机及网络设备的正常运行，对机房内的三度都应该具有明确的要求。为使机房内的三度达到规定的要求，使用空调系统、去湿机、除尘器是必不可少的设备。重要的计算机系统安放处还应配备专用的空调系统，它比公用的空调系统在加湿、除尘等方面有更高的要求。

防灾是环境安全的重要方面，主要是防止发生火灾、水灾（对于人为无法控制的天灾如地震等只能从房屋结构上考虑）。火灾一般是用电导致（如线路短路等）、房间温度过高、人为事故以及外部火灾蔓延引起的。水灾一般为房屋渗水、漏水等导致。如计算机机房最好不要安排在底层或顶层，这是因为底层一般较潮湿，而顶层有漏雨、穿窗而入的危险。同时，还需要考虑将计算机机房尽量靠近楼梯的一边。

（2）电源安全

电源是计算机及网络设备的命脉。电源安全包括稳定的供电系统、防静电以及接地防雷要求。

电源系统的稳定可靠是计算机网络系统正常运行的先决条件。电源系统电压的瞬变、断电、欠压、过压、频率不稳、电源干扰和突然断电等意外情况的发生都可能引起计算机系统存储信息的丢失、存储设备的损坏等情况的发生。电源系统的安全是计算机系统物理安全的一个重要组成部分。按 GB/T 2887 - 2000 标准,将供电方式分为三类:一类供电需要建立不间断供电系统;二类供电需要建立带备用的供电系统;三类供电按一般用户供电考虑;机房一般应采用不间断供电方式,提供备用的供电系统,保障设备安全。

静电危害很大,如果静电不能及时释放,可能导致火灾、损毁设备芯片等事故。因此,一方面,机房要避免使用容易产生静电的装饰材料,尽量安装防静电地板;另一方面,机房内应保持一定湿度,特别是在干燥季节应适当增加空气湿度,以免因干燥而产生静电。

接地与防雷是保护计算机网络系统和工作场所安全的重要安全措施。接地是指整个计算机系统中各处电位均以大地电位为零参考电位。接地可以为计算机系统的数字电路提供一个稳定的 0V 参考电位,从而可以保证设备和人身的安全,同时也是防止电磁信息泄漏的有效手段。要求良好接地的设备有:各种计算机外围设备、多相位变压器的中性线、电缆外套管、电子报警系统、隔离变压器、电源和信号滤波器、通信设备等。

(3)设备安全

每部计算机设备都价值不菲,对于计算机相关设备的资产安全管理,是基层图书馆 IT 部门必须承担的责任,保护国有资产的安全,同时也是每个图书馆员应尽的职责。

设备安全包括:一般设备的管理维护、存储介质的安全管理。

所有设备购买回来都要发挥它的价值,为了做好一般设备的管理维护,首先要根据设备的配置、性能特点制定出切合实际操作的使用手册,并要求严格按照操作手册实行操作;其次,建立完善的设备使用日志,尽可能详尽的记载使用记录以及使用过程情况;再次,建立硬件设备故障日志,详细记录故障发生原因、性质以及修复情况;最后,指定专人(或者购买第三方支持服务)定期和不定期对设备进行维护和保养。

在基层图书馆中自动化系统等重要数据都需要保存在各种存储介质上,所以必须保证存储介质及其上数据的安全。

常用的存储介质包括硬盘、磁盘、磁带和光盘等。做好存储介质的安全管理不仅仅是系统正常运转的保证,也是遇到灾难实现完全重建的保障。为了保障存储介质的安全,可以采取以下措施:首先,对存储介质的保存需要放置在干燥、没有辐射的地方,注意防火、防盗;其次,加强存储介质管理。要建立有效的使用级别和使用权限,并严格管理,详细记载使用日志;再次,要有灾难意识,对存放有重要信息的磁盘、磁带、光盘要保持多份拷贝,并分多处保管,尽量做到异地保存;最后,对需要长期保存的存储介质,应在存储介质的质量保证期内确保数据实施有效的转移存储。

(4)通信安全

包括防止电磁信息的泄漏、线路截获,以及抗电磁干扰。

三、网络安全

随着基层图书馆自动化、网络化的逐步应用,网络安全已成为基层图书馆网络发展的焦点性问题,它关系着基层图书馆网络的进一步发展和应用。随着科技的发展,网络安全技术也在不断地更新,使网络用户能够更放心的使用、应用网络。

基层图书馆的网络安全威胁主要来自病毒、黑客攻击以及黄色或其他敏感信息。

针对网络安全威胁,实施网络安全技术方案,基层图书馆可以采取以下手段:

(1)杀毒软件技术

这是基层图书馆可以采取的最简单、最普遍的安全技术方案。但是,杀毒软件的主要功能就是杀毒,而且新病毒发展很迅速,杀毒软件防不胜防,因此功能相对十分有限,不能完全满足网络安全的需要。

随着杀毒软件技术的快速发展，杀毒软件逐渐能预防木马以及一些骇客程序的入侵，也渐渐地提供了软件防火墙，具有一定的防火墙功能，在一定程度上能起到硬件防火墙的作用。

(2)防火墙技术

防火墙是一种形象的说法，它是由计算机硬件和软件的组成，在互联网与本地局域网之间建立起一个安全网关，从而保护本地局域网免受互联网上非法用户进入本地局域网，访问本地局域网网络资源，保护本地局域网络操作环境的特殊网络互联设备。它实质上就是把互联网与本地局域网安全隔离的一道屏障。目前的防火墙产品主要有堡垒主机、包过滤路由器、应用层网关(代理服务器)以及电路层网关、屏蔽主机防火墙、双宿主机等类型。防火墙如果从实现方式上来说，可以分为硬件防火墙和软件防火墙两类。通常意义上讲的硬防火墙为硬件防火墙，它是通过硬件和软件的结合来达到隔离互联网和本地局域网的目的，虽然价格相对较贵，但是效果较好；软件防火墙它是通过纯软件的方式来达到，价格很便宜，但这类防火墙只能通过一定的规则来达到限制一些非法用户访问本地局域网的目的。虽然防火墙是目前保护网络免遭黑客袭击的有效手段，但也有明显不足：无法防范通过防火墙以外的其他途径的攻击，不能防止来自内部变节者和不经心的用户们带来的威胁，也不能完全防止传送已感染病毒的软件或文件，以及无法防范数据驱动型的攻击。

(3)文件加密技术

与防火墙配合使用的安全技术还有文件加密技术，它是为提高信息系统及数据的安全性和保密性，防止秘密数据被外部窃取、侦听或破坏所采用的主要技术手段之一。随着信息技术的发展，网络安全与信息保密日益引起人们的关注。目前各国除了从法律上、管理上加强数据的安全保护外，从技术上分别在软件和硬件两方面采取措施，推动着数据加密技术和物理防范技术的不断发展。按作用不同，文件加密技术主要分为数据传输、数据存储、数据完整性的鉴别以及密钥管理技术四种。

利用杀毒软件、防火墙以及文件加密技术等网络安全技术，基层图书馆如何加强自身的网络安全呢？这需要合理的部署、应用相关网络安全技术，这里提供几个典型的安全建议：

• 采用网络安全控制技术，基层图书馆应采用防火墙、IDS 等设备对网络安全进行防护。

• 针对核心业务，指定核心服务区，将该区域内系统设备与基层图书馆其他局域网络完全分开，与外部网络完全隔离。

• 制订服务器系统安全技术措施，使用漏洞扫描软件扫描系统漏洞，关闭没有使用的服务端口。

• 制定系统补丁的管理制度，确定系统补丁的更新、安装、发布措施，及时堵住系统漏洞。

• 对 Windows 操作系统用户来说，可以部署基础的防病毒软件、防间谍程序软件，这样可以抵御大部分的安全攻击，同时所有接入互联网的计算机应使用经公安机关检测合格的防病毒产品并定期下载病毒特征码对杀毒软件升级，确保计算机不会受到已发现的病毒的攻击。

• 使用无线网络连接时，尽量设置一个强壮的口令，同时尽可能使用无线设备所能提供的最可靠的认证连接功能，如：WPA、WPA2。

• 制订口令管理制度，对计算机的每个系统用户设定相应的口令，针对核心服务器口令，应该制定出定期更改的机制，防止系统口令泄露和被暴力破解。

• 对于多用户使用的系统，应关闭来宾账户（guest）。

• 提升信息安全防护意识，保护未成年人；采用关键字过滤技术防止不法分子利用互联网传播反动、黄色和敏感信息，保护互联网信息安全是所有提供交互式栏目的基层图书馆依法履行的责任和义务。基层图书馆应采用关键字过滤技术对交互式信息的内容和标题进行过滤。

四、数据安全

自动化系统等系统的数据是基础图书馆的重要财富，保障这些数据的安全是基础图书馆开展自动化网络化服务的有力保障。

数据安全包括人员安全和数据安全等。

(1)人员安全

馆员作为基层图书馆的信息使用和传递的重要载体,馆员工作的变动可能会给基层图书馆的信息安全带来很大影响。在馆员发生变动时,即馆员入职、转岗和离职几个关键点进行控制,可大大降低其对基层图书馆信息安全的影响。如入职签订保密协议、离职填写交接单、删除岗位账号,修改相应系统、服务器密码等。

(2)数据安全

数据对基层图书馆的重要性不言而喻。数据安全需要从三个环境着手即数据备份、备份保管、备份有效性检测。

基层图书馆的备份要考虑以下两个方面:一方面要依据数据所依赖的应用系统、硬件、网络设备选择合理的备份方式,备份时需要考虑备份时间、对系统性能的影响、备份所占系统空间大小等问题;另备份时要考虑备份的有效性,备份是为了防止灾难后的恢复。因此,可能是针对不同的数据恢复方案,需要考虑不同的备份方式。

备份保存分两个方面:一方面是合理保存,包括环境、地点等因素;另一方面是加强管理,合理使用。

备份有效性检测是指备份数据在保存过程中,备份介质经过一定时间后,可能存在介质不可用的情况。因此,有必要定期对备份数据进行模拟恢复。

第六章　基层图书馆自动化网络化的未来发展

有人说,图书馆自动化重点解放了馆员,提高了图书馆内部工作效率,为图书馆之间的联合奠定了技术基础,但它只是图书馆现代进化历程中的起点;图书馆数字化、网络化穿越了图书馆的围墙,丰富了资源的构成与服务的方式,但还停留在行业的单纯信息化建设阶段;图书馆智能化集成了高技术群,系统构建了图书馆工作、图书馆服务的智能环境,但仍局限于场馆建设和阵地服务模式。当图书馆为现代化建设成果而欣喜,当图书馆人因技术给读者带来便利而得意时,又有人说,对读者言,图书馆全部自动化、智能化了就意味着人性化了吗?

第一节　图书馆智能化建设

进入21世纪,图书馆逐渐从传统图书馆走向数字化、网络化,实现了超时空的数字信息服务,如网上智能化OPAC检索、电子文献传递、电子文献阅读、网上视频服务、跨库检索等。在带来极大方便的同时,也对图书馆的发展提出了新的思考点。物理的图书馆真的会消亡吗?纸质图书真的会被取代吗?互联网能承担图书馆的职责吗?图书馆将如何延伸服务?

从兰卡斯特理论的提出到今天,事实已经证明了图书馆的不可代替性,纸质阅读的不可代替性,图书馆职能的不可代替性。未来的图书馆应是传统图书馆与数字图书馆的有机融合,应体现当今图书馆文化的“利用至上”和“人本主义”服务精神。在数字化、网络化技术基础之上建设智能化、人性化的图书馆命题从提出到实践,已是初见成效且应用空间日渐扩大。图书馆智能化建设运用了数字图书馆的技术手段，突破了原有的智能化程序和范畴，逐步深入到图书馆工作与业务层面，为读者便捷了解、发现、获取文献，为提高服务效率提供了强有力的集成性、系统性支持，体现了图书馆更为深刻的服务理念和更为完整的社会职能，预示着图书馆事业的发展进入了一个崭新的阶段。

智能化是图书馆的发展趋势，体现了先进科技与文化的融合。智能化能够极大地提高馆内服务的效率，扩大服务范围，保障服务质量，更为馆外延伸服务提供了广阔的发展空间。

一、智能化泛义

智，指智慧、智谋。在《淮南子·文术训》中就有“众智之所为，无不成也”的语句。可见，自古以来我国就有重视智的运用和开发的传统。在图书馆发展的历程中，智的光芒随处可见，可以说，伴随着人类文明发展而发展的社会机构之一的图书馆史，更是智慧的结晶和智力的集中体现。信息社会的加速发展和知识经济的初见端倪，使“智”的作用发挥到了极致。

由智说到智能，它是指学习、记忆、思维、认识客观事物和解决实际问题的能力。一般说来包括知识、智力和能力三项内容。智能结构犹如一座“金字塔”，可依次按知识、智力、能力划分为三个层次。知识是智能的基础，“无知就是无能”，掌握知识是发展智力、培养能力的前提；智力是对客观事物的观察、思考、分析、判断、推理、想象、综合等认识能力的总和，智力发展促进知识的掌握；创造能力是智能的最高层次，即在智力指导下，运用知识分析、解决问题和进行发明创造的本领。智能就像其他事物一样，有它的组织和结构，智能的高低不仅取决于智力的多少，还取决于智力的组织和配置状况。体能单靠天赋生理素质和吸取物质营养就能形成，而智能却必须使肌体与智力相结合，即通过知识的灌注和训练才能获得。智能高于技能，它是脑力的延伸，智能的许多应用创意虽产生于人脑且根据人脑预先拟定的程序去完成，但其反应的精度和速度却明显高于人脑。大量复杂信息的处理，各种高新技术的融会贯通，计算机可以用最短的时间进行优化选择，而人脑思维则无法比拟，甚至是望尘莫及的。

纵观古今中外图书馆发展历程，生动地写满了智能在图书馆工作与图书馆业务发展、演变过程中的作用，只不过一直受着技术的限制，远不能达到“化”的程度。智能化技术在其应用中主要体现在计算机技术，精密传感技术，GPS 定位技术的综合应用。科学技术的高速发展并大量应用到图书馆领域，给智能化建设提供了可能，并日益显现出其重要的地位。智能化的出现，给图书馆带来了机遇、挑战和衍生的空间。它意味着对图书馆整体效能衡量的基础，不再仅仅是馆藏文献的规模、服务态度的优劣和主观努力的效果，而更多地取决于获取和处理信息的手段，以及通过智能化建设实现精细化、人性化服务和政府对公益文化事业投入的高效产出比来进行科学评估。

二、图书馆智能化建设概述

随着信息时代的到来，图书馆发生了革命性的变化，计算机网络技术在图书馆的深度应用，一个新的概念摆在了我们面前，即如何将图书馆使用和管理的开放性与资源共享状态下的开放性交流有机地融合。要解决这个问题，首先要思考的是现代图书馆的存在形态问题，于是“复合型图书馆”的概念应运而生。所谓“复合型图书馆”，国内外专家均有大同小异的论述，归纳起来其核心就是复合型图书馆，从文献载体上，既坚持保存纸质型印刷品，同时又大量收集各种磁性文献及光盘数据库等；从传递方式上，阵地借阅、参考咨询、馆际互借等传统方式与文献信息的网络远程传输、多媒体传输并行不悖；从服务手段上，人工提供文献及文献信息与计算机借阅、咨询也将共存，简言之，就是现代化图书馆是实体图书馆和“虚拟图书馆”融合于一体，纸制文献与电子文献并重，馆内服务与远程服务相辅相成的复合型图书馆。在图书馆智能化建设中要从馆舍结构，功能设计、房间布局、布线设点等方面充分考虑到复合型图书馆的发展前景。

上述内容阐述了作为一个现代图书馆存在、发展的资源特征、传播特征及服务手段特征，然而，当前的人本主义社会也因高技术的快速发展，对图书馆提出了服务方式上变革的要求，即是引入“自助”的概念，自助是一种并不新颖的服务方式，在很多服务行业用之甚广。自助服务，代表着图书馆服务发展的方向。自助服务体现了亲和、自主、便利的服务理念，通过增加服务内容和利用高智能化技术提高管理手段。

图书馆服务观念的更新也促进了自助服务模式的产生。现代图书馆定位于数字化、智能化建设。在这个定位里被赋予的丰富内涵，就是除了通过信息基础设施、各种数据及图书馆主要业务活动这三个可测定的建设比率外，重点夯实和拓宽服务的数字化、智能化建设程度，以期充分利用数字化、智能化技术改变传统的服务，改变我们的发展战略。因为无论技术如何千变万化我们的工作方式，终究万变离不了其宗，这个“宗”就是建立一个强大的管理文献与服务读者的数字、智能、自助系统，为读者提供更新、更广泛和更为方便的服务。

为了实施这样的发展战略，图书馆需引进包含数字图书馆在内的相关技术，以求在管理方式、服务模式上开拓创新，为实现新的功能定位和重整图书馆服务理念作出积极探索。

三、图书馆智能化建设内容

智能化趋势，首先异化了图书馆馆藏含义及阅读介质的定义，信息存贮技术对馆藏文献的影响，带来了图书馆组织模式、工作模式及服务模式等的变化。同时数字化技术、智能化趋势也引起了图书馆建筑功能布局及结构关系，甚至书架排列组合等多方面的不同，促进了更简短的流线序列和多功能的人性设计模式的产生。

智能化建设，最早出现在其他行业，对图书馆而言，智能化建设是数字化时代拓展和深化信息服务功能的发展必然，是计算机通信、网络技术、自动控制技术、RFID 技术与现代图书馆建筑艺术完美结合的产物。有人说，数字图书馆的下一站是智能图书馆，智能图书馆就是更加集成、更加系统的数字图书馆。这一说法有一定的道理，因为，图书馆智能化是从图书馆楼宇建筑的整体出发，既考虑图书馆内部各业务功能的专业化、计算机化，又考虑图书馆建筑物本身管理的自动化与网络化，形成一种高度集成的计算机网络系统，是建筑技术、信息技术及多种高新技术在图书馆业务中的有机结合。普遍意义上的图书馆智能化主要包含：①图书馆业务自动化、数字化、网络化；概括来说，它实质上是一个文献信息综合管理系统，由多媒体导读系统（图书馆简介、使用与查询）、信息资源管理系统（采、编、流、典、联合目录、缩微平片、磁记录信息、光盘库、数据仓库、互联网等）、信息服务系统（馆藏信息检索、联机公共存取目录、联机服务、光盘检索与网上数据服务、公共信息发布等）和读者管理系统（图书借阅、预约、过期催还、逾期罚款、遗失或损坏赔偿等）等构成；②自动化通信系统，由结构化综合布线系统、网络集成控制系统、程控交换机系统、多媒体通信系统、可视会议管理系统、互联网络服务系统构成，传输和处理的数据对象以字符、图像、音频、视频等为主；③图书馆办公自动化系统，图书馆的主要任务是文献的管理与服务，其办公自动化系统内容除上述业务自动化项目外，还应包括馆内、外公文处理、行政项目管理、人事管理及财务管理等；④楼宇自动化系统，它是以网络和软件界面等多种集成为基础，通过统一的公共高速通信网络，采用统一的操作系统，在统一的界面环境下，实现集中监视、控制和管理的系统，由消防自动化系统（fas）、空调系统（hvac）、保安管制系统（sas，防盗报警、闭路电视、门禁管制、巡视管理）、电视广播系统、能源系统（变配电系统及照明控制系统）、给排水管理系统、停车场管理系统、电梯管理系统等构成，该系统在整体设计上要实现节能管理、设备监测与自动控制三大功能，而图书馆智能建筑中的计算机网络和一般的计算机网络既有相同的地方，也有不同的地方，相对来说，智能建筑中的网络是一种局域网，也即是某种意义上的新建网络。

作为社会机构履职的图书馆，无法规避因时代特征引起的资源特征、传播特征及服务方式和服务手段的变化而带来的服务潮流，传统图书馆的组织结构已经重组，现实图书馆与虚拟图书馆集于一身。不管是传统图书馆、数字化图书馆、网络化图书馆或者虚拟图书馆，都注定要在图书馆智能化的基础上才得以实现，都必须面对从单一的传统文献资源（纸质载体）管理向复合的数字资源、网络资源管理转化的事实，都应该着力研究利用并集成各种高新技术解决图书馆工作与图书馆服务中的深层次问题，尤其是一些本行业的瓶颈问题。因此，图书馆智能化建设的内容，切不能满足于普遍意义上的智能化程式，要尽早研究与确立图书馆未来若干年内基本稳定的、能满足读者实际需求的服务方式与能有效提高图书馆管理效能的模式，切实可行地设计图书馆智能化建设方案。

四、图书馆智能化服务模式、内容

随着数字时代的来临，1975 年，国际图联（IFLA）在法国里昂举行关于图书馆职能的学术研讨会，对原定义的图书馆四大职能进行深入讨论后，赋予了数字时代的延续，即：保存人类文化遗产；开发智力资源；传递科技信息；开展社会教育。在信息充斥，需求高涨的社会浪潮中，图书馆信息化、智能化建设内容与服务模式已逐步为人们所重视，也一定是未来图书馆的发展方向。

信息网络的便利，给图书馆智能化服务提供了宽广的、可操作的技术平台。图书馆智能化服务的所有内容均建立在复合型图书馆的概念之上，即依赖良好的通信网络设施，让传统图书馆、数字图书馆、虚拟图书馆里的所有文献资源多维互动，让读者在馆内，办公室、家庭，甚至于旅途中都能享受到便捷的数字资源、网络资源。

各种高新技术（计算机、多媒体、现代通信、智能保安、环境监控等）与图书馆建筑有机地结合在一起，不仅扩展了图书馆内、外部功能，也快速地改变了图书馆的传统运行模式，图书馆领域的单向性、封闭性均被打破。单个图书馆的围墙及图书馆的行业概念正逐步淡化。互联网技术的实现，加速了阅读的开放性，开放的网络使用户可以在资源中畅游，能够在全球范围内知识共享。

智能化的服务模式使阅读兼具了检索功能，增加了交互性、动态性，促使馆藏从“物质型”转向“虚拟型”、“网络型”。读者可以喜好纸质文献外借，可以选择联机在线阅读，还可以提出远程文献传输或原文提供服务等。而图书馆与网络的互联，则使其馆藏量从有限扩大为无限，服务对象也会出现大数量级的增长。更为显著的是图书馆的智能化服务可实现地点和时间的延伸，使读者不再因图书馆的“开放时间和地点”限制而不便，不再为借、还图书而奔走于交通高峰期，从而使图书馆的社会服务层面及社会服务效益得以更加扩大。

图书馆借助智能化技术手段，以满足和完善复合型图书馆的自助服务和管理。现代复合型图书馆已开始了从提供文献实体的被动服务扩展到检索途径的服务，实现了知识信息的整合及有序转移，并渐渐延伸成为一种信息能力“馆外化”内容；其服务形式也从单一向多元化转变，在“充分服务”与“区别服务”的原则下发展了自助服务、个性服务、动态服务、双向服务、横向服务、层次服务、柔性服务等。通过图书馆文献信息综合管理和服务系统、自助借还系统、图书自动分拣系统、综合网络服务智能化系统、安防监控系统等，营造全自助型的智能化信息服务环境。

信息时代，赋予图书馆信息化服务的职能与使命，在其从事信息化服务的过程中，承担着从信息的产生、获取、识别、处理、加工、存储、传输和利用的系统流程工作。图书馆智能化的信息服务流程，从设计到实现技术都比曾经的自动化、数字化更加集成、更加系统、更加优化。由此，强化了图书馆分析信息、组织信息，并对具体信息深度加工与处理的技能，也加速了图书馆从信息中心向信息服务中心转化的进程。

高新技术的飞速发展使得智能革命在微电子技术的统帅下，代表着新一代生产力的产生，目前正逐步形成一个庞大的高技术群，而世界各国对智能技术的争相投入与研究，将越来越提高其智能化级别和应用范围。图书馆的智能化建设与全球的智能化发展相辅相成，崭新的研究成果给图书馆智能化建设提供了技术支柱，而图书馆信息工作的智能化也必然为高科技研究、创造开辟更大的空间。因此，图书馆的智能化是客观发展的趋势，是高科技发展的必然。

智能技术性能的不断提高，加快了“化”的进程，从图书馆的模式与内容来说，即通过对过去分散技术的融合，“化”成了强有力的新型混合技术群，结果出现了“智能数据库”，它实现了自动识别、超介质、目标定位、自动控制、声光显示、专家系统和传统的数据库等技术相互间协同作用，为图书馆智能化服务系统的建立奠定了技术基础。图书馆利用智能系统对知识进行工程化处理，将知识工程化，既能高速处理成倍增长的知识，有效利用智力资源，又可以在智能图书馆重新设计并制造和生产知识。同时在人工智能基础上所形成的知识工程，能为建立基于知识的系统提供方法和手段，使专家系统蓬勃发展，再为人工智能的广泛应用开辟道路，推动整个社会的智能化，由此完成图书馆从过去被动的守宝库者，向今天主动开发智力资源的知识信息组织者与提供者的蜕变过程，

五、图书馆智能化业务管理创新

随着现代信息社会的发展，人们对图书馆的需求日趋复杂、多样、深入。但图书馆最为基本的服务功能——以各种方式向读者提供馆藏文献，则一以贯之、恒久不变。

信息技术在图书馆的广泛应用，为信息资源的传播、利用创造了前所未有的良好条件，图书馆数字化的步伐日新月异。但图书馆馆藏文献的管理和服务工作，却仍然处于传统的手工状态，与自动化、数字化发展相比大为滞后，乃至形成瓶颈，远远无法满足广大读者准确、便捷、高效地获取馆藏文献资源的迫切要求，是当前图书馆提高服务效益和管理效率、实现其社会效益和职能的最大障碍。

欲走出这一困境，就要勇于开拓，依托新的技术手段，大胆冲破原有藏书排架、取书归架、文献典藏、文献借还等传统文献工作的固有思维定势，建立起全新的文献提供理念和智能化的馆藏文献管理模式。

无线射频技术（RFID）加入到图书馆智能化应用行业，给解决上

述问题创造了现实可能，提供了良好契机。深圳图书馆借新馆建设之东风，率先引进 RFID 技术，创造性地应用于图书馆读者服务领域。在此基础上，对图书馆的传统模式，其中主要是馆藏文献管理模式和文献提供服务进行了全面的开拓和变革，以期达到文献工作智能化、读者服务人性化，进而整体提高行业服务水平和工作效率的总体目标。

1.背景

随着信息技术在图书馆的广泛应用，计算机信息和馆藏文献实体之间互不对应的矛盾日益突出，图书馆读者对文献管理智能化、人性化、有序化和高效率的要求日渐迫切。在文献典藏、馆藏清点、开架管理、书刊乱架、排架体系、读者证卡管理以及服务水平和效率等方面长期存在的诸多问题，导致“充分服务”、“读者满意”的服务原则大打折扣，业已形成图书馆提高服务水平、改善工作效率的瓶颈，也是图书馆读者在馆藏文献有效利用上最为重大的障碍。

RFID 技术的产生以及在图书馆的应用，为解决这些棘手问题带来了新的机遇，也给图书馆提出了新的课题。RFID 即无线射频识别技术(Radio Frequency Identification)，亦称电子标签，是一种非接触式的自动识别技术，近年来在各个领域得到了较多使用，有着广阔的应用前景和良好的发展势头。但 RFID 技术在图书馆领域应用的时间并不太长，许多图书馆范畴的专业化课题尚未得到解决，国外采用者也以中小型图书馆为多。深圳图书馆是国内大规模全面采用这一技术的第一家大型综合性图书馆。

鉴于 RFID 技术在世界上被广泛采纳和成熟应用的时间还不算长，且其本身并非为图书馆领域的特殊需要而度身制作，因此存在有诸多的局限和空白。我们在积极引进、应用国外 RFID 技术的同时，还结合国内图书馆工作实际，以先进的文献服务理念和馆藏管理模式为先导，打破原有的传统束缚，大胆地进行探索和改革，使 RFID 技术成为图书馆提高服务水平、实行馆藏文献管理智能化的有效手段，进而解决全行业性难题，使图书馆读者和社会、国家因此而普遍受益。

2. 总体思路

(1)指导方针

以全新的读者服务理念和文献管理模式为先导,积极引进、努力学习、认真掌握国外先进的 RFID 技术,同时针对图书馆服务工作和文献管理的实际需要以及存在的重大问题,以开拓创新的精神自主研发“RFID 文献智能管理系统”,以全面实现图书馆文献管理智能化、切实提高工作效率和服务水平、改革旧有的落后工作理念和方式,真正让广大读者“有所求而来,心满意足而归”,促进图书馆社会形象大改观。

(2)技术思路

信息技术是现代图书馆的最主要的技术支撑,馆藏文献是图书馆最基本的资源实体,文献提供是图书馆最主要的服务内容,而“RFID 文献智能管理系统”则要构架起计算机信息和馆藏文献、读者服务之间的津梁。

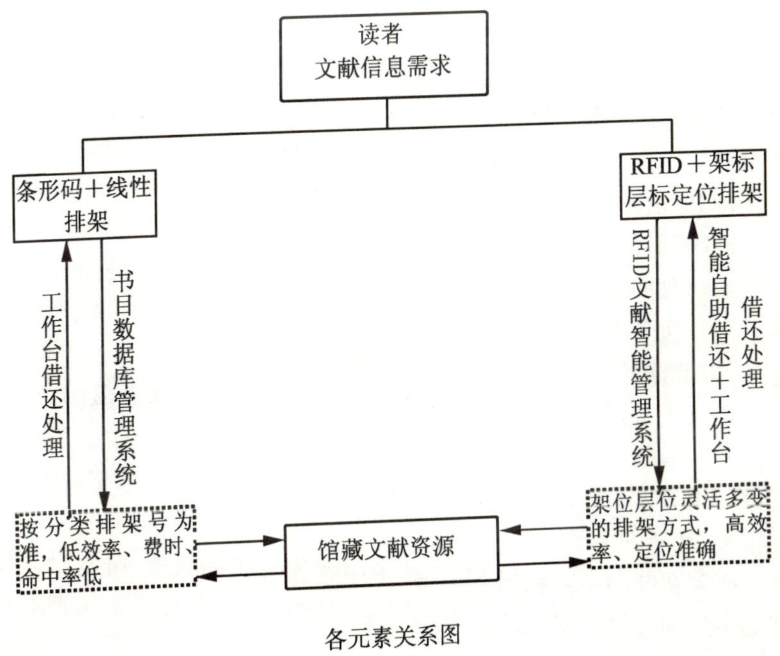

各元素关系图

3. 解决的主要问题

基于 RFID 技术的“文献智能管理系统”，由流通借还系统、文献定位系统、文献典藏系统三大部分组成，重点实现了以下主要功能：

建立架位标识构造智能化应用环境。系统以单面单联书架的一层作为基本的管理单元。馆员和读者通过图书馆书目数据库，根据“楼层层数 + 分区号 + 巷道号 + 书架的排号 + 左右标志 + 书架层数”的编码结构，从而找到所需文献。

文献定位导航。以动画图示的方法显示文献定位的位置，可以不受专业化索书号和排架方式的局限，通过页面导航，直观、自助地查找到文献的物理存放信息。

实现精确典藏。以 RFID 标签为流通管理介质，通过文献定位和便携式的扫描、统计设备，彻底改变传统图书馆工作中只能依靠人工查找书架和按粗线条标准进行的文献典藏工作，在新书入藏、地点变更、架位变更、文献剔除和文献清点等工作中，实现了典藏的精确化、实时化和高效率。

排架灵活多样。目前大多数图书馆均采取分类排架为主的“线性排架体系”来管理文献，而读者需求的多样性要求图书馆排架方式也要多样化。由于和分类索书号不一致，其他排架方法而很少得到采用。RFID 系统是根据图示的楼层、书架和架层来索取文献的，因此可以突破限制，依需要采取灵活多样的文献排架方式。

实行自助借还。与传统的条码借还模式不同，RFID 技术采用非接触和一次多本的方式实现快速安全简便的文献自助借还，操作简单易学，方便读者自行办理图书借还手续。

解决错架、乱架。由于采取了文献准确定位和精确典藏的方式，传统开架借阅中不可避免的错架乱架问题得到了极大改善。工作中可以应用 RFID 文献定位原理和便携式的扫描设备，随时巡架整架，纠正错架、乱架的文献。

研制智能书车。利用 RFID 技术中物流分拣的原理，研制出适合开架书库的智能传送设备。RFID 文献智能定位书车装置采用有限静态物理位置单元与无限动态文献地址数据对应的分拣原理，提供一种具有车载计算机和44个固定文献分检单元格的电力驱动小车。由RFID阅读器和计算机，通过对文献和书架标识的识别，准确确定并显示文献在书架的具体位置，实现本区域所有文献的位置数据查询、运输，使传统的书库运输车同时具备了文献上架、排架和自动寻址功能。

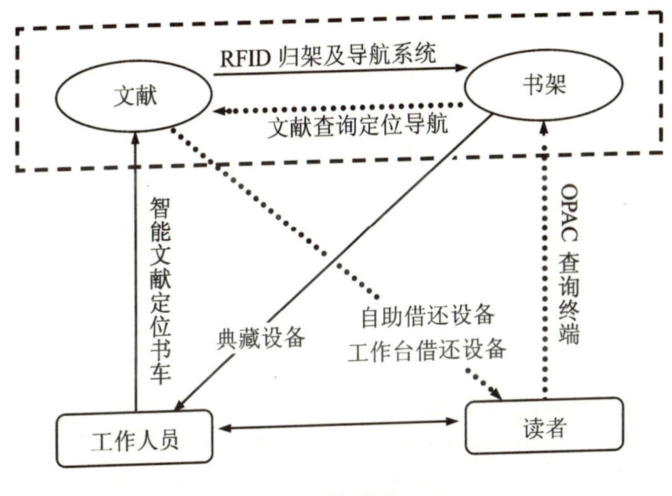

功能关系图

简化文献加工。RFID标签取代了原条码和防盗磁条的全部功能，因此简化了文献加工流程。同时文献数据的采集可由逐册进行改为多册一起进行（本系统可达16本），使之更为快捷，成倍地提高了工作效率。

典藏防盗一体化。RFID标签不仅是文献定位装置，还具有防盗报警功能，因此无须再加装防盗磁条即可实现典藏防盗一体化。

采用新型读者证。在RFID读者证中存储了一位读者的基本信息，如读者证号、读者证类型、主要功能等，为实现自助借还、多本文献同时借还、城市街区24小时自助图书馆的研发创造了条件。

在上述实现的各项功能中，架位标识、文献定位导航和智能书车是本项目在 RFID 技术基础上由深圳图书馆独立创新开发而成。其他虽属技术应用范畴,但也在图书馆业务应用领域,以及 RFID 与图书馆数字化系统(在深圳图书馆为 d-ILAS)的接口及兼容等课题上做出了积极的探索和拓展,填补了空白。这些应用和创新,解决了图书馆事业发展和业务工作中面临的共同难题,为 RFID 技术在图书馆的普及应用及深度开发展示了广阔的前景。同时,在图书馆行业大规模集成、应用多种技术,形成全方位的文献智能管理环境及管理手段,为图书馆走向智能化迈上了新台阶。

4. 应用情况

RFID 技术和文献智能管理系统在深圳图书馆得到了全面的应用。从文献的采访、分编、加工到流通、典藏和读者证卡,RFID 标签和阅读器已经完全取代了原有的条码、磁条等传统设备。深圳图书馆的全部业务工作均在 RFID 技术的基础上进行,效果显著。

RFID 技术和文献智能管理系统的应用使深圳图书馆的服务水平和工作效率有了根本性的提高。深圳图书馆新馆开放以来,广大读者对 RFID 技术产生了浓厚的兴趣和热烈的欢迎,对其便捷与高效有着普遍的认同。开馆后的读者到馆人数增加了 6—8 倍,几年来,日均进馆人数保持在近万左右,外借数量增加了 5—7 倍,2008 年仅外借文献一项就达到 326 万册次,其中"RFID 文献智能管理系统"带来的文献定位清楚、查找便捷、借阅高效快速等,均是吸引读者来馆的重要原因。例如,图书馆馆藏联机目录(OPAC)查询数量多年来持续降低,因为查询到的文献很难在相应的架位上找到,读者往往用书架前直接浏览来取代查询。自新馆启用了 RFID 文献智能管理系统后,在 OPAC 中增加了文献的定位和导航,全馆 79 台 OPAC 查询工作站每天"座无虚席",直接导致了文献流通数量的激增。

换一个角度看,如果没有 RFID 技术和文献智能管理系统的支撑,深圳图书馆不可能在短期内承受如此繁重的工作任务和空前巨大的读者压力。原来无法解决的许多老大难问题,如外借量超载,导致归架压力不堪重负、开架书刊错层、乱架、在馆文献与书目数据不符等,在启用了“RFID 文献智能管理系统”后，均得到解决或很大程度的缓解。据日志统计，在读者踊跃利用 OPAC 检索文献信息，通过文献定位导航便捷获取，几乎所有流通文献的借还均是通过自助方式完成的，已占总比率数的 95% 以上。

5. 应用思考

RFID 技术在图书馆的应用和创新，是今后图书馆智能化建设、现代化发展的重要趋势之一，也是图书馆服务理念转变和文献管理模式改革所依托的重要技术手段。RFID 技术和文献智能管理系统的初步成功，其成果和前景令人鼓舞。图书馆当前面临的许多困境和瓶颈，均可望在先进理念统领下，由 RFID 技术和文献智能管理系统予以解决和缓解，从而解决全行业性难题，使图书馆读者和社会、国家因此而普遍受益。在今后发展中，图书馆要进一步提高服务水平和管理水平、充分发挥其社会功能和社会效益，则不应忽视 RFID 技术和文献智能管理系统这一重要理念、技术和模式。

RFID 技术走入图书馆，与已成熟应用的多种高新技术集成、系统，为图书馆智能化建设铺就了现实可行的道路，更提升了图书馆智能化发展的空间，使图书馆全面展开智能化建设创新探索前景更为广阔。然而敢为天下先与科学、审慎的创新精神并不矛盾。对于任何新技术、新设备的应用必须结合实际从以下几方面加以论证，仍以“RFID 文献智能管理系统”的研制与应用为例：

创新性。以理念、观念的创新，统领图书馆整个服务机制和管理体制的创新，继而实行技术创新，从内容和形式上带动了读者服务和文献管理的全面变革，使现代图书馆的内涵在数字图书馆的基础上又被赋予智能化的意义，填补了行业的空白。具体表现：①研究、探索文献工作智能化、读者服务人性化的全新思维，大胆变革图书馆沿袭多年的文献服务方式，以冲破瓶颈，走出困境，解决全行业普遍存在并亟待突破的难题；②创造性地建立智能化、人性化、有序化和高效率的文献组织及文献提供方式，包括独立研制发明的架位标识智能化环境、文献定位导航系统和智能化书车等；③摒弃了国内图书馆传统的文献手工排序过程，亦超越了国外大型机械分检概念，创出全新的文献分检原理，实现有限的静态物理位置单元与无限的动态文献地址的数据对应；④丰富了图书馆读者服务工作的内容、手段和方法，开创了精确典藏、灵活排架、文献定位导航、自动寻址归架、科学整架上架及典藏防盗一体等 RFID 技术整合应用的先例，带动了图书馆各项服务工作的整体发展和实质提高。

有效性。主要体现在：解决或大大缓解了图书馆开架借阅中错架、乱架、书目数据与架上文献严重不符、文献典藏无法精确进行、馆藏文献利用率低下等存在多年的行业性难题，为图书馆的“充分服务”原则提供了保证机制和有效技术手段，使整个图书馆行业和全体图书馆读者由此而得惠，也使全社会和国家为之而受益。

实践性。主要体现在：深圳图书馆的应用实践业已证实，其模式是切实可行的，其目标是完全可以达到的，其技术手段也是可以通过引进应用和开发创新实现的。

科学性。主要体现在：思路明确，方式可行，符合国际图书馆现代化发展趋势，合乎 RFID 国际标准和行业规范。本项工作集成了 RFID、机械制造、计算机硬件、软件、动力系统、自动控制、显示控制系统等技术，并可以与原有的数字图书馆应用系统（深圳图书馆为 dILAS）完好接轨。

示范性。主要体现在：深圳图书馆是国内首家全面引进、应用 RFID 技术，进而以此为技术依托对全馆服务理念、管理机制和文献提供方式进行全面变革的图书馆，并在实践中取得了全面成功，对全国图书馆行业有着巨大的借鉴、参考和推动作用。

图书馆的智能化建设在某种意义上是一种阶段行为，图书馆智能化管理与服务也是一个变化、发展的过程，它将随着社会、经济、科学技术的不断进步而赋予新的涵义与内容。

第二节 图书馆人性化建设

高新技术的广泛应用给图书馆的传统管理和思维方式带来了革命性变化,以高新技术手段服务读者,开放自己,使得图书馆科学现代化精神受到了极大的推崇。随着计算机技术、通讯技术及互联网技术在全球的迅速发展,图书馆行业因扑面而来的信息爆炸,和与日俱增的全社会信息需求,纷纷采取的应对措施之一,就是加大力度引进新技术、新设备,在图书馆建筑上实现智能化,在图书馆业务上实现自动化,在图书馆服务上实现网络化。图书馆开始了由传统向数字、向智能转化、演变的过程。在这样的背景下,因现代化设备和高新技术手段给图书馆工作带来解放与高效,给图书馆服务带来便利与认同,图书馆技术已渗透到图书馆每一个层面,其在图书馆履行各种职能中的重要作用达到了前所未有的高度。

当图书馆人沉浸在自己因选择高新技术给读者带来的高效便捷而欣喜时,却遭遇了另一种质疑,即"不是全都自动化了,就实现人性化了!"简单的一句直言道出了深意,那便是在图书馆自动化、网络化、智能化建设中一定不能忽视了图书馆"现代化中人的因素的重要性"和图书馆源远流长的、深厚的人文主义传统。

美国学者 M. F. 施蒂格指出"人文价值观念是图书馆职业的核心"。无数实践也说明,在图书馆的服务过程中,仅靠先进的流通功能和操作娴熟的工作人员,无法保证向读者提供全方位的满意服务;在图书馆的业务活动中,只是依赖高速运转的机器和准确识别的设备,难以调动馆员的激情和创意。无论图书馆现代科技如何发达,不管图书馆工作构成中技术比重几何,"人文精神"的滑落和偏离都是图书馆现代化过程中的一个致命缺陷。

一、人性学与人性化概念

人性学分为自然属性与社会属性。

(1)自然属性的三个定律：

• 人的生理层面的自然属性是“人类总是要求快乐而不是痛苦”。

• 人的心理层面的自然属性是“人类总是要求得到尊重而不是贬抑”。

• 人的心灵层面的自然属性是“人类总是希望有长久的目标而不是虚度一生”。

(2)社会属性的三个定律：

• 对行为后果的考虑。

• 对自己长远目标的考虑。

• 对人生价值的考虑。

人的社会属性受心灵支配，而心灵则是一种思想意识，是人类社会属性产生的源泉，可以通过人类一代代传承下去，并不断得到丰富。

思想意识在管理与服务中起着决定性作用，意识的先进性是社会进步、行业蓬勃发展的动力之源。

人性中这些自然属性和社会属性，构成人性化管理与服务的特征，这就要求一个机构或者是某种行业，不论是管理人还是服务人，首先要承认人性的自然属性，满足人性自然属性中的基本需求，以快乐、尊重及彼此的长远发展培育起不同风格的文化意识，使人的社会属性组织化，并施以合理、明确、科学的价值体现制度和管理规章制度；其次要认识到人性的社会属性是受思想意识支配的；再次要了解人类自然属性和其心灵意识中有竞争与合作的双重天性，因此在管理与服务中要引入或建立符合这种双重天性的机制。

人性化是指让技术和人的关系协调，即让技术发展围绕人的需求来展开。这里所指的技术是广义上的意思，不单单指的是某一领域。

二、图书馆要素说与图书馆人性化

1929 年陶述先在《图书馆广告学》中说，图书馆的要素有三：书籍、馆员和读者。1932 年，杜定友在《图书馆管理法上之新观点》中认为图书馆有书、人和法三个要素。1934 年刘国钧在《图书馆学要旨》

中提出,图书馆的要素有四:图书、人员、设备、方法。1957 年刘先生又在《什么是图书馆学》中进一步发展了图书馆要素的说法,明确提出五要素说:图书、读者、领导和干部、建筑设备、工作方法。图书馆要素学经历了“三要素”、“四要素”、“五要素”等说法,它们分别是当时历史条件下对图书馆学研究对象所作的一种表述,但其共同特点是将图书馆作为一个整体进行剖析,分述了图书馆建设的重要构成要素。历史的长河荡涤着图书馆的发展演变,但现代的图书馆建设仍然围绕着这些要素在拓展其内涵或外延,从图书馆选址及建筑的艺术设计,从文献收集、整理及利用至上,从读者、馆员的人性关怀及价值实现,从图书馆规章制度及柔性管理,从高新技术引入行业应用及自主创新,从传统业务手工方法及自动化再到联机编目无不在方方面面演绎着图书馆各要素的人性化回归。

图书馆人性化,指的是在图书馆建筑、图书馆馆藏文献的构成与补充、图书馆管理、图书馆工作、图书馆服务等方面让技术(各领域技术)与人(读者与馆员)关系协调,即让所有的技术,包括图书馆建筑设计与功能布局,图书馆规章制度与服务模式,图书馆业务工作与馆员价值评估,图书馆文献服务手段的自动化、网络化、智能化全都围绕着人的需求来展开。

三、图书馆的人性化建设理念

当今社会是以知识经济为核心的信息时代,人既是知识的创造主体,也是知识创造的目的,同时还是知识运行的载体。在知识社会中人为社会的中心,社会发展、社会文化及社会服务均“以人为本”。

所谓“以人为本”,就是满足人的需求,实现人的价值,追求以人的发展为价值取向。图书馆作为社会信息的服务部门,作为城市文化建设与公益文化提供的主体,在图书馆诸要素中引入“以人为本”的理念,是知识经济时代对图书馆的新要求,是图书馆自动化、网络化、智能化建设的必然趋势和未来发展的最高境界。

图书馆是人类社会为自己的文化保存、传承、发扬、发展需要而设计的。因此，从本质上说，在其塑造的过程中，任何观念、技术、方法的形成均需以人为基本的出发点，图书馆人性化建设的理念所要强调的正是这种思想。人性化建设即将人性学中自然属性、社会属性因素放在首位来理解图书馆建设的目的与要求。

人性化建设应首先体现在对人本身的关爱和爱护上；其次，人性化建设应强调馆员及读者的长远目标和价值实现。因此，图书馆人性化建设包含着人性化的图书馆建筑、人性化的馆藏文献建设、人性化的图书馆管理、人性化的图书馆工作及人性化的图书馆服务等方面。

1. 人性化的图书馆建筑

建筑是人类文化、艺术与科学三者共同孕育的结晶，是凝固的诗和音乐。从某种意义上说，图书馆建筑标志着一个国家的文化水平，一座城市的艺术修养。网络信息环境下的图书馆建筑既要适应新时代对自动化、网络化、智能化建设的设计变革，也必须把握国家和民族的文脉，充分体现对人性的尊重和关爱，强调环境之于身体的舒适性、适用性，满足人们的审美需求和精神享受，给建筑一种具有近似生命的语言，让读者与馆员均能身在其中感悟到快乐、被尊重，并通过实际进阶确立人生目标从而体现自身价值。

人性化的图书馆建筑，首先就是对人性的尊重，关怀，它充满了人情味，提倡了高尚的人文精神，创造一个温馨、和谐、舒适的环境，更有利于人的生存，发展；其次，人性化的图书馆建筑，体现了最尖端的科技，科技给人带来便利，而人性化图书馆建筑正是这些科技的集合体。人性化的图书馆建筑应当关注人的工作与阅读习惯，并以此对人们的学习、生活提供参考和引导；人性化的图书馆建筑应当感知周围环境的变化，并以此对空调的温度、光线的强弱甚至是墙面的色调作出调整。而这一切，就需要科学技术的支持，正是科技才可以使建筑体现出智能。当然，环境的友好，舒适绝不可忽视，智能的前提就是环境友好，用现在的话说就是“节能减排”。人性化的图书馆建筑应当尝试用最少的能耗得到最大的产出，不然，其人性化的图书馆建筑就会成为一个奢侈品，甚至是环境的杀手。

图书馆建筑应当走向人性化，人性化体现在建筑中的每一个细节上，并且要完美地对每个人性化元素进行整合，而不是简单的拼接，即使是馆内所有功能布局、阅览桌椅、照明通风以至盲道设施等均需整体设计，不然，建筑中的很多设备将变成摆设甚至是障碍。

2. 人性化的馆藏文献建设

图书馆的馆藏文献，是图书馆根据方针、任务及读者的需求，经过系统的选择、收集、整理、组织和长期积累而形成的具有不同学科内容、不同水平程度及不同载体类型的各种文献资源的综合体系。它是图书馆赖以生存的物质基础。馆藏文献根据其发生、发展及价值作用，具有加工性、积累性、有序性、保存性和公共使用性等特点。

图书作为图书馆要素中的首要构成，奠定了它在图书馆人性化建设中的重要性。书是为了用的，图书馆的馆藏建设更是为了实现其公共使用性初衷而通过诸多步骤、诸多规则及诸多方法长期形成的。

要实施人性化的馆藏文献建设，须从馆藏保障、馆藏结构、馆藏补充、馆藏布局、馆藏排架、馆藏保护、馆藏卫生等方面落到实处。

馆藏保障方面，既要根据人口的增长补充馆藏，又要在满足民众基本文化需求的基础上有针对性、有重点地构建图书馆所在区域的居民人均文献保障体系。

馆藏结构方面，要“与时俱进”，即根据本馆的功能定位，调研分析文献增长的趋势与动态，了解读者的大众需求、个性需求适时调整馆藏体系中各个组成部分的占有比例。

馆藏补充，在保证馆藏质量方面起着决定性作用，因此，通过一定的技术规程保证馆藏补充的准确、及时、连续、系统固然重要，但将一部分选择权利给读者，采用“读者荐购”会有效地突破馆藏补充方面的局限性。

馆藏布局，直接与馆藏文献的利用率有关。“藏、借、阅一体化”已是许多图书馆实施的人性化措施，为方便读者阅览，提高图书流通效率起到了举足轻重的作用，然而，更为细致，更具针对性的馆藏布局组织有待实现，比如：按专题布局，按读者对象布局，按使用特点布局等等。

馆藏排架，一直以来，图书馆无外乎采用"内容排架法"或"形式排架法"其实都是"线性排架法"。"线性排架法"在馆藏文献的排架历史上有其不可抹去的重要地位，但对于今天的"藏、借、阅一体化"、"全开架服务"及全民阅读中的高进馆率、高流通率却捉襟见肘，甚至成为公共图书馆有效服务及业务管理的瓶颈。因此，借助各种技术，建设馆藏文献架位数据库，解决流畅的文献信息渠道和凌乱的馆藏物理位置之间极不对称的矛盾已是迫在眉睫。

馆藏保护及安全防盗，是为保证文献完整而长久地提供给读者使用的各种措施，在这方面，图书馆都有一系列固定的防火防潮、防虫防鼠、装订、修补制度为依据，这里从人性化建设角度占用一些篇幅重点一提图书的防盗安全理念、技术及措施。

图书馆文献是图书馆开展全部工作的物质基础，没有了文献就无从谈图书馆的存在，因此保障文献安全无疑是非常重要的。但这里面既有一个技术逐步完善的过程也有一个思想观念转变的过程，更存在着一种文献防盗理念。事实上，国外一般不会认为图书馆安全门是用来起防盗作用的，它是一种提醒读者办理好借书手续的工具。当然，目前正在兴起的 RFID 技术与相关产品将 RF 防盗与 ID 信息识别结合在了一起，国外也已有许多商家、图书馆采用 RFID 产品实施防盗。但是，RFID 本身也不是一种百分之百的安全系统，其重点不在防盗上。事实上，没有任何技术与系统是可以百分之百解决安全问题的，所有技术、设备的防盗都是相对的。另外，任何技术的实现及效果差异都与管理机制、辅助手段及人本因素休戚相关。"人之初，性本善"，应该相信在方便、快捷的硬件服务设施，以人为本的软件服务方式和诱导教育的服务理念下共同营造出的和谐愉悦的阅读氛围，会使读者行为随环境而改变，而进步。退一步讲，在上述努力之下，仍有少数文献被盗事件发生，也有一个权重问题，即在"读者第一"，"利用至上"的服务宗旨下，在整体统计数据中，是文献利用率高，还是被盗文献比率高，该比率是否在正常损耗范围之内，也是规划文献安全工作需要考虑的。

单纯从技术的观点看，文献安全也有其绝对与相对两个方面：任何技术、设备及措施对文献安全的保障都没有绝对的把握和效果，技术决定论是不可取的。从整体来看，如图书馆藏书、图书馆建筑一样，技术也是图书馆物质构成的一部分，它只是文献利用过程中的物质基础。在文献服务中要追求文献利用与文献安全的平衡点，技术应用中的人文特征不能忽视。

文献的被盗，涉及图书馆管理、读者服务人员责任心及读者的道德等诸多方面。因此解决这个问题也必须从制度，从读者服务水平，从教育引导读者，从技术，从措施上共同着眼、着手。

馆藏卫生，本属于馆藏保护范畴，是图书馆自身工作流程上的一个环节，但在今天全民阅读、人员大流动、信息爆炸增长、细菌变异快速的大环境下，图书，尤其是馆藏图书作为公共使用性仅次于货币的细菌传播媒体，其卫生保护及消毒要求提到了前所未有的高度。从以人为本，保障人民身体健康角度出发，建立起人性化馆藏卫生制度、标准，借助多种卫生保护、图书消毒技术及设备，切实履行保障公共卫生安全的职责，使馆藏文献卫生、安全地在读者和馆员中流通、利用。

3. 人性化的图书馆管理

图书馆管理技术主要包括三个方面：图书馆行政管理技术、图书及设备管理技术和图书评价技术。现代图书馆的主要标志是馆藏多样化、技术自动化、组织网络化、服务优质化和管理科学化。要达到这个目标，图书馆须采用现代管理学的研究成果和现代管理技术来运行，发挥工作人员的主人翁责任感，在管理中引入人性化概念，组织使用图书馆现有资源，使之发挥最大的效益。

人性化管理是未来管理的必由之路。建立起充分尊重、自主与信任基础上的人性化管理符合人的主体特性要求。现代管理学理论和管理实践已越来越意识到，缺乏对人性尊重、关注的组织与制度一定难以呈现出长久的活力，“纯粹靠理性的技术规范来管理一个社会组织，本身就违背了理性，因为它抹杀了社会行为中的‘非理性’方面。”

制度死板而具有简单化趋势,人性却复杂而微妙。

眼下,图书馆人性化管理模式已在图书馆界普遍倡行,它是图书馆管理上一个伟大的历史性进步,必将载入图书馆管理的史册。然而,对图书馆管理模式的推行须有一个科学的判定,即是人性化管理,当然要以严格的规章制度做基础,如果没有严格的规章制度,人性化管理将是一盘散沙、无水之鱼,最终会被淹没在混乱的废墟上。

图书馆规章制度总体包括三方面:1. 保证图书馆工作顺利开展的行政管理制度;2. 以文献采集、整理和提供为内容的业务工作制度;3. 以读者利用图书馆的权利和义务为内容的读者服务制度。从人性学的角度观察,上述规章制度建立之初,人们都会有这样那样的不适应和不舒服,这就需要管理者花费精力不厌其烦地去用严格的规章制度规范地引导,久而久之,人们对管理规定熟悉了、理解了,也就会自觉地去遵守。也只有制定了严格的管理制度,才能减少管理过程中存在的人为因素,才能最大限度地满足人性化中的最基本需求(生理的需要、安全与安定的需要、社会性的爱与归属的需要、自我与尊重的需要、自我实现的需要),也才能使人性化管理得到充分施展魅力的良好环境,使人性化管理向着人性中善良、美好、光辉合理的方向发展。没有严格彻底的管理规定来制约,再完美的人性化管理也将会成为泡影,或许可以在制度化的余荫的恩泽下勉强支撑片刻,但是如果稍有风吹草动,所谓的"无为而治"必然经不起暴风雨的袭击!

图书馆人性化管理是在图书馆活动(包括计划、组织、指挥、协调和控制、实施)中引入人性化的管理要素,通过以人为本、尊重人性,建立和帮助馆员实现人生价值的管理制度和服务模式,最合理地利用人力、物力、财力等资源,发挥其充分作用,达到图书馆的预定目标。图书馆人性化管理包含着人员管理、业务工作管理、经费管理、建筑与技术设备管理、时间与信息管理及读者管理等。

图书馆人性化管理是一个动态发展的过程,也是对包括馆长、干部、馆员的自然属性和社会属性的表现形态进行有序组织和改造的过程。它大体分为四个发展阶段:人际权力管理阶段、人际沟通阶段、合作管理阶段、奉献管理阶段。

图书馆是社会文化机构,同时又是公益文化服务部门,在遵行国家事业单位管理规则的基础上,其人性化管理也因员工来自四面八方,个体文化意识的差异可能出现混乱和冲突。首先,通过建立行业统一的行为规范,建全行政、学术级别制度,提高领导班子的行政执行力度;其次,开通从下至上的良好人际沟通渠道,将个性的文化意识差异加以培育和调整后凝聚成团队文化,逐步建立起包容个人价值在内的集体价值观;再次,馆长、干部及全馆员工应该注重研究、分析本馆相较于其他图书馆的个性特点,努力打造属于自己的文化,并以此实施文化上的创新,让员工因集体而自豪,因自豪而奉献,全体员工融入到这种文化之中,其思想行为都自觉地在团队文化的支配之下,共同应对工作的压力,以职业的最佳风貌处理各项工作中的诸多难题,并自觉维护一个行业或一个馆的社会形象。

人性化的图书馆管理强调把人作为管理的主体,以拓展人的未来创造能量、重视人的心灵潜移默化、培养人的前瞻开阔思维为手段,保证合理的劳动报酬,并借助各种新技术提高工作效率,降低劳动强度,引导和组织馆员通过提升职业才干,实现个人价值目标,以激发员工工作中的生命意义来达到实现集体组织共同愿望的最终目的。

4.人性化的图书馆工作

传统的图书馆工作由搜集整理和传递使用两大系统组成,其中包括搜集、整理、典藏、服务四个部分,现代的图书馆工作在前述两大系统之外增加了技术支持系统,即通过第三系统的技术支持实现整体图书馆工作的自动化、网络化、数字化与智能化。人性化的图书馆工作重点指向馆内自然环境与人文环境,它可以从创建人性化的工作环境、营造人性化工作氛围、提供人性化工作技术、重构图书馆工作流程、优化部门设置及良好的人际关系等方面着手。

图书馆工作环境既属自然环境范畴,也属人文环境范畴。它涉及图书馆建筑中的采光、通风、安全、健康卫生,也与图书馆各种设备、技术的引进、使用关系密切,同时组织内部设置、团队文化、领导风格等人文环境也不可小视。创建人性化的工作环境，即是通过对自然环境、人文环境的设计、改造，实现科学的采光、消防或逃生设施、通风或无危害健康因子、绿色植物装饰等要求，提供给员工一个“人性化”的工作环境，这个环境的第一要素当然是健康的、安全的工作环境；其次要进一步提供舒适的、有尊严的（被尊重的、至少是不被歧视的）工作环境（包括工作环境中的所有软件与硬件设备，更包括工作环境中所呈现的团队文化、领导风格与组织气氛），让员工在安全、健康、方便、被尊重的环境中工作，直接提高图书馆工作效率。

营造人性化的工作氛围，对图书馆工作来说，对内是减轻工作压力，促进工作量超额，对外是在长期的读者服务工作中，坚持积极主动面对所有读者需求的重要因素。人性化的工作氛围，包含着合理的部门设置，职责清晰的工作程序、良好的人际关系，充分交流和积极共享、合作的机制。人性化的工作氛围建立，其核心是充分尊重人本身在工作状态下的生理和心理需求及个性化发展需求，同时也基于人的高度自觉性、对成功的渴望、投入工作的激情及责任感等决定因素。图书馆作为文化机构，相对高素质的群体是营造人性化工作氛围的根本保证。人性化的工作氛围，基于以人为本的原则，包括舒适、宽松的工作环境，和谐、友好的人际关系，快捷便利的沟通与交流，及时有效的激励机制。如何实现这四个方面的目标，需要馆长、部门领导与管理部门的努力和互动。

减轻图书馆工作强度，加深图书馆对外服务的专业水平，选择适用的、先进的技术设备正是人性化的图书馆工作不可或缺的部分。随着高新技术的飞速发展，在图书馆工作中引进通讯技术、计算机技术、网络技术及无线射频识别技术等，使技术成为图书馆建筑、图书馆馆藏之后的又一物质基础已是定势。人性化的图书馆工作技术引进，首先考量技术对履行图书馆文献保存职能和图书馆文献服务职能的适用性，然后再着眼于某一技术的先进性。从实践经验看，图书馆工作技术应用主要体现在业务的自动化、服务的网络化、发展的数字化及提升的智能化，具体表现形式有内部的文献采编联机工作、行业间的各种资源共享，对外实现读者检索的远程服务。单从图书馆工作的技术应用来说，它减轻了员工日益增长的文献处理负担，提高了整体工作效率，加强了图书馆业务工作的标准化，实现了读者服务的便捷、高效。

人性化的图书馆工作，还应考虑到通过设置人性化的工作流程，让文献采购、典藏部门与读者服务部门（文献使用部门）应用信息构建的理念，常规沟通，打破各自为政的服务方式，以读者服务为中心，采取程序化、最优化运作模式，提供读者满意的信息服务。同时，于工作中开拓图书馆员的视野，提升全面的工作能力，有效激发馆员的创造性和能动性发挥，追求人性价值实现的光辉。

5. 人性化的图书馆服务

服务人性化是社会进步、时代发展的特征，而图书馆的人性化服务则是知识竞争、信息革命和自身建设的需要。人性化服务，是指服务要符合“人性”，服务者在服务过程中要认识人性，重视人的尊严与价值，包容人性的弱点。人性化服务构成了人与人之间一种特殊形式的“互动”，具体体现了人与人之间在生存方面的相互依赖关系。

人性化的图书馆服务是人性化思想的具体化，其核心是在图书馆服务的过程中体现以人为本的思想，既满足人（读者）对文献的需求，又实现人（读者与馆员）的价值。人性化的图书馆服务，图书馆作为主体，表现为在整个服务运行过程中所蕴含的承认、尊重和实现人的价值精神，也就是图书馆员对服务活动所采取的富有人情味的服务方式。

人性化的图书馆服务体现在读者利用图书馆，馆员为读者服务的全过程中。首先是对读者的尊重，让读者有发表言论权，倾听读者的建议，建立共同、和谐的馆员、读者关系；其次是确立“读者第一，服务至上”的人性化服务理念；第三是强调图书馆以读者的支持为生存、发展的根本，在日常的服务中增加互动环节；第四是努力创造条件，使服务形式多样化。

图书馆的人性化服务要从文化的公平享有、实现市民文化权利的终极目标来度量,追求将服务送达每一个读者,使每一个读者享受到服务的便利,使图书馆资源得到充分利用,使每一个读者离不开图书馆的服务。

归纳起来,人性化的图书馆服务有以下特点:

开放性。开放性是图书馆人性化服务的重要内容,人性化的图书馆服务就是要倡导面向全社会开放的服务理念,力争做到资源、时间、人员、设备、馆舍的全方位开放。开放性理念在图书馆人性化服务中有诸多体现,比如:平等、灵活的办证机制,让所有人都可享受图书馆服务,凭身份证、读者证均可无差异地畅游书海;时间上的7×24×365的全天候无间断服务;馆藏利用上则建立基于“藏、借、阅一体”的多类型、多语种、多载体、多册次外借的全流通体系;馆藏建设上开放读者荐购系统,让读者共同参与图书馆文献采购工作;用Web2.0技术设计图书馆网站,向读者开放馆内无线网络,用开放的平台与开放的技术建立日常应用与服务网站等等。

针对性。针对性体现了图书馆为弱势群体,包括对残障人士、不便人士的上门服务或特殊服务。

个性化。个性化服务是网络环境下图书馆信息服务的新概念,是现代图书馆信息服务向深度发展的重要手段,也是网络时代信息技术人性化的重要体现。其方式有:信息推送服务、呼叫中介服务、垂直信息服务、网络智能服务、My Library、短信提示等。个性化信息服务是基于信息用户的信息使用习惯、行为、偏好和独特要求,向用户提供满足其个性化需求的多项服务。在手段上实行个性化服务:①服务时空个性化,按用户指定的时间地点开展服务。②服务内容个性化,对所提供的服务不再千篇一律,而是各取所需,实行互动式的推送服务。③特色资源服务更是要做到人无我有、人有我优。在形式上采用多样化服务,如电话咨询、网上咨询、送书上门、预约借书等,为满足不同层次的读者需求,采取开放型、针对型、知识密集型及网上资源获取等不同形式的服务。相对传统的大众服务更具有对信息需求的层次性、专业性、特色性。采用上述信息服务方式需着力解决资金、技术、观念、用户隐私安全与保护、服务反馈、知识产权意识、专业人员等问题。

便捷性。便捷性是当今全民阅读环境下对图书馆人性化服务的新要求，它包括对馆藏文献的准确揭示，直观导航、快速获取，便捷借还，也表现出在网络环境下，面对呈爆炸性状的信息增长，用户的信息需求观念的变化。信息不是愈多愈好，而是更注重信息的便捷性和时效性。图书馆须通过各种技术，尤其是跨库检索技术，实现网络信息资源的无缝链接，将分散在本领域的大量的不同形式、杂乱、无序的专门信息，经过整理、组织后，形成本领域或相关领域可有效利用的信息资源库便捷地展示，用户只需通过某一节点就能在统一的界面中方便快捷地检索到所需的各种相关信息。

互动性。联合国教科文组织的《公共图书馆宣言》中指出，“图书馆馆员是图书馆用户和馆资源之间的能动的中间人”。由此可知，图书馆的服务是在馆藏、读者与馆员之间展开的。人性化的图书馆服务就需在三者之间建立起互动的渠道与措施，比如：馆藏采购的读者荐购，图书馆网站的读者参与，读者与馆员共同组织的阅读分享活动等。在网络时代更可以利用网络在图书馆员与读者之间建立互动的交流渠道，读者和馆员可通过主页留言簿、E-mail 等方式沟通、咨询。

自助性。自助服务代表图书馆服务发展的方向。自助服务体现了亲和、自主、便利的服务理念，亲和，就是把服务送到非图书馆的地方，使远离图书馆的人群同样能享受到图书馆的服务；自主，就是自己动手、自由选择，避免人与人打交道的一种尴尬；便利，就是 7 × 24 × 365 天的服务。

图书馆自助服务，指的是在一定的条件下读者根据自己阅读的兴趣、需要偏好、研究重点，自主地、灵活地、能动地完成以前由图书馆员按照馆员的意志和行为习惯并受制于图书馆开放时间来完成的书目查询、藏书借阅、资料检索、文献复印及读者办证等活动，从而实现自主服务的一种服务方式。开展自助服务，读者在图书馆寻书究学中实现了自我，方便了自我，满足了自我。

自助服务已经实现并取得良好效果的主要有：自助办证、自助阅览(上机)登记、自助借还、自助查询与续借、自助复印、自动应答、集所有功能于一体的城市街区24小时自助图书馆等。

四、图书馆人性化建设的技术构成

现代图书馆与传统图书馆最大的差异,第一体现在“藏与用”的关系上,第二体现在“读者至上”上,第三则体现在“依靠技术改进服务与增加新的服务项目”上,由此图书馆技术已经发展成为了继图书馆建筑、图书馆藏书之外的重要物质基础。技术是手段,它有助于图书馆更好地实现其理念、宗旨和目标,它支撑起读者与馆员沟通的平台,它使繁复的业务工作简单、高效,它突破了图书馆服务的时空局限,它成为了融合传统业务与数字业务于一体的复合型数字图书馆的必然构件。

纵观图书馆技术发展的历史,不难理出其极具人文性、社会性、先进性与适用性的发展脉络。

技术的人文性。技术是人创造并掌握的,技术更是为人服务的。图书馆技术是为了方便人(读者)利用图书馆,扩大图书馆服务的范围和领域;也是为了有效降低人(图书馆员)的工作强度,加速文献流通及信息传播,提高图书馆服务的专业水平。人性化的图书馆建设在引进、应用技术时应该充分考虑到技术或设备的简单性、方便性及友好性。

技术的社会性。技术本就是时代的产物,它随着社会的进步不断地升级、更新并应社会需求而创新。图书馆技术由少及多,从点到面都离不开技术的社会性与社会对图书馆需求的迫切性。尤其是互联网的面世,促使图书馆技术应用与技术服务在文献保存功能与信息传播功能方面,走出了单个图书馆或图书馆行业的圈子,更加深入、广泛地与整个社会密切相关,休戚与共。

技术的先进性。图书馆技术从本质上讲,是以引进、应用技术为主,目的在于依靠技术改进落后的,与社会需求不相适应的传统服务,同时通过新技术的应用增加新的服务项目,进一步拓展新的服务内容和模式。因此,图书馆对技术的先进性追求是毋庸置疑的。在图书馆追求先进技术,并最终选用某技术的过程中,需首先界定某先进技术是否符合现代技术的发展方向;其二,考察其是否符合图书馆发展的近、远期发展需求;其三,调研并充分论证它的标准性、开放性及与其他技术的兼容性。

技术的适用性。任何一种技术应用到图书馆行业,都需思考其对图书馆业务的适用性,这种适用既要考虑读者对该技术的接受,也要顾及图书馆本身的适用能力,更重要的是不能忽略某技术在图书馆业务及图书馆服务方面的拓展空间并与未来相当长时期的发展做好对接。

1. 图书馆自动化网络化是基础

20 世纪末,人类社会步入信息时代,知识经济、信息爆炸、计算机技术、互联网的热潮使传统图书馆出现了前所未有的生存危机,也带来了空前的发展契机。以计算机为主体,计算机技术与缩微技术、视频技术、光学技术及通讯技术相融合的现代技术体系,使图书馆服务、图书馆业务、图书馆管理产生了根本变革,形成了由图书馆自动化管理集成系统实现的业务自动化,借助于网络和其他技术开展的服务网络化新局面。

图书馆自动化将图书馆工作的各个环节实行了程序控制下的自动管理,采用计算机及其配套设备替代了手工作业,完成了传统模式下循环往复的各种信息的输入、存贮、加工、传播和使用,极大地提高了图书馆的工作效率。在自动化的初期,最突出的是文献分类编目的自动化,短时间大流量快捷的流通,高效多角度的统计和方便的书目查询,减轻了图书馆工作人员繁重的手工劳动,加大了书刊的流通率。

图书馆业务的自动化既减轻了图书馆工作的负担,也加强了图书馆业务的标准化。然而,自动化不是目的,只有当图书馆自动化应用于读者服务,直接提高读者文献检索与文献获取的能力时,才是其价值与目标所在,最终目的是实现区域内及更大范围的资源共享。

图书馆服务的网络化是建立在图书馆自动化之上,并与其紧密结合的新型服务方式。自动化是基础,网络化是环境,即是指图书馆通过互联网向读者提供 OPAC 查询、数据库检索和在线咨询等一系列服务,逐步实现不同载体的实体文献的自动化管理和多方位的联机查询,其在技术上主要包含两个要素,一是数字资源,二是传输数字资源的信息高速公路。

图书馆自动化完成了单个图书馆对馆藏文献从收集、整理、揭示到服务的电子化过程,促进了多个图书馆资源共享和信息流通的标准化、规范化,是网络互联、信息互通、准确记录、高效传输的物质基础,它的发生、发展始终围绕着人的需求展开,与实现人的自然属性、社会属性协调一致,因此,成为图书馆人性化建设的先决条件。

图书馆网络化因其开放性、便捷性、动态交互性、高时效性、形式多样性及时空虚拟性,与人性化的图书馆服务特点吻合,而为图书馆人性化建设创造了数字信息空间与社会交流平台,成为图书馆人性化建设中不可或缺的技术构成。

2. 复合型数字图书馆是平台

数字图书馆是采用现代高新技术所支持的数字信息资源系统,它利用先进的数字化技术,通过计算机网络,使人数众多且身处在异地的用户能够方便地利用大量的、分散在不同贮存器里的电子物品及其全部内容的信息资源管理和服务模式。

美国大学图书馆协会曾如此描述:数字图书馆不是一个单一的实体;数字图书馆是把许多地方的资源连接在一起的技术;众多数字图书馆和信息服务的连接,对最终用户应是透明的;数字图书馆的目标是让广大用户最大限度地获取信息、得到信息服务;数字图书馆的馆藏不应局限于原件的替代品,还应包括无法用印刷方式表现或传递的实物,并将其数字化。

数字图书馆到底是什么?国际、国内不仅众说纷纭,且不乏先行先试或狭隘的实践者。有人认为,图书馆买了一些传统图书的数字化资源库,上网了,就是数字图书馆了;有人认为,把自己的现实馆藏统统数字化了,就是数字图书馆了;还有人以为,用一个系统从事各种资源的数据库建设，并以计算机提供阵地或远程服务，就是数字图书馆了。其实，图书馆的数字化无疑是数字图书馆的重要信息来源和组成部分，算是“数字化图书馆”，而不是“数字图书馆”。从狭义上讲，凡是应用计算机和网络技术解决数字资源的采集、存储、管理、发布和服务的图书馆，都可以称之为数字图书馆。而广义上的数字图书馆应不仅是传统意义上的一个单独的物理实体或文献贮存处，而是远远超越了物理场所的限制，是一个以读者为中心的，由分布式数据组成的信息空间。

图书馆作为一个本就存在的物理实体，其承载的历史使命与时代赋予它的数字概念让它无法超越而成就为多年前曾有人想象的“纯数字图书馆”，它应该，也只能是物理实体的图书馆与虚拟的信息空间结合于一体的，在印刷型信息和数字化信息之间的平衡过程上逐渐向数字化倾斜的复合型图书馆。

复合型图书馆兼有传统业务和数字图书馆业务，没有将数字化信息资源与传统纸质文献资源建设彼此分割的弊端，在互联网及Z39.50的支持下，其整体内容涵盖了图书馆人性化建设的诸方面，在人性化建筑、人性化馆藏文献建设、人性化管理、人性化业务工作及人性化读者服务等领域都有拓展空间，因此，构筑在复合型数字图书馆平台上的图书馆人性化建设大有可为。

3. 多技术集成的智能化是环境

“图书馆是天堂的模样”，天堂里有快乐，有彼此尊重的美好人际关系，有所有人生存、发展的目标，更有行为准则上的人生价值考虑。图书馆的所有活动，是通过人以书为媒来为人服务的，在人人为我，我为人人的过程中享受快乐，互相尊重，实现彼此的价值，以达成人类共同进步的社会性目标。因此，为了使少数人更好地为绝大多数人服务，为了从浩如烟海的文献、信息与典籍中获取、整理并快速地提供针对性强且极具个性化的信息服务，图书馆现代技术体系中必然要增加新的力量，与已经成熟应用的计算机技术、网络技术、声码技术、缩微技术等一起构成能与人关系协调，以满足人的需求为指向的多技术集成环境,智能技术就是其中的典型。

智能技术革命在微电子技术的统帅下,已形成了一个庞大的高技术群,它是新一代生产力的代表。所以,当今世界各工业化发达国家都迫不及待地亮相进行智能研究。图书馆工作智能化也是人们努力追求的主要目标,高科技的发展,RFID 技术给未来图书馆智能化提供了技术支柱。

当今有发展前途的新型电脑技术不断涌现,现有智能技术的性能不断提高,还有过去分散的技术融合成了强有力的新型混合技术群,已经产生了"智能数据库"。图书馆的智能化服务需要整合自动识别、超介质、目标定位、专家系统和传统的数据库等技术,RFID 技术的应用为我们创造了新的条件,这些技术相互间的协同作用,奠定了建立图书馆智能化服务系统的基础,而多技术集成的智能化环境可丰富人性化图书馆建设的内容、手段和方法。

正如在馆藏文献的管理和提供上,藏书排架、取书归架、文献典藏、书刊借还等方面,图书馆目前还处于传统的手工状态,与一个世纪之前相比并没有发生太大的变化。近年来由于图书馆服务方式的嬗变和拓展,如资源信息提供的空前丰富和开架服务的大量采用,反而大大加剧了流畅的文献信息渠道和凌乱的馆藏物理位置之间极不对称的矛盾,乃至形成瓶颈,成为目前图书馆管理和服务工作中最为迫切的重大问题。

RFID 及多种技术的出现以及在图书馆的应用,为解决以上这些棘手的老大难问题,以及在智能化的环境下建设人性化的图书馆,带来了新的机遇,也提出了新的课题。

五、图书馆人性化服务的方式、内容

图书馆因读者而存在,读者是图书馆工作的出发点和归宿。"读者第一"是人性化服务的体现。为了使读者方便利用馆藏,图书馆以藏、借、阅一体化取代了长期沿袭下来的闭架借阅模式;以延长开放时间打破了机关式的工作制度;以个性化服务取代了千篇一律的传统服务方式；以现代化的服务手段极大地方便了读者对文献信息的检索与获取。

以读者为关注焦点是实现人性化服务的关键。按照传统的描述，图书馆的基本职能是文献的收集、整理、加工、入藏及提供利用，在这里，关注焦点是文献，图书馆的一切工作都围绕着文献展开。比如：采集主要考虑学术性、系统性、完整性而忽视适用性和利用效率；整序、加工注重科学性而忽略读者的利用习惯和时限；收藏则注重安全而不关注读者利用的便利性，在处理文献的提供利用与安全防盗矛盾关系时，更是过多地关注文献的安全、文献的排列有序及书库的整洁等等。

图书馆的人性化服务，要求以读者为关注焦点，要求图书馆的一切工作均围绕读者展开，建立相应的读者驱动服务机制，并将读者满意及文献利用率作为图书馆服务质量的重要评价指标。

服务方式的更新、多样是图书馆人性化服务的重点，而服务内容的深化、拓展则是图书馆人性化服务的精髓。为此，图书馆借助现代化的设备与方法，既改善阵地传统服务的形式、手段以提高服务水平，也推出基于远程数字的个性化服务内容及门类繁多的讲座、展览，以适应信息时代需要，为读者提供充分服务、区分服务的便利。

作为信息时代的图书馆模式，复合型图书馆从服务方式到服务内容均以重视人文精神展现，让技术发展与人的需求趋于协调，发生了很大变化，归纳起来可分为传统业务范畴和数字业务范畴。

1. 传统业务之新服务方式、内容

公共目录查询服务，人们习惯于简称为 OPAC，是 1976 年出现的图书馆在线公共检索系统。作为一个图书馆自动化系统中的部分构成，OPAC 往往局限于对图书馆馆藏书刊的信息检索，单向地为读者提供书目信息和用户信息。此项服务完全取代了传统图书馆为读者提供的卡片式目录检索工具，它的出现，不但改变了馆员排卡片、读者翻卡片的烦琐与窘境，且高效地、标准地、多途径地揭示了图书馆的馆藏信息，为读者快速了解文献、发现文献、获取文献奠定了基础。然而，随着图书馆各种信息的增加，尤其是网络信息、数据库信息的膨胀，读者了解、发现、获取信息需求的多元化、个性化，使得原定位的OPAC功能捉襟见肘。具体体现在检索页面单调、检索范围狭窄，通过Z39.50支持的跨库检索能力也十分有限，诸如聚类检索、自然语言检索、搜索结果排序等均无法实现。Web2.0的出现，给图书馆OPAC带来的生机，赋予的新空间，随着WPopac的应用，可将每条书目信息变为一个博客页面供读者浏览，可实现图书馆馆外的搜索引擎使用主题词检索或描述性语言检索图书馆馆藏书目信息，读者还可自由添加评论并与图书馆开展互动。

图书馆阵地读者自助服务。人性化的自助服务可成为图书馆文献流通服务的支柱方式，自助服务管理是图书馆服务的功能延伸与拓展，体现了以读者为中心的核心服务理念。经过多年的发展，自助服务包括多项服务内容，如全开架阅览方式、电话服务、书目数据查询服务、电子资源统一检索服务、网上自助服务、自助点播服务、自助查询与打印服务等一系列的项目。

自助借还服务是图书馆自助服务的一种，通过现代化的技术手段，借助自动借还书设备，既能减少读者排队的时间，又具有较高的私密性，简化了借还的流程和手续，读者可以自助进行操作，从而节省宝贵的时间。让读者在图书馆寻书究学的同时，实现自我、方便自我、满足自我。还可以把馆员从简单机械的借还服务中解脱出来，从事更加细致深入的读者服务工作，从而提高图书馆服务水平，实现对图书馆馆员及读者的人文关怀。更通过读者自助、自主的方式，实现了一种交互式的更为人性化的服务。

自助阅览登记也是图书馆阵地服务的一种，条码识别，尤其是RFID读者证的使用更是实现了电子文献阅览、视频点播、数据库查询、互联网浏览、学习类课件利用等电子阅览区的自助登记上机方式进行管理，保障本阅览区也采用读者自助登记入区的方式服务。RFID读者证识别极为简便、快捷，既方便了读者，也便于管理。用此方式还可实现自助外借查询与文献滞还金缴款，图书馆各楼层均可设立专门的读者自助借阅查询与缴款机，通过读者自助查询借阅情况、打印借阅单、利用预付款结清文献过期滞还金已经是非常便捷的事情。

随着科技的进步和图书馆事业的发展，自助服务已不仅仅限于传统业务上的图书借还，读者还可以根据自己的阅读兴趣、需要偏好、研究重点，自主地、灵活地、能动地完成以前由图书馆员按照馆员的意志和行为习惯来完成的书目查询、资料检索、文献打印、资料复印等活动。自助服务最大的优点在于给读者更多的控制权，减少不必要的等待时间，使24小时读者服务成为现实，通过网络，使无论身处何地的读者都可以远程利用图书馆信息资源。

在传统业务与阵地服务领域，以读者为中心将各种高新技术创造性地应用到图书馆，从办馆理念、文献揭示、文献排架、服务模式诸多方面着手将人性化的服务送到读者面前大有可为。大家十分熟悉的传统参考咨询服务、课题检索服务、专题服务、馆际互借服务及展览、讲座服务等都因利用新技术的支持，在服务方式、服务手段方面赋予了既高效又人性化的内涵或外延。而在更广泛的通过技术与人本主义结合领域，实现服务创新方面则层出不穷，比如：借助RFID技术，构建开架服务大区间的层、架标动态数据库，于OPAC书目检索后通过详细信息揭示图书的在馆、在架位置，并直观地用动画方式指引读者便捷获取，自助借还。

将传统图书馆与数字图书馆结合，集成多种高新技术手段构成智能化服务环境的大型自助服务设施——“24小时自助图书馆”，将以前只能于馆舍开展的业务，如办证、图书借还、馆藏查询及预约登记等送到了社区、工业区及街头巷尾，突破了传统图书馆服务的被动模式，一改过去读者使用图书馆只能在规定的地点、规定的时间、以规定的方式进行，而将图书馆送到了市民身边且提供7×24×365天的不间断服务，在深化服务上更是以预借送书体现了图书馆服务的人性化、个性化。

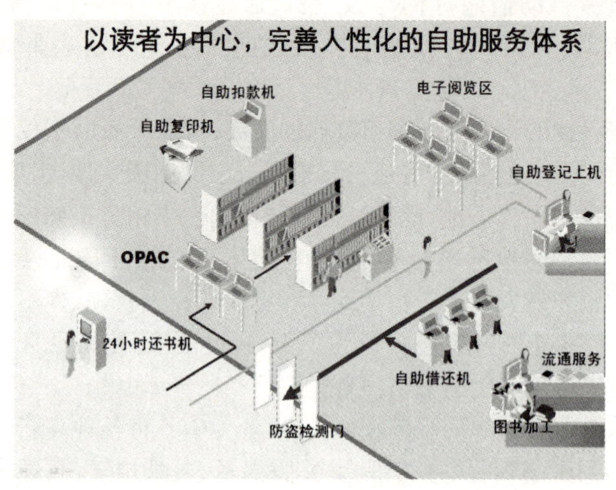

以人为本,以技术为支撑的传统服务、阵地服务体系图

2. 数字业务之新服务方式、内容

(1)视频点播服务

视频点播服务是对传统上以文字为主的服务方式之一大超越,它不仅调动了读者的视觉细胞,且给读者以听觉上的享受。各种现代技术在图书馆的应用,丰富了人的阅读形式、阅读内容,阅读不再是单一的,已是一种全身心的感受,通过沉浸在由文字、声音、动画、影像等包围的视听环境中感悟文化,体验文明。随着数字资源、电子出版物的急速增长,其社会普及程度越来越高,读者的认同与需求必然使得图书馆馆藏结构发生变化,电子资源的采购、数字资源的制作以及呈比例增长的读者用机已成为现代图书馆的馆藏比例要求和西方许多国家的读者终端设置标准,图书馆应该开展此项服务,并加强数字资源、电子出版物的馆藏建设工作。

(2)电子阅览室服务

网络技术高速发展,导致信息化进程加快,数字化信息资源的大量涌现,与社会对其需求的增长,使得图书馆电子阅览室已成为其数字信息服务的一个重要窗口。图书馆电子阅览室是以计算机、多媒体、远程通讯和网络技术为依托,集电子文献、印刷型文献的检索利用与信息浏览服务为一体的现代化多功能阅览室。大多数图书馆将视频点播服务融入其中,部分大型图书馆则分隔为两个服务区。电子阅览室的信息资源主要来自各图书馆选购的电子出版物和网络出版物,近年全国文化信息共享工程的大量资源补充为电子阅览室的服务提供了丰富多彩、形式生动、检索快捷且带有引导性的资源平台。

(3)网站服务

图书馆网站是其为服务于广大读者所搭建的网络平台,是公众在互联网上获取公共文化信息及服务的重要渠道,也是图书馆宣传自己,揭示馆藏,吸引读者,平等交流的门户,网站,已是现代图书馆整体活动中不可或缺的重要部分。在图书馆人性化服务形式、内容中,网站设计与网站服务更是大有文章可做。

网站服务人性化,就是要根据用户到访心理,习惯和喜好,从整体设计、内容采辑、信息组织、栏目设置、导航、版式、色彩、在线服务等多方面精心策划,使用户能获得满意服务的过程。用户感受是检验图书馆网站成功与否的重要指标之一,因此,图书馆网站设计与网站服务要重点从印象、实用、功能和内容四个元素着眼。在网站建设策划和设计时就须从读者需求出发,要有换位意识,站在用户立场上来策划和设计网页、栏目、内容和功能。

人性化的首页,要让读者登录就产生深刻的印象,就需用简单明了的语词展示定位、功能、内容及服务等;人性化的栏目设置,要建立清楚的视觉层次,栏目分类既要科学、通俗,更要实用,页面模块划分要清晰直白;人性化界面,对于用户点击欲望的提升和印象指数的提升效果明显,因而要考虑人们的阅读规律,且要动静得当;馆藏揭示是图书馆网站的核心作用,查询图书馆藏书是用户访问图书馆网站的主要目标指向,将馆藏检索放在最重要的位置,既揭示了图书馆网站的核心特色,也满足了用户到访的直接需求;色彩和构图是图书馆网站面貌的一个基本要素,承载着图书馆历史、文化、美学信息,这些信息无疑影响访问者的心理和感觉，左右他们的判断和选择，故而，色彩协调、统一布局、简洁合理是不容忽视的因素；人性化的版式设计，应符合 W3C（万维网联盟）标准，更要考虑跨浏览器支持。

网站服务主要靠内容支撑，人性化服务要求图书馆网站根据用户需求将内容进行组织和传递，其内容资源要进行多重组织和多重整合。内容揭示的人性化要求多角度，多视野，多层次地将网站资源揭示出来且做到一目了然。除整合自己网站的相关资源外，还应整合众多同行及其他机构的社会资源，做到以本站为主导，将在线服务的提供者拓展到相关的社会机构，为用户顺利获取完整信息建立渠道。

网站设计的终极目标是为了有效地对读者或用户开展更好的网站服务，而人性化地设置网站服务功能内容很多，范围也越来越广泛，各馆可根据自己的条件与用户需求进行设计，但至少应重点考虑通过网站实现与用户联系功能，指导用户利用图书馆功能，如开通“网上信息通道”、“我的图书馆”等栏目，对读者办证办法、个人借阅历史查询、馆藏资源利用及图书分类说明等，来实施对用户利用图书馆的指导计划；同时还应创造环境建立起用户与图书馆之间的交流互动平台，通过建立异步沟通系统（帮助中心、留言板…）方便用户与图书馆网站之间沟通，建立同步沟通系统（即时聊天、电话服务、论坛、社区…）达到即时双向沟通目标，在用户与图书馆之间建立起互动式的服务，随着 Web2.0 技术的拓展，许多信息、资源均可采取读者、用户参与的方式进行，并逐步实现和完善知识库概念在图书馆网站的应用；另外不能忽视为特殊人群服务功能，老年人、残疾人等弱势群体就享有平等服务的权利，人性化的图书馆网站服务，应特别照顾他们由于其身体上的缺陷造成的不便，应专门开设一些服务于他们的功能，如：字体设置有放大功能，文字资源有声读功能等，还应创造条件为视障人士提供专用电脑，让“任何人在任何地方都能以合理的方式和公平的标准获得图书馆服务”。

技术支撑是图书馆网站做好人性化服务的必然条件，要提高服务器配置，保证带宽、优化程序，提高用户回返率；网站运行的软、硬件环境要实用；要有完善的管理工具，网络安全不可掉以轻心，网站要定期维护和备份。

(4)数字课件学习服务

图书馆尤其是公共图书馆，承担着社会教育职能、开发智力资源的职能，它是市民文化学习、文化修养、文化休闲的终身处所，人性化的图书馆服务内容中应该包含着这类思考与实践。图书馆的印刷型资源中已必备上述内容，而数字课件也应成为图书馆数字资源的组件，旨在通过购买、制作诸如知识性、趣味性、科学性、技能性、健身性的数字课件让读者学习、体验、模仿并在寓教于乐中增加情趣，掌握要领，丰富生活。中、小型图书馆可将此服务内容融入电子阅览室中，有条件的图书馆可随资源学科、资源类型的丰富设专区开展服务以保证整体服务效果。

(5)数据库检索服务

图书馆要开展阵地或远程的数据库检索服务，首先要有计划地进行馆藏数据库的建设，一般说来，图书馆的数据建设分为两大类：一类是外购数据库，另一类是自建库，其中以外购数据库为主。目前，随着数据库技术发展，各种数据库的平台结构及检索技术、切词技术都有相当的提高，但仍有许多问题让读者陷入困境。类似于数据库重复建设导致彼此收录的文献学科类型相似，重复。面对这种状况，图书馆必然要设法优化数据库技术。第一，采购数据库时要充分了解、调研并试用以加强质量要求，服务中数据库管理员要与采购部门密切交流，建立起完整有效的信息索引机制，通过完善 Web 搜索引擎，实现异构统一检索，使读者不必重复登录、重复搜索。第二，图书馆应该也必须拥有自己特色数据库。通过网站的检索功能设计，既满足用户全站海量信息全面检索的需求，也满足用户对某一数据库的专指检索需要。检索服务要满足检索性能高，检索速度快，检全、检准率高，支持多种智能检索模式，支持多平台多库，支持格式化文本，支持中英文混合检索等。

(6)信息推送服务

是将图书馆资源库中的最新信息及时通知用户的一种主动服务。各类型网站尤其是学术资源类网站的内容并不是日日更新，即便有更新读者也未必每日浏览相关网站。信息推送服务就是以 My library 或读者个性定制方式在读者关心的主题内容发生变化时，图书馆主动地把相关的最新消息推送给读者。这种服务是通过已开发的一些最新信息跟踪工具来实现推送 Web 上的包括网页信息的变化，搜索引擎新的检索结果以及 Internet 中的最新新闻内容等。通常利用技术既能按照用户的定制要求提供资源，也可以跟踪用户行为，自动采集用户兴趣，动态地跟踪用户的兴趣变化并从中分出用户喜好，以进行新的推送。

(7)呼叫中心服务

是专门提供一对一用户个性化服务的系统，它基于 CIT（计算机电话集成）技术，利用通讯网络、计算机网络等多功能集成的综合信息服务模式。此服务方式更多地应用于大型集团和企业，它是现代企业开展客户服务、市场营销、技术支持和其他的特定商业活动而接收和发出呼叫的一个渠道，是现代电子商务的重要部分。如将其引入图书馆人性化服务体系，可安装在图书馆服务器或第三方服务器上，作为链接点嵌入图书馆主页，用户和图书馆馆员均能通过浏览器进入呼叫中心。在此平台上，馆员可以直接回答用户的咨询问题，用户可以通过各种通讯手段进入图书馆服务系统获取信息。呼叫中心引入客户关系管理人，通过建立用户数据库，对信息统计分析并进行数据挖掘，定期自动向用户发布新信息，为用户提供全天候个性化信息服务。

(8)智能代理服务

智能代理技术又称人工智能代理、智能体。智能技术能独立地帮助用户搜集信息，是能自我学习和组织信息的代理软件技术。智能代理具有一定的推理能力，能比较准确地判断用户的意图，有针对性地提供信息、解决问题。智能代理作为一个独立的个体也能自主学习，能与用户并行工作，将用户的兴趣、爱好、习惯等信息直接转化为内部表示,存放在知识库中,通过建立用户模型来指导自己的决策,使之符合用户需求。智能代理可以在网络上漫游到任何目标主机,并在目标主机上进行信息处理操作,最后将结果集中返回到起点,而且能随计算机用户的移动而移动。智能代理能通过各种通信协议和多个智能体进行信息交流,并能通过协作和磋商来共同完成复杂的任务。

(9)垂直门户服务

垂直门户是和综合性门户及水平门户相对应的概念,它通过汇聚互联网上某一特定专题信息资源并对其进行挖掘及加工,以满足用户基于专业的深入的信息需求。垂直门户的特点在于它对网上的专题信息资源进行收集、鉴别、筛选、过滤、组织、描述与评论,组织目录式索引提供源站点地址,并带有专业搜索引擎。如中国国家数字图书馆学科信息门户、中国化工网、中国医药信息网、中国工程技术信息网等。

(10)My library 个性化服务系统

目前国内有些图书馆推出的“我的图书馆”服务。My Library 应具备的主要个性化功能:书签功;分类定制图书馆数字功能;推送最新信息的功能;智能代理和帮助检索的功能;良好的学科导航功能;有一定的数据挖掘功能,满足用户对潜在信息的需求。“我的图书馆”还需兼顾部分图书馆传统业务功能,如:图书馆专门开辟了短信和电话自动应答服务系统。常见的读者证挂失、续借、借阅查询等均可由短信和电话服务系统自动应答。

(11)经常性问题解答(FAQ)服务

FAQ 服务是指将经常遇到的典型问题加以分类和做好解答,并制成数据库链接在图书馆的主页上供读者自行参考,也是许多图书馆认同的知识管理系统中的一部分。在大量的日常咨询中,图书馆员往往必须解答不同读者提出的同一个问题,而不同的读者、不同的馆员就同一问题的理解与解答会因其知识结构和个人主观因素造成千差万别。应用各种技术,尤其是数据库技术将 FAQ 制作好、应用好,可累积成为图书馆的指南,读者只要点击心中所想的问题,就可以找到与之匹配的答案,既减少了不同的馆员对同一问题回答的偏差,也提高了咨询工作的效率。

(12)无线网服务

无线网络的出现已对图书馆的服务产生了深远的影响,在欧美、日、韩等国家,提供无线网络接入服务的图书馆越来越多,在我国建立无线网络更是方兴未艾。数字图书馆时代的到来赋予了人性化的图书馆服务更大的发展与应用空间,使图书馆的信息收集、信息服务功能更加强化,无线网络技术无疑为图书馆的信息服务提供了更多的途径。具体归纳有:①提供无线上网接入支持。在图书馆设置无线局域网热点可以大大增加图书馆的服务区域,使图书馆超越传统的实体建筑物的概念,使读者能够在阅览室外,甚至在图书馆建筑外的空旷地域都能受到与在阅览室内相同的服务。这为解决读者对信息资源的需求的激增与图书馆有限的物理资源之间的矛盾提供了新的途径;无线接入技术不仅给读者也给图书馆带来了好处。图书馆进行无线接入能够给图书馆员提供更大的灵活性,可以离开服务台,主动到读者中去巡视服务(Roving reference services),通过便携式设备,随时帮助检索读者记录、查询馆藏流通情况、为读者寻找所需的图书或在联机目录上预约图书等;图书馆无线接入让读者可以通过自己的移动设备自助连接到网络完成图书馆的自助服务和其他网络信息需求。②提供无线上网设备的借还。为方便读者进行随时随地的网络活动,图书馆在提供无线接入服务的同时,可以通过收取押金的方式向这些读者提供即插即用的无线网卡的出借业务,由工作人员为其安装无线网卡,进行简单的设置即可实现无线上网。甚至可以提供笔记本电脑的租用服务,尽可能让更多的读者不受端口数量和阅读位的限制,随时登录本馆的局域网系统,进行本馆书目数据的查询、各种数据库的查阅以及视频、音频资源的欣赏等等,充分利用本馆资源。与普通图书馆借还业务相比,无线上网设备的借还服务要求流通馆员应具备计算机技术、无线网络等基本知识;图书馆还可利用无线网络和笔记本电脑组建移动培训教室,为用户演示新的电子资源或进行数据库检索培训等。③改进业务工作的效率。近年来，图书馆馆藏文献资源日益丰富，而书库又相对分散，在清点库存时，需要把大批图书集中到一处逐一清点，然后再重新上架，这一过程费力耗时。如果用无线局域网将笔记本电脑与本馆自动化管理系统连接起来，工作人员就可以在书架间行走，直接对图书进行扫描，在完成清点工作的同时不影响读者的浏览。深圳图书馆正在实施的 RFID 文献智能管理系统中，智能文献移动书车进行归架作业、清点器进行文献清点时数据均采用的是脱机的后续上传和下载，不能够做到实时的同步更新，如果结合无线局域网技术的优势和便利性，则能够做到文献数据在数据库中的同步，提高文献归架和典藏的效率。图书馆可以通过构建无线局域网，使在书库里更新过的书目信息能立即显示在公共联机目录上。

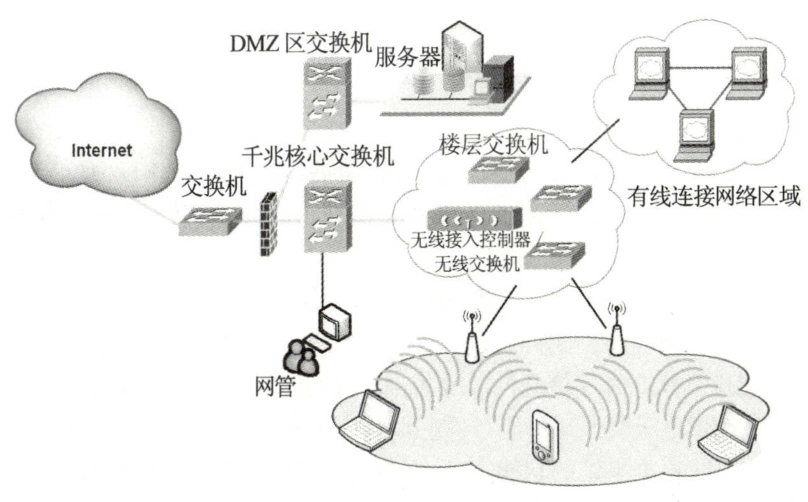

图书馆无线局域网网络架构图

(13) Web2.0 的应用

在科技发展与社会变革的大视野下，Web 2.0 是信息技术发展引发网络革命所带来的面向未来、以人为本的创新 2.0 模式在互联网领域的典型体现，是由专业人员织网到所有用户参与织网的创新民主化进程的生动注释。Web 2.0 的特征集中地表现了网络革命中的突出人文精神。①多人参与。Web1.0 里,互联网内容是由少数编辑人员(或站长)定制的,比如搜狐;而在 Web2.0 里,每个人都是内容的供稿者。Web2.0 的内容更多元化:标签 tag、多媒体、在线协作等等。在 Web2.0 信息获取渠道里,RSS 订阅扮演者一个很重要的作用;②人是灵魂。在互联网的新时代,信息是由每个人贡献出来的。各个人共同组成互联网信息源。Web2.0 的灵魂是人;③可读可写的互联网。在 Web1.0 里,互联网是“阅读式互联网”,而 Web2.0 是“可写可读互联网”。虽然每个人都参与信息供稿,但在大范围里看,贡献大部分内容的是小部分的人;④Web2.0 的元素。Web2.0 包含了我们经常使用到的服务,例如博客、播客、维基、P2P 下载、社区、分享服务等等;⑤个人看法。Web2.0 实际上是对 Web1.0 的信息源进行扩展,使其多样化和个性化,因为打破了门户网站的信息垄断,博客成为 Web2.0 里十分重要的元素,在未来,博客的地位将更为重要。

作为一种新的网络技术,其独有的无边际网络传播特征与人的交流、人的互动及共同参与特征,使其在图书馆的人性化建设中应用潜力巨大。许多图书馆积极引入其概念与技术,已在图书馆服务中取得了较好的示范效果。Web2.0 技术赋予了图书馆人性化服务创新的途径:①通过博客(Blog)的方式,建立资讯网、书评、资讯交流网、意见箱等。通过读者的共同参与完善图书馆的资源建设,完善图书馆的服务;②利用 RSS 开展信息推送服务,如向读者提供最新消息通告、新书通告、新增电子资源通告服务,期刊目次的 RSS 订阅服务及资料库订阅服务;③根据本馆的功能类型、服务对象、服务特色等各种因素确定建设的学科信息门户,根据自身优势及馆藏特色,推出重点学科信息门户,围绕其进行资料的收集和组织,将最新的信息提供给读者,以方便读者的科学研究。通过 RSS 技术提供服务的主动性、返回信息的新颖性和及时性等特点为读者提供高质量的、可靠的、全面且准确的信息整合推送服务;④Tag 可为图书馆的分类、编目体系的创新提供启示。Tag 是关键词,图书馆有受控主题词,但读者喜欢关键词。一直以来,除了“作者”、“书名”的检索之外,图书馆都希望用分类法来满足读者的信息搜索,编目是图书馆管理的基础。图书馆允许读者自行为任意书目添加任意的Tag。当这个Tag积累到一定规模的时候,群体的力量就显示出来,众多的读者通过阅读后而进行添加的Tag,显然能更贴切地反映书的内涵。当多个读者对同一书目所做的Tag是同义的话,那么该Tag就可以成为该书目的主索引词。读者甚至可以根据Tag进行关联查找相关的资料。Tag与传统的分类法不同,用Tag进行标引看似杂乱无序,却能集合集体智慧形成多种分类或聚类规则,往往更切合读者的需要;⑤Wiki由用户共同编辑、保存编辑历史、不断丰富与改进内容的特性,很好地运用了众人的智慧,既有利于促进已有资源的利用,又有利于为某主题增加新的资源。这种特性为图书馆的业务活动与信息服务方式提供了一种新的思考。图书馆可以利用Wiki技术建立各种各样的特色数据库,可以建立“参考咨询Wiki”网站,在该网站上张贴读者的问题,馆员利用自身的知识储备或搜集、查找资料对问题进行解答,并鼓励用户通过群体互动的方式共同参与数字参考咨询服务过程。在某些专业领域,用户通过汇聚社会群体智慧来互动解题,所提供的信息或问题的答案可能优于专业咨询馆员所提供的。这样,参考咨询服务不再是馆员与提问者之间的点对点交流,而是馆员、提问者、众多读者之间的交流,这恰如其分地体现了Web2.0“大家参与,利用集体智慧”的精神,且调动大家的积极性提高了答案的质量,从而提高了用户的满意度;⑥利用IM(即时通信)开展图书馆的虚拟参考咨询服务。实现“馆员就在你身边”的最基本服务,无论在哪,只要有电脑,就可以通过IM获得图书馆馆员的帮助。

(14)自助图书馆

联合国教科文组织《公共图书馆宣言》中指出:每个人都有平等享受公共图书馆服务的权利,公共图书馆不能满足于被动的服务方式,还应该对不能到馆的用户提供馆外服务,必须在服务模式上寻求突破,让政府公共文化设施的功能得到完全发挥。然而,从传统的图书馆建设与图书馆服务模式看,绝大多数城市的图书馆整体布局不尽合理，服务辐射范围极其有限，服务配套设施明显不足，市民利用图书馆不便，更有甚者，在当今知识经济时代与信息化社会中，还有很多市民不知图书馆为何物，事实上，社会文明发展到今天，图书馆盲区还在相当层面上不以人们意志所愿地大量存在。要改变这种局面，除各级政府需按中央精神加大文化事业的投入外，图书馆行业应解放思想，开拓创新，应用各种高新技术手段，通过人文关怀的理念，以新的服务模式履行上述责任和义务以实现《公共图书馆宣言》的目标，在深圳已出现的“城市街区 24 小时自助图书馆网”就是成功的先例。

自助图书馆涵盖了图书馆的基本功能，并将其延伸到城市的各个角落，利用高科技手段实现人性化的服务，借助自助图书馆网体现人文关怀。“城市街区 24 小时自助图书馆系统”是深圳图书馆于 2006 年 10 月首次提出的创新型图书馆服务模式，是一个全新的研究课题，受到了政府主管部门的高度重视，2007 年 6 月在文化部立项，由深圳图书馆组织研究、实施，属于社会公益类文化服务创新工程。2008 年 4 月第一台自助图书馆开始对外服务，2009 年以 40 台自助图书馆为数量级且分布在深圳城市大型社区、大型工业区、大型商业区及地铁枢纽等处的自助图书馆网建成并全部 24 小时为市民服务。自助图书馆网集成了各种高新技术，与中心图书馆网络互联，数据同步、资源互通并实时监控，通过社会化的物流，将图书馆馆藏、图书馆服务与极具人文关怀的公共图书馆精神送到了市民的身边。从此，人们可以不受图书馆开、闭馆时间的限制，不用匆匆往返于借、还图书的交通高峰期，在城市社区、街边的一台机器上就能借书、还书、办理借书证，享受图书馆的个性预借送书服务，访问图书馆的电子资源，这，便是深圳市建设“图书馆之城（2006—2010）五年规划”中为市民绘就的蓝图，也是文化部科研项目——“城市街区 24 小时自助图书馆系统”已实现的目标。未来深圳将构造“图书馆之城”统一技术平台，在平台与已成功自助图书馆网的支撑下，建立起全城所有图书馆整体面对市民提供无差异、无障碍的文献信息服务模式。

六、图书馆人性化服务的技术实现

(1)以计算机技术、网络通讯技术为基础起点

建立以数字图书馆应用为核心的大型计算机网络系统,在硬件设备上为构建信息资源控制、调度、管理与服务奠定坚实的基础。计算机系统可由小型机和多台 PC 服务器构成,同时配备一定数量的 OPAC 查询终端及与网络相连的若干台读者用计算机。稳定高速的光纤网络应包括数量级的有线网络节点与一定的无线网点接点,满足同时直接接入所有工作用机、读者服务机。同时建成以高端存储为核心的多样化存储系统,总存储容量需达 TB 级别,条件允许下还需配置智能磁带库和备份管理软件以构成完全自动化的备份作业系统。

(2)以复合型数字图书馆应用系统为平台

搭建分布式数字图书馆基础应用平台,建立网络环境下跨系统的共建共享、互融互通的数字图书馆应用模式。此平台需解决数字图书馆复杂的多层次数据结构、分级资源调度、专用技术接口等实际应用情况,满足高使用效率,系统本身要具备实用性、开放性和可扩展性。应用系统功能要涵盖传统图书馆向复合型数字图书馆发展的主要业务,包括馆藏建设、典藏管理、专题资源建设与整合、读者管理与读者服务、网上图书馆、参考咨询、个人数字图书馆等方面。其应用模式以共建共享、互融互通为目标,既提供多种开放式的标准数据接口,也提供跨系统、多层次的统一检索与服务平台。为适应发展的需要还要考虑跨越单个馆的界限,能够支持建立多馆资源建设中心、分馆制流通服务中心、虚拟参考咨询中心等,也可实现资源分级建设、联机编目与馆际互借等。

为了满足人性化图书馆的建设要求,该应用系统需从底层技术到具体技术的引进、集成与融合多种相关技术方面有充分的考虑,比如在数据库层集成全文检索技术、统一检索技术;在读者服务层集成流媒体技术、语音合成技术、短信平台技术等。也为图书馆常用设备引

进实施提供各种相关接口,如 RFID 管理接口、自助借还接口、语音服务接口、IC 卡接口等等,形成一个包含数字图书馆常见应用技术的全方位解决方案。

在读者服务层面,凭身份证或读者证,系统支持读者无差别地进入图书馆的任何服务区域,可以外借期刊、图书、光盘,可以登录网上图书馆,可以阅读电子图书,可以查阅电子数据库,可以上互联网,可以定制图书馆的短信通知服务,可以使用短信和电话自动应答服务系统,还可以通过远程查阅,获取数据库原文提供等。

(3)文献典藏与架位管理智能化

图书馆技术体系中绝大部分都是引进技术,这其中就有一个消化吸收再创新的过程,也是一个灵活运用的重点策略。RFID 技术从身份识别到货品运送、从食品追踪到图书馆管理,已经快速地应用到各个行业。RFID 解决方案是一项自动识别和数据获取(Automatic Identification and Data Capture,AIDC)领域的革命性技术。在图书馆自动化的应用中,RFID 标签可为一本书籍、一张光盘或一张借书证存储一个唯一的标识符号,并且可以通过这个符号进行快速高效的流通处理、读者管理和库存管理。

传统的图书馆流通业务以条形码标识和磁条安防标识为基础,而 RFID 与之对比,实现了借还、防盗标识合二为一,且具备信息容量上的优势、操作与读取效率的优势、跨系统、跨平台的信息共享优势、更高的容错性和保密性优势及与自动控制技术相结合的优势,也为智能化图书馆的建设提供了硬件平台。

复合型数字化应用系统可充分利用 RFID 技术的特点,紧密配合传统业务与数字业务的全面运用,形成与 RFID 技术相关的一整套功能体系,在自助借还、多级自动分拣、归/顺架管理、馆藏清典、OPAC 直观导航、辅助寻架、服务型数据实时采集无线发射、户外 24 小时自助图书馆等许多方面实现人性化服务。

图书馆的数字化建设是通过应用系统实现的,但由于数字图书馆涉及的内容和技术已经远远超越于传统图书馆,也不同于自动化阶段的图书馆。每个图书馆都要转变观念，加大技术投入和技术储备，需要集成相关技术，需要通过合作开拓应用领域、创新应用模式，共同拓展“复合型数字图书馆”的应用环境，丰富数字图书馆的服务手段。

利用 RFID 技术与设备，数字图书馆系统中可增加更多功能，如：构建虚拟图书馆分布立体图、读者的多种自助服务、文献的定位管理、精确的数据采集、最准确的文献财产、预留更多拓展空间。

(4)商业数字资源的一体化建设与共享服务

数字资源是以数字代码方式将图、文、声、像等信息存储在磁光电介质上，通过计算机或具有类似功能的设备阅读使用的资料。数字资源包括正式出版的商业数字文献，也包括非正式出版的或自建各种资源。图书馆的数字资源建设除少数特色资源由各馆根据本地区政治、经济、文化战略重点实施收集、整理、建库外，绝大部分以购买商业数字资源形成集合来构建其数字服务体系。一个地区或一个城市的图书馆群之间，由于条块分割的体制限制，也因为各级财政的分灶管理，导致各馆在商业数字资源的采购结果上交叉、重复，浪费；在读者服务层面上割裂、烦琐、障碍重重。如何改变此种局面，实现区域性图书馆商业数字资源的采购协调，使政府文献购置资金效益最大化，探索利于全体读者使用的商用数字资源引进与服务模式，将数字资源送入读者家中是信息化时代人性化图书馆服务的新课题。

数字资源的一体化建设与共享服务固然要通过计算机硬、软件及网络技术，但仅此还不够，还需要通透的数据信息平台，需要对资源信息的深层次直观揭示，需要实时动态地反映资源的流动状态等等，这一切设想都要靠多种技术应用的有机结合。于 2009 年 6 月 14 日向市民全面开通服务的“深圳文献港”即是区域性数字资源一体化建设与共享服务的探索案例。

作为深圳市“图书馆之城”的发展战略目标之一，“深圳文献港”旨在注重不同类型、各具优势的图书馆的联合，面向科研、面向自主创新实现更深入的、知识化的文献信息服务，从整体上规划全市范围内的数字文献资源保障、保存与服务，真正实现全市商业数字资源的一体化建设与共享服务战略发展目标。

“深圳文献港”是由深圳图书馆、深圳大学城图书馆（深圳市科技图书馆）、深圳大学图书馆，这三个深圳市公共图书馆、专业图书馆、高校图书馆的代表，联合推出，以“开放合作、提升服务、保障共享、共同发展”为宗旨，共同建立一个面向深圳市文化建设、经济建设、自主创新和社会发展所需要的数字文献信息统一揭示与服务的门户，让读者足不出户就可以发现、了解、获取文献信息。在业内则在全市范围内开放实现资源整合、统一认证、统一揭示、统一检索、协调采购、知识化服务的功能定位。

（5）特色数字资源的建设与服务平台

如前所述，数字资源中的特色自建资源不可忽视，图书馆，尤其是公共图书馆要在信息服务市场竞争中取胜，相比高校图书馆和科研院校图书馆确有明显的劣势，但其社会性强调或要求任何一个公共图书馆在资源建设服务上必须依赖某种独特之处，或一定的馆藏和规模，或某一信息产品，或某一特色服务在同一行业中形成差别优势，这种优势体现为图书馆品牌。借用产品市场的说法，就是对图书馆的资源、服务进行品牌运作，就是要集中力量发展图书馆的某种优势，形成某种特色，从人性化的图书馆服务角度则是通过特色资源的建设与服务响应，高品质地满足人们某方面的文化信息需求，在信息服务市场中占有难以取代的特别地位。

加强特色馆藏建设，实现图书馆数字化服务，公共图书馆唯有因地因时制宜，打造自身的特色服务品牌，才能增强图书馆的凝聚力和吸引力，吸引更多的读者来到图书馆，提高图书馆的社会地位。特色数字资源建设与服务平台的构建，首先要解决的是特色资源的收集、整理；其次要重点确定建库主题，并重点思考某主题文献的检准与检全率；第三要重新审视我们的服务观念，调整对读者和用户不断变化的需求的快速反应；第四要依托先进的商品化的数据库管理技术，开发和管理特色数据库，及时更新资源信息。

图书馆的人性化服务是一项系统工程,其涉及的范围相当广泛,同时,也是一个永恒的主题。随着信息化进程的加快,还有许多人性化的问题有待我们进一步去研究、完善。但只要我们不断努力,以人为本,以读者服务为本,真正地为读者着想,同时借助以计算机及网络通信为主的现代科学技术,图书馆事业就一定会充满生机与活力。

参考文献

1. 甘琳. RFID 技术在图书馆的创新应用技术. 图书馆论坛,2007(6)
2. 吴晞,甘琳. 迈向智能化图书馆. 中国图书馆学报,2006(6)
3. 程亚男. 网络化趋势与图书馆发展观. 中国图书馆学报,1998(4)
4. 黄宗忠. 论21世纪的虚拟图书馆与传统图书馆. 图书馆理论与实践,1998(1)
5. 顾兆麟. 信息化与智能化:21世纪图书馆的发展方向. 图书馆理论与实践,1996(1)
6. 王雪. 当代高校图书馆设计的新趋势. 大连理工大学硕士研究生学位论文,2007
7. 周建平,冯佳洁等. 图书馆利用博客深化人性化服务探讨. 医学信息,2007(5)
8. 李文芳. 试论现代图书馆的人文精神. 科技情报开发与经济,2005(3)
9. 陈小勉. 论图书馆的人性化服务. 现代情报,2004(4)
10. 姜囡. 图书馆人性化管理初探. 图书馆学刊,2004(3)
11. 刘威. 高校图书馆的个性化信息服务. 情报科学,2008(2)
12. 王惠君,苟昌荣. 图书馆文化论. 长沙:湖南大学出版社,2004(10)
13. 张娣. 电子资源绩效评估指标体系研究综述. 图书与情报,2008(1)
14. 王槐深. 电子资源采购的特点与应遵循的原则探析. 通化师范学院学报,2007(10)
15. 陈玮华,马自卫. 基于J2EE的数字图书馆统一检索系统的研究与实现. 现代图书情报技术,2006(6)
16. 郭晓利,曲朝阳,刘旭东. 基于J2EE的数字图书馆设计. 现代情报,2006(4)
17. 刘秋梅,郑耿忠. 基于J2EE和XML的数字图书馆系统设计及实现. 情报杂志,2006(7)
18. 温小兵. 图书馆计算机网络安全策略研究. 广东经济管理学院学报,2006(21)
19. 唐凯宁. 数字图书馆网络系统的数据安全管理与维护. 科技资讯,2007(23)
20. 张维敏,毛旭. 现代图书馆网络安全管理问题. 科技情报开发与经济,2006(16)
21. 李三凤. 论高校图书馆特色数据库的建设. 科技情报开发与经济,2005(17)
22. 裴毅,马晓辉. 图书馆电子数据库采购现状及对策分析. 国家图书馆学刊,2008(3)
23. 陈仲琪. 以科学发展观指导高校图书馆系统更换. 农业图书情报学刊,2008(8)

24. 赵丽萍,王建琼. 图书馆数据库服务器规划与选型. 现代图书情报技术,2005(4)
25. 陈杨杨. 基层图书馆业务自动化系统构建研究. 见:新环境下图书馆建设与发展——第六届中国社区和乡镇图书馆发展战略研讨会征文集(上册),2007
26. 李祥. 图书馆自动化系统应用现状分析. 科技情报开发与经济,2008(7)
27. 阮莉萍,徐恩元. 图书馆自动化开源系统的市场可行性研究. 现代情报,2007(4)
28. 王晓辉. 浅谈我国图书馆自动化建设现状与发展趋势. 现代情报,2007(7)
29. Rcihard J. Niemiec 著;王海涛,鹿凡译. ORACLE 9i 性能调整. 北京:清华大学出版社,2004
30. 董丽蓉. 公共图书馆读者自助服务探析. 图书馆论坛,2008(4)
31. 金泽龙. 论图书馆自助服务的利与弊. 图书馆建设,2005(2)
32. 魏建国. 高校图书馆对网络文化安全管理的对策. 图书馆学刊,2008(3)
33. 秦浩. 浅谈数字图书馆的信息安全管理. 科技情报开发与经济,2008(4)
34. 周庆. 图书馆个性化信息服务的技术支持. 大学图书情报学刊,2008(3)
35. 李伶. 论图书馆技术支持和服务能力. 晋图学刊,2008(5)
36. 毕宏伟. 图书馆制度建设贵在创新. 农业图书情报学刊,2008(4)
37. 陈本峰. 现代图书馆规章制度建设的实践创新与思考. 图书馆建设,2008(11)
38. 曾丹. 图书馆网络化趋势及其网络信息资源建设. 武汉理工大学学报,2003(4)
39. 李楠. 关注数据库资源建设的弱势群体:中小型高校图书馆数据库资源建设探讨. 情报资料工作,2006(1)
40. 周苏等. 系统集成与项目管理. 北京:科学出版社,2004
41. Orian. 走入 IBM 小型机世界. 北京:电子工业出版社,2008
42. 维基百科. http://zh.wikipedia.org
43. 魏媛媛,高晓清. 计算机组成原理与设计. 武汉:武汉大学出版社,2008
44. 赖一飞等. 项目采购与合同管理. 北京:机械工业出版社,2008
45. 孙军. 项目计划与控制. 北京:电子工业出版社,2008